経済学で出る数学
ワークブックでじっくり攻める

白石俊輔 著
SHIRAISHI Shunsuke

尾山大輔＋安田洋祐 監修
OYAMA Daisuke　YASUDA Yosuke

はしがき

　筆算・暗算・九九などから始まる実技なくして，数学の上達への道はありません．一方，いったん身につけた技術を生涯にわたって使えることも数学の大きな特長です．『改訂版 経済学で出る数学―高校数学からきちんと攻める』(以下『経出る』) では，数学のコンセプトをいきなり紹介するのではなく，経済学のトピックから入ってそこで使う数学を学んで行く，という方式がとられています．しかも扱う数学は高校数学です．そのため，経済学の問題を解くことが楽しく思えますし，具体的な使われ方を実際に見ることで，高校で学んだ数学が役立つことを実感できるように構成されているのが『経出る』です．

　たいへんよくできている『経出る』にやや不足しているかもしれないのが練習問題でしょう．著者自身そう思っていたところに，経済セミナーの編集部から打診がありました．「『経出る』のワークブックを企画しているのですが，手伝ってもらえませんでしょうか？」これが，「手伝う＝著者になる」との謎掛けの罠にひっかかってしまった瞬間です (笑)．ひっかかったものは仕方ないので観念しましたが，執筆にあたって，想定した読者層には，「経済学部は文科系の学部だと思って入学したところ，数式のオンパレードに青ざめてしまう」，と『経出る』のはしがきにも書かれているような人たちがありました．この中には「高校で数学 I・A しか学んでないのですけど・・・」とか「数学は何年もやっていません」とかいう人たちも含まれています．ただし本書を手に取った人には，『経出る』より難易度の高い問題だとか公務員試験にも取り組んでみたいと考えている読者もいるはずです．一方で大多数の読者は，文科系向けの数学を高校で履修した人たちでしょう．したがって本書では『経出る』に不足する演習問題を，単に増やすのではなく，次のようにレベル分けして作成することにしました．

　【基礎問題】　数学 I・A からはじめる問題群．
　【標準問題】　数学 II・B を前提とした問題群．多項式関数の微分をやったことがあれば大丈夫．公務員試験にも取り組む．
　【応用問題】　解けるだけでは満足できないひと向け．やや抽象的な問題群も解くことで，経済学的意味・解釈を数学によって理解する．

　ただし，結果としては全般的に『経出る』よりやさしめの問題になっています．その意味で本書は『経出る』の入門編とも言えます．

　『経出る』に本書が対応する章は第 1 章から第 7 章になります．経済数学の頂点ともいえるラグランジュの未定乗数法に，どのレベルの読者でも到達することを本書の目標にしました．ラグランジュの未定乗数法が自分でも使えることを実感したいだけなら，第 1 章，第 2 章，第 5 章，第 7 章の【基礎問題】だけ，「とりあえず」一度解いてみてください．出題

はしがき

した問題の多くは，著者がながらく富山大学の 1 年生向けの講義で出題してきたものです．著者の講義では，前期 (15 コマ) は主に第 1 章，第 2 章，第 5 章から，後期 (15 コマ) は第 3 章，第 4 章，第 5 章，第 7 章から問題を取り上げています．

本書は「ワークブック」という性質上，問題がメインです．数学も経済学も理屈の解説はほとんどありません．その代わりに解法の指針となる事項を [POINT] として各節の冒頭にまとめてあります．[POINT] と [例題] を読み解くことで，ほとんどの問題は解けることでしょう．本書の問題を解き進めることで，「『経出る』は自分で読めるかもしれない．うふふ」という自信をもってもらいたいと思います．問題が解けると，学習が楽しくなるのが，数学のまた別な特長です．大学の学部で学ぶ経済数学のコアは『経出る』でかなりの部分が尽くされているといってもいいでしょう．ですので，本書の問題を楽しんで解くことで『経出る』の達人すなわち経済学の達人に近づくよう，いっしょにがんばりましょう．

なお，本書に関する Web ページを開設しました．アドレスは

http://www3.u-toyama.ac.jp/shira/kderwb/kderwb.html

です．紙幅の関係で載せられなかった，基本的な関数についての説明や解答例を UP しますので，活用してください．

大学ではレポートや論文形式の試験が多いため，なかなか満点をとるという実感をもつことができません．実際こうした形式の課題で満点をつける先生も少ないのではないでしょうか．しかし，数学や経済数学はちがいます．試験が終わった段階で，自己採点すればかなりの確度で何点とれたかわかるはずです．アメリカの教科書に良い言葉が書かれていました．Always aim 100%. 監修者の尾山大輔氏・安田洋祐氏とは，内容について議論を重ねました．おかげでよりよいものになりました．ですので，私たちもリアルに同じ目標を掲げましょう．100 点とろうね！

2014 年 2 月
白石俊輔

目次

はしがき i

第 1 章　1 次関数と市場メカニズム　　1
1.1　関数と変数 1
1.1.1　$y = ax + b$ のグラフ 2
1.1.2　マーシャルの罠と逆関数 6
1.1.3　合成関数 10
1.2　連立方程式と市場均衡 11
1.3　グラフと余剰分析 15
1.4　もう少し練習 16
1.4.1　直線の式の決定 16
1.4.2　損益分岐点分析 21
1.4.3　豊作貧乏—不作だと 23

第 2 章　2 次関数と独占・寡占市場　　25
2.1　2 次式の展開と因数分解 25
2.2　2 次関数のグラフ 27
2.2.1　$y = a(x-s)^2 + t$ のグラフ：頂点で攻める 27
2.2.2　$y = a(x-\alpha)(x-\beta)$ のグラフ：横軸切片で攻める ... 30
2.2.3　$y = ax^2 + bx + c$ のグラフ：直線 $y=c$ で攻める ... 32
2.3　2 次関数の応用 34
2.3.1　利潤最大化を横軸切片で攻める 34
2.3.2　寡占市場を斬るゲーム理論 36

第 3 章　指数・対数と金利　　43
3.1　複利計算—その 1 43
3.1.1　単利と複利 43
3.1.2　電卓による計算：定数計算の活用 45
3.2　累乗の計算と指数法則 46
3.2.1　累乗の計算 46
3.2.2　指数法則 (基礎)：自然数 48
3.2.3　整数乗に対する指数の拡張と指数法則 50

	3.2.4 有理数に対する指数の拡張	51
	3.2.5 実数に対する指数の拡張と一般の指数法則	53
3.3	割引現在価値	59
	3.3.1 割引因子	59
3.4	複利計算—その 2	62
3.5	対数の計算	64
	3.5.1 対数の定義	64
	3.5.2 対数関数のグラフ	66
	3.5.3 対数関数のグラフの対称性	69
	3.5.4 対数法則と対数の計算	69
3.6	常用対数による近似計算	71
3.7	自然対数と連続時間での利子率・割引率	73
	3.7.1 ネイピア数・オイラー数	73
	3.7.2 自然対数と連続時間での利子率・割引率と 72 ルール	75
3.8	もう少し練習	78
	3.8.1 指数法則・対数法則の練習	78

第 4 章　数列と貯蓄　　81

4.1	数列	81
	4.1.1 添字による数列の表記	81
	4.1.2 等比数列・公比・一般項	84
	4.1.3 等差数列・公差・一般項	88
4.2	数列の極限	90
4.3	数列の和・シグマ記号・級数	92
	4.3.1 シグマ記号の用法	92
	4.3.2 等比数列の和と等比級数	95
4.4	割引現在価値の和	99
	4.4.1 時間軸 (Time Line) とキャッシュ・フロー (Cash Flow)	99
	4.4.2 時間軸 (Time Line) と割引現在価値 (Discounted Cash Flow)	102
4.5	漸化式 (差分方程式)	112
4.6	もう少し練習	115
	4.6.1 利付債の割引現在価値	115
	4.6.2 コンソル債の割引現在価値	118
	4.6.3 株券の割引現在価値	120

第 5 章　1 変数関数の微分と利潤最大化　　123

| 5.1 | 2 次関数の微分と利潤最大化 | 123 |

| | 5.1.1 | 2次関数の微分 . . . . | 123 |

         5.1.1　2次関数の微分　……123
         5.1.2　1変数関数の最適化1周目：2次関数　……127
   5.2　多項式関数の微分と利潤最大化　……132
         5.2.1　多項式関数の微分公式　……132
         5.2.2　1変数関数の最適化2周目：多項式関数　……135
         5.2.3　増減表　……136
         5.2.4　損益分岐価格と操業停止価格　……140
   5.3　よく出る関数と微分公式　……143
         5.3.1　1変数関数の最適化3周目：指数関数・対数関数等　……148
         5.3.2　最適化の例：利潤最大化　……149
         5.3.3　弾力性　……151
   5.4　もう少し練習　……153
         5.4.1　労働と余暇　……153
         5.4.2　消費と貯蓄　……153

第6章　ベクトルと予算制約　155

   6.1　予算制約　……155
   6.2　ベクトルのいろいろ　……159
         6.2.1　数ベクトル　……159
         6.2.2　幾何ベクトル　……163
         6.2.3　位置ベクトル　……169
   6.3　ベクトルの内積　……171
         6.3.1　内積の定義　……171
         6.3.2　内積の図形的意味　……174
         6.3.3　直線・平面の式と法線ベクトル　……175
   6.4　1次関数と直線・平面　……178
   6.5　もう少し練習　……179
         6.5.1　労働と余暇　……179
         6.5.2　消費と貯蓄　……180

第7章　多変数関数の微分と効用最大化　181

   7.1　多変数関数の微分　……181
         7.1.1　いろいろな変数についての微分：1変数関数 (復習)　……181
         7.1.2　㊥と㊨とを見立てる　……182
   7.2　偏微分 (へんびぶん)　……183
         7.2.1　ひるまず前にすすもう♡　……183
         7.2.2　偏微分の記号とその意味　……183

	7.2.3 偏微分：練習	184
7.3	制約なしの最適化	187
7.4	制約付きの最適化	190
7.5	ラグランジュの未定乗数法の図解	204
	7.5.1 予算制約のある最適化：ラグランジュの未定乗数法と図解	204
	7.5.2 同次関数	209
解答		**211**
監修者のあとがき		**239**
索引		**241**

ワークブックの構成

【OUTLOOK】　・・・章のはじめに，概要やねらいををまとめる．

【POINT】　・・・節のはじめに，問題を解くのに役立つ公式・定理をまとめる．

【基礎問題】　・・・数学 I・A からはじめる問題群．基礎問題だけ解き進めることが，解けるラグランジュ乗数法への速成コースとなる．

【標準問題】　・・・数学 II・B を前提とした問題群．すなわち多項式関数の微分をやったことがあれば大丈夫．標準問題を解き進めると，いつの間にか数 III の内容もマスターでき，すらすらとラグランジュ乗数法がとけるコースとなる．

【応用問題】　・・・解けるだけでは満足できないひと向け．やや抽象的な問題群も解くことで，経済学的意味・解釈を数学解によって理解するコース．

各問題の横にカッコで『経出る』参照箇所が記載されている場合には，『改訂版 経済学で出る数学』の類似の問題，もしくは同じ問題に対応していることを示す．また，公務員試験等からの引用も同様の指示をした．作題にあたっては，適宜改変を行った．

第1章
1次関数と市場メカニズム

第1章のOUTLOOK

(1) 関数と変数：1次式で関数の扱いに習熟する．

(2) 縦軸を価格軸とする経済学の伝統的な記法を通じて，逆関数とそのグラフの扱いに触れる．

(3) 連立方程式と市場均衡：1次式で解ける具体的な経済学の例として，市場均衡を扱う．

(4) 直線の式の決定：実用的な直線の式を決定する問題を解く．

- 逆需要関数
- 負の所得税とベーシック・インカム
- 損益分岐点分析

1.1 関数と変数

関数とは数と数との関係のことを言う．抽象的に関数に f という名前を付け，x と y の関係を示したい場合は，

$$y = f(x)$$

のように書き表す．具体的な問題では f や y を式で，$f(x) = 2x + 1$ とか $y = 2x + 1$ とか書き表すことが多い．

1.1.1 $y = ax+b$ のグラフ

> **POINT**
> - $y = ax+b$ のグラフ ($f(x) = ax+b$)
>   - 点 $(0,b)$ を通る,つまり y 切片が b.
>   - $\begin{cases} a > 0 & \to \text{増加関数: 右上がり} \\ a = 0 & \to x \text{ 軸に平行} \\ a < 0 & \to \text{減少関数: 右下がり} \end{cases}$

基礎問題

例題1.1 次の 1 次関数の y 切片と傾きを答えなさい.グラフを目盛の範囲に納まるように描きなさい.

(1) $y = 3x + 2$ (2) $y = -\dfrac{3}{2}x + 2$

解答

(1) y 切片 2,傾き 3 (2) y 切片 2,傾き $-\dfrac{3}{2}$

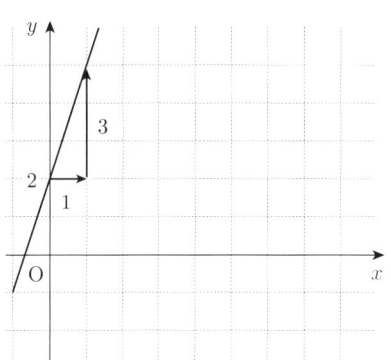 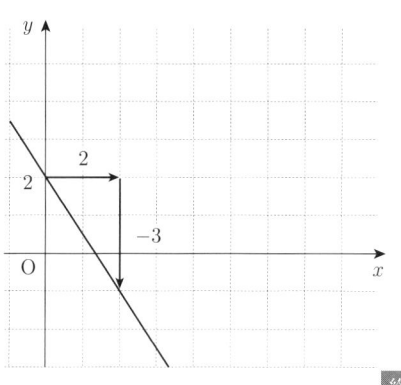

問1.1 次の 1 次関数のグラフを目盛の範囲に納まるように描きなさい.

(1) $y = 2x - 1$

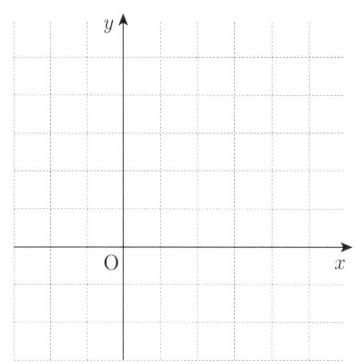

(2) $y = -2x + 3$

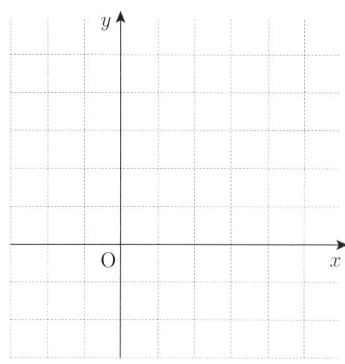

(3) $y = \dfrac{5}{2}$

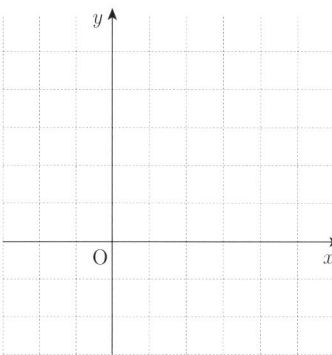

(4) $y = \dfrac{1}{2}x + 1$

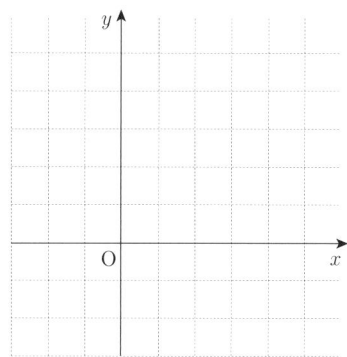

☞ 解答 p.213

問1.2 $y = f(x)$ のグラフを目盛の範囲に納まるように描きなさい．

(1) $f(x) = -\dfrac{1}{2}x + 1$

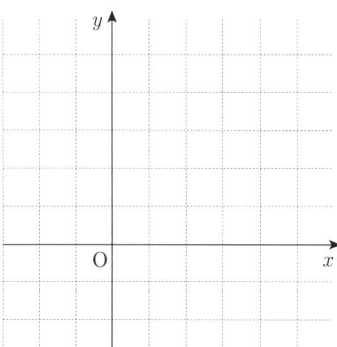

(2) $f(x) = -\dfrac{3}{4}x + 3$

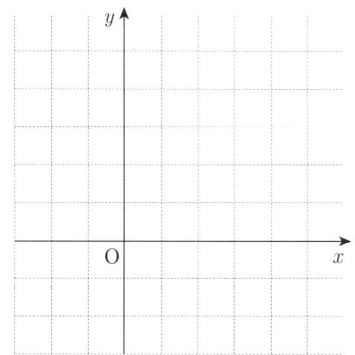

☞ 解答 p.213

第 1 章　1 次関数と市場メカニズム

標準問題

例題 1.2 次の 1 次関数 ① 〜 ③ について答えなさい．

$$y = \frac{1}{2}x + 1 \quad \cdots ①$$
$$y = -x + 4 \quad \cdots ②$$
$$y = 3 \quad \cdots ③$$

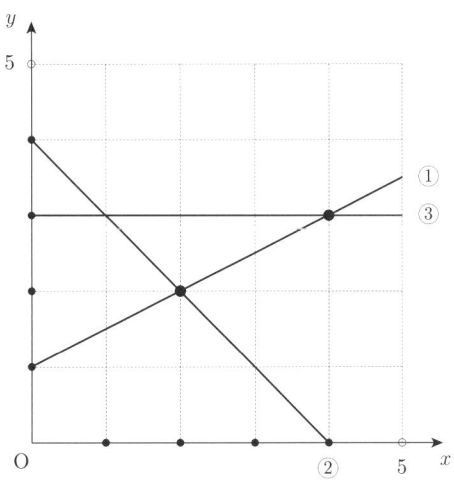

(1) グラフを右図の第 1 象限に 3 つまとめて描きなさい．

(2) ① と ② の交点を図から求めなさい．

(3) ① と ③ の交点を図から求めなさい．

解答　① と ② の交点は $(2, 2)$ で，① と ③ の交点は $(4, 3)$ である．

終

> **ちょっとメモ**　複数のグラフをひとつの図にまとめて描き，交点や位置関係をすらすらと読み解けるようになることは経済学ではすごく重要．なので【標準問題】です．また，経済学では数量や価格など，非負の量を扱うことが多く，その場合は舞台は第 1 象限になります．この例題でも意図的に第 1 象限に解が存在するようにしました．

例題 1.3 次の 1 次関数のグラフの概形をそれぞれの位置関係に注意して，ひとつの図にまとめて描きなさい．ただし $a > 0$ とする．

(1) $y = ax$　　(2) $y = ax + a$　　(3) $y = ax - a$
(4) $y = a$　　(5) $y = 2a$　　(6) $x = 1$

解答

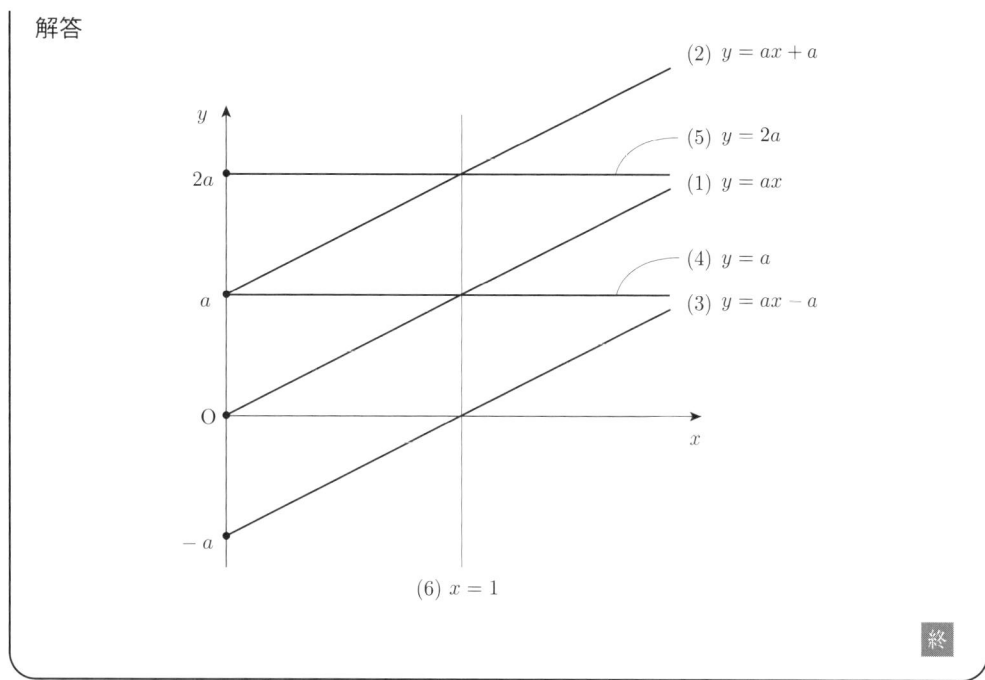

問1.3 次の1次関数のグラフをひとつの図にまとめて描きなさい（図中の直線 $x=1$ はきれいに描くためのヒント）.

(1)　$y=-x$　　　(2)　$y=-x+1$　　　(3)　$y=x-2$
(4)　$y=-1$　　　(5)　$y=-2$　　　(6)　45度線

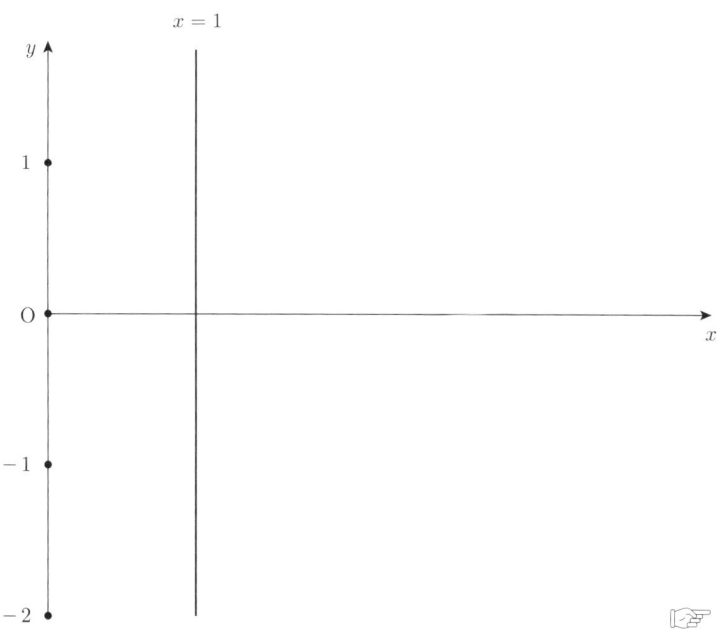

☞ 解答 p.214

第1章 1次関数と市場メカニズム

> 🤓 ちょっとメモ　x 軸との (したがって y 軸とも) なす角が 45 度なので，直線 $y = x$ を 45 度線という．これは経済学特有の言い回し (たぶん)．

1.1.2 マーシャルの罠と逆関数

POINT

$$y = ax + b \iff x = \frac{1}{a}y - \frac{b}{a}$$

ここで使った記号 $\iff$ は左右の式が同じ意味であることを示している．

基礎問題

問 1.4 (『経出る』例題 1.1)　次の関数について答えなさい．

$$f(x) = 30 - \frac{3}{4}x \tag{1.1}$$

(1) (1.1) 式の関数のグラフ $y = f(x)$ を左側の通常の xy 平面 (図 1.1) に，傾きと縦軸切片を求めて描きなさい．

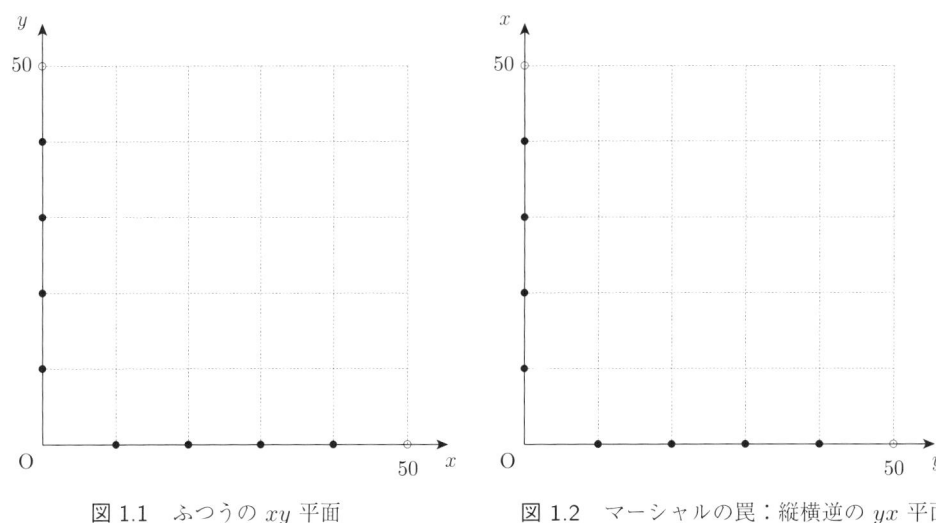

図 1.1　ふつうの xy 平面　　　図 1.2　マーシャルの罠：縦横逆の yx 平面

(2) 右側の**縦横逆**になった yx 平面 (図 1.2) がマーシャルの罠である．罠に落ちないために，次の手順にそって (1.1) 式のグラフを描きなさい．$y = 30 - \frac{3}{4}x$ とおく．

(あ) (1.1) 式の x の項を左辺に移項する．

$$\boxed{} x + y = 30 \tag{1.2}$$

(い) 移行した (1.2) 式の x の項の分母がいやなので，これを払うために両辺に 4 をかける．

$$\boxed{} x + \boxed{} y = \boxed{} \tag{1.3}$$

(う) (1.3) 式の y の項を右辺に移項する．

$$\boxed{} x = \boxed{} \tag{1.4}$$

(え) 移行した (1.4) 式の左辺の x の項の係数がじゃまなので，両辺を 3 で割る．

$$x = \boxed{} \tag{1.5}$$

(お) (1.5) 式から，**軸が縦横逆**の yx 平面 (図 1.2) に【基礎問題】のやりかたでグラフを描きなさい．

(3) できた図 1.1 と図 1.2 をみくらべて，ひとこと． $\boxed{}$ で折り返し．

語群： x 軸　　　y 軸　　　45 度線

☞ 解答 p.214

POINT

- 一般に，x から y への関数 f に対して逆の関係 $y \mapsto x$ を与える関数 (説明変数と被説明変数を入れ替えて表示した関数) を逆関数と呼び，f^{-1} と標記する．
- 次の変形でわかるように，1 次関数の逆関数は 1 次関数になる．

$$y = ax + b \iff x = \frac{1}{a}y - \frac{b}{a}$$

- もとの関数と逆関数を同一の xy 平面に描くときは，x と y の役割を入れ替え，

$$y = \frac{1}{a}x - \frac{b}{a}$$

とする．

- 1 次関数の逆関数の傾きは，もとの関数の傾きの逆数となる．

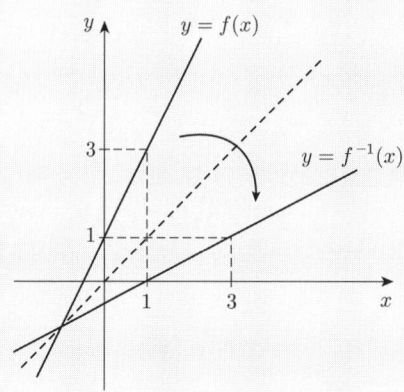

関数 $f(x) = 2x + 1$ と逆関数 $f^{-1}(x) = \dfrac{1}{2}x - \dfrac{1}{2}$

標準問題

例題1.4（逆関数） 次の関数の逆関数 $f^{-1}(x)$ を求めなさい．

$$f(x) = 30 - \frac{3}{4}x \tag{1.6}$$

解答 (1.6) 式は

$$y = 30 - \frac{3}{4}x \iff x = 40 - \frac{4}{3}y$$

と変形でき，$f^{-1}(y) = 40 - \dfrac{4}{3}y$ となる．関数 f^{-1} の変数として f と同じ x を使いたければ，$f^{-1}(x) = 40 - \dfrac{4}{3}x$ という式で書き表す．

終

ちょっとメモ $y = f(x)$ と $y = f^{-1}(x)$ を同一のグラフに描きたいだけなので，変数が入れ替わっていることに数学的に深い意味があるわけではない．経済では価格で説明するのか数量で説明するのかに意味を見いだす場合があるので，マーシャルの罠にも落ちてしまうことがある．

1.1 関数と変数

問 1.5 次の関数の逆関数 $f^{-1}(x)$ を求めなさい．

$$f(x) = 2x + 2$$

☞ 解答 p.214

問 1.6 T 市での去年のお花見の「おだんご」の需要関数は以下の 1 次関数であった．ただし p がおだんごの価格，q が売上量である．逆需要関数 $P(q) = D^{-1}(q)$ を求めなさい．

$$D(p) : q = 40 - 2p$$

☞ 解答 p.215

> **ちょっとメモ** 経済学で需要関数のグラフ $q = D(p)$ を図示する場合には，ほぼ例外なく縦軸に価格 p を，横軸に数量 q をとる．これは経済学の教科書として最初のベストセラーとなったマーシャル著『経済学原理』(1890 年出版) に由来するといわれている．このグラフの描き方は説明変数 (独立変数) を横軸に，被説明変数 (従属変数) を縦軸にとる通常の数学の慣習とは正反対になっているため，マーシャルが作ったこの罠に落ちることも．高校生だろうが，大学生だろうが恋 ♡ に落ちても罠には落ちないようご用心！

例題 1.5（マーシャルの罠） 以下の関数について答えなさい．

$$q = 30 - \frac{3}{4}p \quad \cdots \quad ①$$
$$q = \frac{1}{2}p \quad \cdots \quad ②$$

(1) （罠無）① と ② のグラフを左側の通常の pq 平面 (図 1.3) に，傾きと縦軸切片を求めて描きなさい．

(2) （罠有）① と ② のグラフを右側の縦横逆の qp 平面 (図 1.4) に，傾きと縦軸切片を求めて描きなさい．

(3) $p = 20$ のとき，① と ② のグラフの位置関係から，対応する ① の値と ② の値との大小を読みとりなさい．

解答 q の大小関係を読みとるのに，通常の pq 平面 (図 1.3) では上下関係で，縦横逆の qp 平面 (図 1.4) では左右関係で見る．慣れていてやさしいのは通常の pq 平面．いずれにしろ $p = 20$ では ① の値が大きくなる．

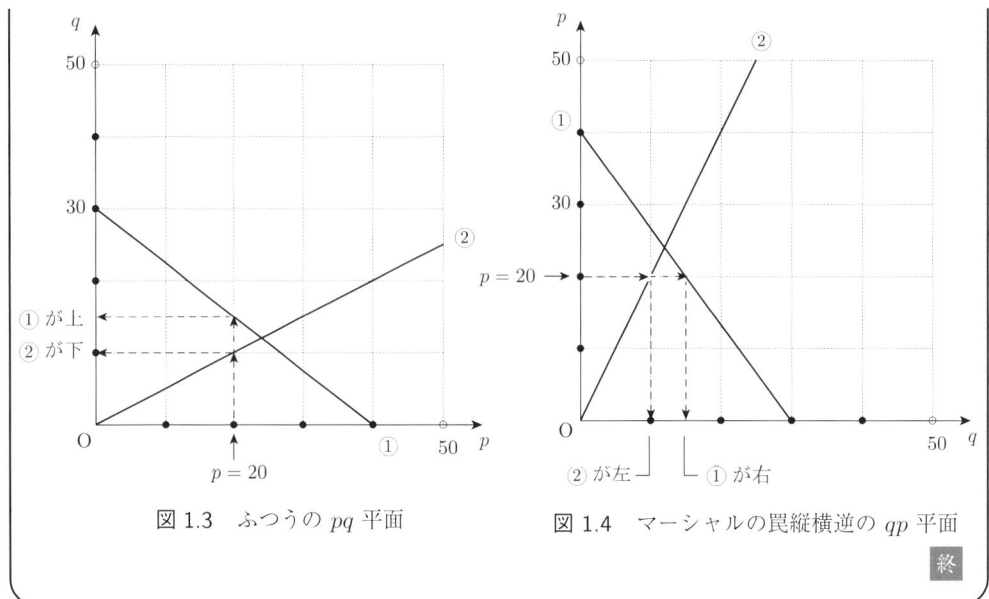

図 1.3 ふつうの pq 平面　　図 1.4 マーシャルの罠縦横逆の qp 平面

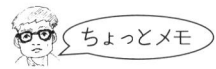 ちょっとメモ　POINT でも見たように，左右の図で傾きが逆数になっている．

1.1.3 合成関数

POINT

比例関数 $z = f(y) = ay$ と $y = g(x) = bx$ が与えられたとき，g と f の合成関数を h とおくと，

$$h(x) = f(g(x)) = a(bx) = (ab)x$$

となる．したがって比例関数の合成関数は，やはり比例関数．なお，合成関数を表す記号としては $f \circ g$ が使われる．この記号を使うならば，$(f \circ g)(x) = (ab)x$ のように書く．

―― 蛇足　合成関数＝関数でまんじゅうをつくる感じ♡ ――

$$f(y) = 2y^3 \quad \leftarrow \quad \text{かわに} \quad y = g(x) = 1 + x^2 \quad \leftarrow \quad \text{あんをつめる}$$

$$f(g(x)) = \underset{\text{あんづめ↓}}{2 \times \underset{y}{\textcircled{y}}^3} = 2 \times \underbrace{(1 + x^2}_{\text{あん}}\overbrace{)}^{\text{かわ}}{}^3 = 2(1 + x^2)^3$$

基礎問題

問1.7(『経出る』例題1.2) ▸　次の関数に対して,合成関数 $(f \circ g)(x)$ を求めなさい.

(1) 　$f(x) = 10x, \quad g(x) = 30x$ 　　　(2) 　$f(x) = 30x, \quad g(x) = 10x$

(3) 　$f(x) = 10x + 5, \quad g(x) = 30x$ 　　　(4) 　$f(x) = 30x, \quad g(x) = 10x + 5$

☞ 解答 p.215

1.2　連立方程式と市場均衡

POINT

- 需要曲線,供給曲線:縦軸に価格 p,横軸に量 q をとって描く
  - 需要曲線:ふつう右下がり
  - 供給曲線:ふつう右上がり
- 市場均衡:需要曲線と供給曲線の交点

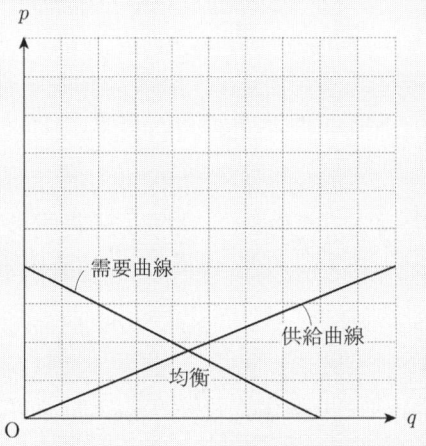

上図は直線が描かれているが,これらも需要「曲線」・供給「曲線」.直線は曲線の特殊ケースなのだ ♡

基礎問題

問1.8(『経出る』例題1.4) ▸　表1.1は,T大学の経済数学のクラス内で,ひとくちチョコの価格についての意識調査を行った結果である.図1.5に,需要量(買いたし)を棒グラフにしてまとめなさい.

第1章 1次関数と市場メカニズム

表1.1 保有効果実験

	価格 (p)	買いたし (q)	売りたし (q)
①	200 円	0 個	32 個
②	100 円	0 個	29 個
③	50 円	1 個	21 個
④	40 円	4 個	18 個
⑤	30 円	9 個	16 個
⑥	20 円	13 個	11 個
⑦	10 円	33 個	3 個

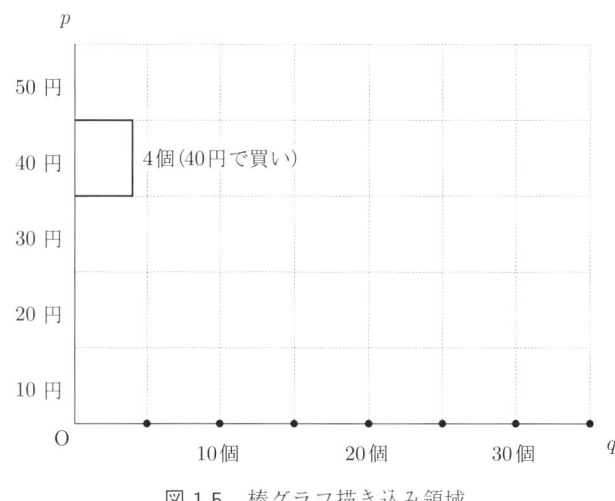

図 1.5　棒グラフ描き込み領域

☞ 解答 p.215

ちょっとメモ　表1.1をみると，チョコの供給側（売りたし）になった場合に比較的高い値段を付けていることがわかる．保有効果とは，いったん手にすると手放しがたくなるので，ちょいと高い値を付けてしまう心理のことをいう．人間行動を織り込んだ行動経済学の知見のひとつ．

1.2 連立方程式と市場均衡

問1.9 T市での去年のお花見シーズンの「からあげ」の需要，供給は以下の1次関数であった．ただし p がからあげの価格，q が売上量である．

$$D(p) = 30 - \frac{3}{4}p \quad \cdots \quad 需要$$
$$S(p) = \frac{1}{2}p \quad \cdots \quad 供給$$

(1) 次の手順に従い，需要曲線 $q = D(p)$ および，供給曲線 $q = S(p)$ を qp 平面上に図示し，市場均衡を求めなさい．

(a) からあげの価格 p を需要 q の関数で表しなさい．すなわち，逆需要関数を求めなさい．

$$q = \boxed{} \quad \leftarrow D(p) \text{ を書き入れる} \tag{1.7}$$

$$p = \boxed{} \tag{1.8}$$

(b) p 軸切片と q 軸切片を求め，需要曲線のグラフを描きなさい．

$$\begin{cases} p \text{ 切片} = \boxed{} \\ q \text{ 切片} = \boxed{} \end{cases}$$

(c) 供給の式に一例として $p = 40$ を代入し，$q = S(40)$ の値を求めなさい．

$$q = S(40) = \boxed{}$$

またその結果を元に，図 1.6 に供給曲線を描きなさい．

> **ちょっとメモ** 本問では供給の式は比例式なので，原点を通ることは明らか．もう1点通過する点を求めれば直線のグラフが描けるので，一例として $p = 40$ を代入してみた．もちろん，傾きからグラフを描いてもよいが，マーシャルの罠に落ちないように注意が必要．

(d) 次の連立方程式を解くことにより，市場均衡を求めなさい．

$$\begin{cases} q = 30 - \frac{3}{4}p & \cdots \text{ ①} \\ q = \frac{1}{2}p & \cdots \text{ ②} \end{cases}$$

$$\begin{cases} p = \boxed{} \\ q = \boxed{} \end{cases}$$

(2) ブラジル産鶏肉の輸入が増え，今年のお花見シーズンに入って供給曲線が ③ 式に変化した．このとき，新しい供給曲線を図 1.6 に描き加え，市場均衡がどうなるか分析しなさい．

$$q = \frac{3}{4}p \quad \cdots \quad ③$$

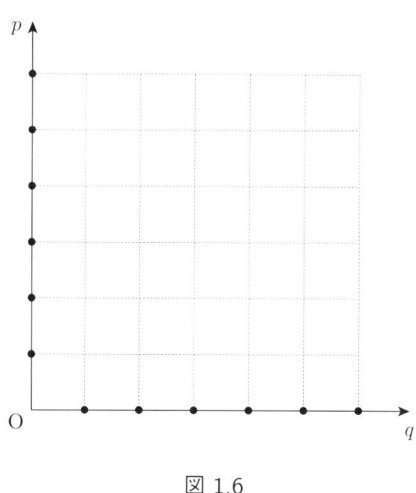

図 1.6

☞解答 p.215

問 1.10　T 市での去年のゴールデン・ウィークの「おだんご」の需要関数 D，供給関数 S は以下の 1 次関数であった．ただし p がおだんごの価格，q が売上量である．このときマーシャルの罠に落ちないように気をつけながら，需要曲線 $q = D(p)$ および，供給曲線 $q = S(p)$ を qp 平面上に図示しなさい．また，市場均衡を求めなさい．

$D(p) = 40 - 2p \quad \cdots \quad$ 需要　①

$S(p) = 2p \quad\quad\ \cdots \quad$ 供給　②

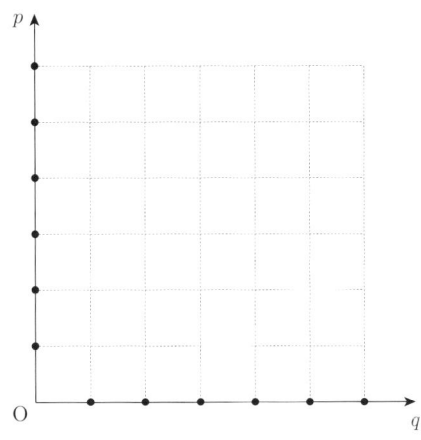

☞ 解答 p.216

1.3 グラフと余剰分析

POINT

- 消費者余剰：消費者の経済活動によって得た金銭的価値

- 生産者余剰：生産者の経済活動によって得た金銭的価値

- 総余剰：経済活動全体が生み出した金銭的価値

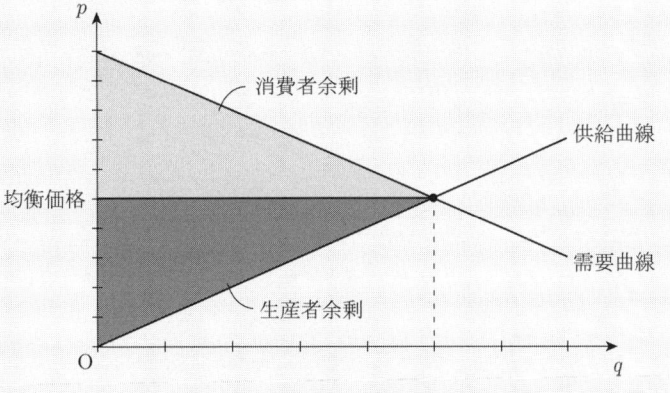

基礎問題

問1.11（『経出る』p.16）　一組の生産者と消費者が商品を取引している．

- 消費者は 8,000 円までなら出してもよいと思っている

- 生産者は 5,000 円以上で販売すれば儲かる

- 6,000 円で売買が成立した

ものとする．このとき，消費者余剰，生産者余剰，総余剰を求めなさい．

☞ 解答 p.216

標準問題

問 1.12（問 1.10 改題）　T 市での去年のゴールデン・ウィークの「おだんご」の需要，供給は以下の 1 次関数であった．ただし p がおだんごの価格，q が売上量である．

$$D(p) = 40 - 2p \quad \cdots \quad 需要 \quad ①$$
$$S(p) = 2p \quad \cdots \quad 供給 \quad ②$$

(1)　市場均衡における消費者余剰，生産者余剰，総余剰をそれぞれ求めなさい．

(2)　市の条例により，お団子の価格は 15 円以上でなければならなくなった．このとき，消費者余剰，生産者余剰，総余剰がそれぞれどのように変化するかを求めなさい．

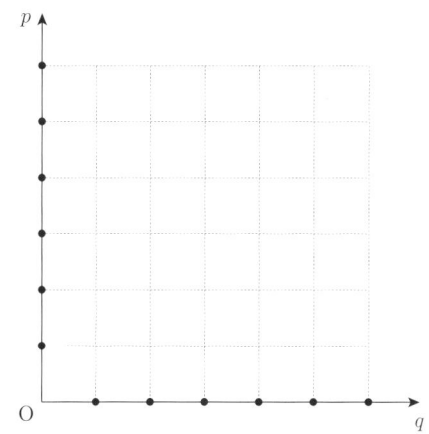

☞ 解答 p.216

1.4　もう少し練習

1.4.1　直線の式の決定

POINT

直線を定めるためには，

- 通過する2点のデータ
  - とくにx切片とy切片がわかれば簡単♡

- 通過する1点と傾きのデータ

どちらかわかればよい．

基礎問題

問1.13（『経出る』練習問題1.1） 次の直線の式を求めなさい．

(1) 傾きが2で，y切片が1：
$y = \boxed{} x + \boxed{}$

(2) 傾きが-2で，y切片が1：
$y = \boxed{} x + \boxed{}$

(3) 傾きが2で，$(x,y)=(1,4)$を通る：
$y = \boxed{} x + \boxed{}$

(4) 傾きが-2で，$(x,y)=(1,4)$を通る：
$y = \boxed{} x + \boxed{}$

(5) $(x,y)=(1,4),(3,8)$を通る直線は，傾きが $\dfrac{\boxed{}-\boxed{}}{\boxed{}-\boxed{}} = \boxed{}$ なので：
$y = \boxed{} x + \boxed{}$

(6) $(x,y)=(1,4),(2,2)$を通る直線 $y=ax+b$ は，連立方程式 $\begin{cases} 4 = a+b \\ 2 = 2a+b \end{cases}$ を解いて，
$y = \boxed{} x + \boxed{}$

☞ 解答 p.217

第 1 章　1 次関数と市場メカニズム

> **問 1.14 (『経出る』練習問題 1.1)**　次の直線を求めなさい．

(1)　点 $(0,3), (2,0)$ を通過する直線．

(2)　点 $(10,30), (20,10)$ を通過する直線．

(3)　傾きが -2 で点 $(50,20)$ を通過する直線．

☞ 解答 p.217

標準問題

> **問 1.15 (『経出る』練習問題 1.1)**　製薬会社と T 大は，共同開発したサプリメント『♡ T 大チューリップちゃん®』を大学発ブランドとして売り出した．今年は 100 箱出荷し，800 円／箱で T 大購買で売り出した．今はめずらしさもあってぜんぶ売れた『♡ T 大チューリップちゃん®』だが，出荷量を増やすと，ものめずらしさも段々失せて行くため，価格を下げないと売れなくなる．購買の理事は，出荷量が今より 1 箱増える毎に，値段を今の 800 円から 2 円は引き下げないと売れないと言っている．出荷量を x としたとき，理事の言う値段 p 円がいくらになるのか，x の式で表しなさい．必要ならば次の表の空欄を利用しなさい．

出荷量 (箱)	増分 (箱)	値段 (円／箱)
100	$(100-100)$	$800\,円 - 2(100-100)\,円 = 800\,円$
200	$(200-100)$	$800\,円 - 2(200-100)\,円 = 600\,円$
400	$(\boxed{}-100)$	$800\,円 - 2(\boxed{}-100)\,円 = \boxed{}\,円$
x	$(\boxed{}-100)$	$800\,円 - 2(\boxed{}-100)\,円 = \boxed{}\,円$

☞ 解答 p.217

応用問題

問1.16（負の所得税とベーシック・インカム） 下図を見て答えなさい．ベーシック・インカムとは，すべての人に一定金額を補償する制度である[1]．ここで，ベーシック・インカムによる補償は 100 万円，正の所得税と負の所得税の分岐点は 200 万円とする．

(1) 総収入が 0 円のものには，ベーシック・インカムによる補償として 100 万円が給付される．このことから ② の 1 次式の b の値を求めなさい．

(2) 正の所得税と負の所得税分岐点は 200 万円とすることから，② の 1 次式の a の値を求めなさい．

(3) 税率は何パーセントか．

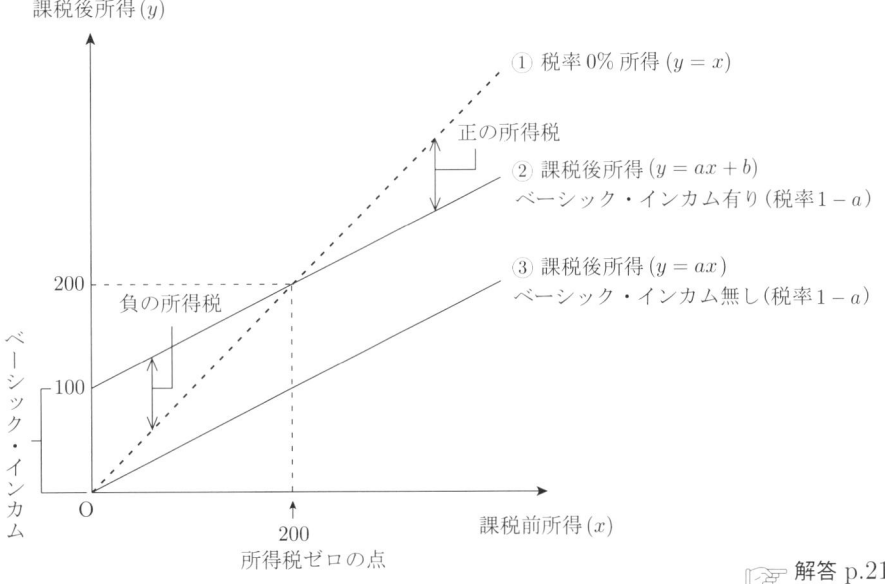

☞ 解答 p.217

例題1.6 点 (s, t) を通り，傾きが a の直線の式を求めなさい．

解答 まず傾きが a なので直線の式は

$$y = ax + \underset{\text{正体不明}}{b}. \tag{1.9}$$

---

[1] 松井彰彦『不自由な経済』日本経済新聞出版社（2010）p.47, p.214. ベーシック・インカムは貧困解消の方策として提唱されている．なお，同書によると，ベーシック・インカムは理論的には負の所得税と類似の制度であるとされている．

点 (s,t) を通るということは，$x=s, y=t$ を (1.9) 式に代入 (機械的に置き換え) しても成り立つ．したがって，

$$t = as + b \iff b = t - as$$

となり，b の正体がわかる．$b = t - as$ を (1.9) に代入すれば，次式が得られる：

$$y = ax + t - as$$
$$= a(x - s) + t$$

これは

$$y - t = a(x - s)$$

と書いても同じ．このグラフは (s,t) を通り，$y = ax$ に平行なグラフである．

終

例題1.7(『経出る』練習問題1.1)　点 $(200, 500)$ を通り，傾きが -2 の直線を求めなさい．

解答

$$y - 500 = -2(x - 200) \iff y = -2x + 900$$

グラフを描くときには，下図に見るように，$(200, 500)$ を原点とみなして，傾き -2 の直線を描けばよい．

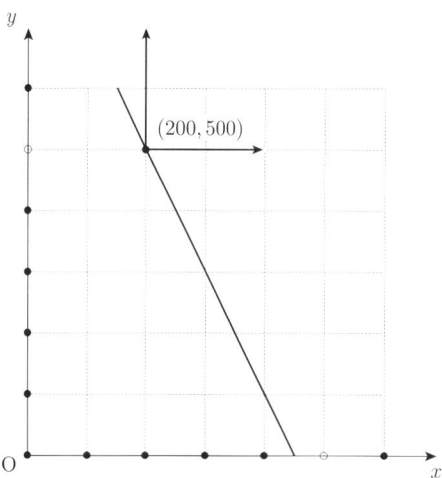

終

1.4.2 損益分岐点分析

POINT：ビジネス・エコノミクスの基本式

利潤 ＝ 収入 − 総費用　　　…基本式 ①　　＋なら利益・−なら損失

収入 ＝ 価格 × 数量　　　…基本式 ②

可変費用　　　　　　　　　　　　　　生産量に応じてかかる費用

固定費用　　　　　　　　　　　　　　生産量によらずかかる費用

総費用 ＝ 可変費用 ＋ 固定費用　…基本式 ③

> **ちょっとメモ**　利潤 ＝ 0 ⟺ 収入 ＝ 総費用 となる数量が損益分岐点．『経出る』や本書の 5.2.4 項でとり扱っている「損益分岐価格」と混同しないように注意！

標準問題

例題 1.8 S 社では製品 A を製造・販売している．製造・販売に関わる財務データは以下の通りである．

項目	
可変費用 (単価)	50 円／個
固定費用	1,875 万円
販売価格	800 円／個

(1) x 個製造販売するとしたら総費用と収入はどうなるか．x の式で表しなさい．

(2) 損益分岐点となる販売個数を求めなさい．

解答

(1) $\begin{cases} 収入： & y = 800x & \cdots ① \\ 総費用＝可変費用＋固定費用： & y = 50x + 1875 万 & \cdots ② \end{cases}$

(2) ① ＝ ② を解く．

$$800x = 50x + 1875\text{万}$$
$$750x = 1875\text{万}$$
$$x = 2.5\text{万} = 25{,}000\text{個が損益分岐点}$$

終

問1.17 ▪ J 社では高速バスを運行している．1 回の運行とチケット販売に関わる財務データは以下の通りである．

項目	
チケット価格	5,000 円／席
座席数	52 席
変動費	ほぼ 0 円
固定費	150,000 円
平均費用	150,000 ÷ 52 ≈ 2,900 円

(1) 座席が 50 席売れたときの収入・総費用・利潤を求めなさい．

(2) 座席が x 席売れたときの収入と総費用を x の式で表し，それらの関係を示すグラフを描きなさい．

(3) 損益分岐点となる販売座席数は何席になるか求めなさい．

(4) 損益分岐点となる販売座席数は総座席数の何割になるのか＝損益分岐点比率を求めなさい．

(5) 2,900 ÷ 5,000 を計算し，上の小問 (4) の答と比較しなさい．

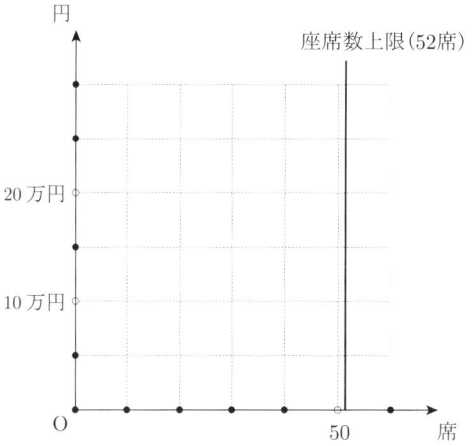

☞ 解答 p.218

> **ちょっとメモ** 記号 $\approx$ は「だいたい値が同じ」ということ．『経出る』の 5 章にも説明あり．高校までは記号 $\fallingdotseq$ の方がおなじみだろう．$\eqsim$ も同じ意味で使われる．

1.4.3 豊作貧乏—不作だと

問1.18（『経出る』練習問題1.3） ある年のキャベツの需要関数 D，供給関数 S が以下の 1 次関数で与えられているとする (数量の単位はトン，価格は万円とする)．

$$D(p) = 14 - p$$
$$S(p) = 8$$

単純化のため生産費用はゼロであるとしている．

(1) 需要曲線 $q = D(p)$ および，供給曲線 $q = S(p)$ を qp 平面上に図示し，市場均衡を求めよ．

(2) 消費者余剰，生産者余剰，総余剰をそれぞれ求めよ．

(3) 仮に豊作で生産量が 8 から 10 に増えたとする．このとき，消費者余剰，生産者余剰，総余剰をそれぞれ求め (2) の答と比較せよ．

(4) 逆に不作で生産量が 8 から 5 に減ったとする．このとき，消費者余剰，生産者余剰，総余剰をそれぞれ求め (2) の答と比較せよ．

☞ 解答 p.218

> **ちょっとメモ** この例を子細に吟味することで，「豊作貧乏」はいつでも起きる現象ではないことがわかる．経済学的には「弾力性」の概念に関わる (『経出る』例題 5.7, ワークブック 5.3.3 項)．

第 2 章
2次関数と独占・寡占市場

第2章のOUTLOOK

(1) 2次式の展開と因数分解：2次式の扱いに習熟する．

(2) 2次関数のグラフを用いることで関数の扱いにさらに習熟する．

(3) 最適化問題を解く：2次関数で解ける具体例を扱う．
- 独占企業の利潤最大化
- 寡占市場のゲーム理論

2.1 2次式の展開と因数分解

2次関数の扱いに習熟するために，まずは展開と因数分解で計算練習を行う．因数分解は5章でとくに重要となる．

POINT

(1) 展開の公式は $\Longrightarrow$ の方向に，因数分解の公式は $\Longleftarrow$ の方向にみる．

    (a) $(x+a)(x+b) = x^2 + (a+b)x + ab$

    (b) $(x-a)(x-b) = x^2 - (a+b)x + ab$

    (c) $(x+a)(x-b) = x^2 + (a-b)x - ab$

    (d) $(x+a)(x-a) = x^2 - a^2$

    (e) $(ax+b)(cx+d) = acx^2 + (ad+bc)x + bd$ $\cdots$ "たすきがけ"

(2) たすきがけの図

$$\begin{array}{ccc} a & b & \longrightarrow \ bc \\ c \times d & \longrightarrow \ ad \\ \hline ac & bd & ad+bc \\ x^2 \text{の係数} & \text{定数項} & x \text{の係数} \end{array}$$

基礎問題

例題2.1 ▸ 次の式を展開しなさい．

(1) $x(x-4)$ (2) $(x-1)(x-3)$
(3) $(x+1)(x-3)$ (4) $(x-2)^2$
(5) $(x+3)(x-3)$ (6) $(x+\sqrt{2})(x-\sqrt{2})$

解答

(1) $x(x-4) = x^2 - 4x.$

(2) $(x-1)(x-3) = x^2 - 3x - x + 3 = x^2 - 4x + 3.$

(3) $(x+1)(x-3) = x^2 - 3x + x - 3 = x^2 - 2x - 3.$

(4) $(x-2)^2 = (x-2)(x-2) = x^2 - 2x - 2x + 4 = x^2 - 4x + 4.$

(5) $(x+3)(x-3) = x^2 - 3x + 3x - 9 = x^2 - 9.$

(6) $(x+\sqrt{2})(x-\sqrt{2}) = x^2 - \sqrt{2}x + \sqrt{2}x - 2 = x^2 - 2.$

終

問2.1 ▸ 次の式を展開しなさい．

(1) $-x(x-4)$ (2) $(x+1)(x+3)$
(3) $(x-1)(x+3)$ (4) $-2(x-2)^2$
(5) $(x-1)(x-4)$ (6) $(x-2)(x-8)$
(7) $(x+4)(x-4)$ (8) $-\dfrac{1}{3}(x-2)^2$

☞ 解答 p.219

> **問2.2** 次の式を因数分解しなさい.

(1) $x^2 - 3x + 2$ (2) $x^2 - 4x - 45$

(3) $-x^2 + 4x + 21$ (4) $-x^2 + 4x - 3$

(5) $x^2 - 4$ (6) $x^2 + x - 2$

☞ 解答 p.219

応用問題

> **問2.3（『経出る』練習問題4.6）** 次の式を展開しなさい.

例
$$a\left(x - \frac{-b - \sqrt{b^2 - 4ac}}{2a}\right)\left(x - \frac{-b + \sqrt{b^2 - 4ac}}{2a}\right)$$
$$= a\left(x^2 - \frac{-b + \sqrt{b^2 - 4ac}}{2a}x - \frac{-b - \sqrt{b^2 - 4ac}}{2a}x + \frac{b^2 - (b^2 - 4ac)}{4a^2}\right)$$
$$= a\left(x^2 + \frac{2b}{2a}x + \frac{4ac}{4a^2}\right) = ax^2 + bx + c.$$

問題

(1) $5(x-2)\left(x + \frac{2}{5}\right)$

(2) $5\left(x - \frac{3 - \sqrt{14}}{5}\right)\left(x - \frac{3 + \sqrt{14}}{5}\right)$

(3) $p\left(x - \frac{cF - \sqrt{(cF)^2 + 4p(1+c)F}}{2p}\right)\left(x - \frac{cF + \sqrt{(cF)^2 + 4p(1+c)F}}{2p}\right)$

☞ 解答 p.219

2.2　2次関数のグラフ

2.2.1　$y = a(x-s)^2 + t$ のグラフ：頂点で攻める

> **POINT**
>
> - $y = ax^2 + t$ のグラフ
>   - 頂点が $(0, t)$ になるよう $y = ax^2$ を平行移動したグラフ.
> - $y = a(x - s)^2 + t$ のグラフ
>   - 頂点が (s, t) になるよう $y = ax^2$ を平行移動したグラフ.

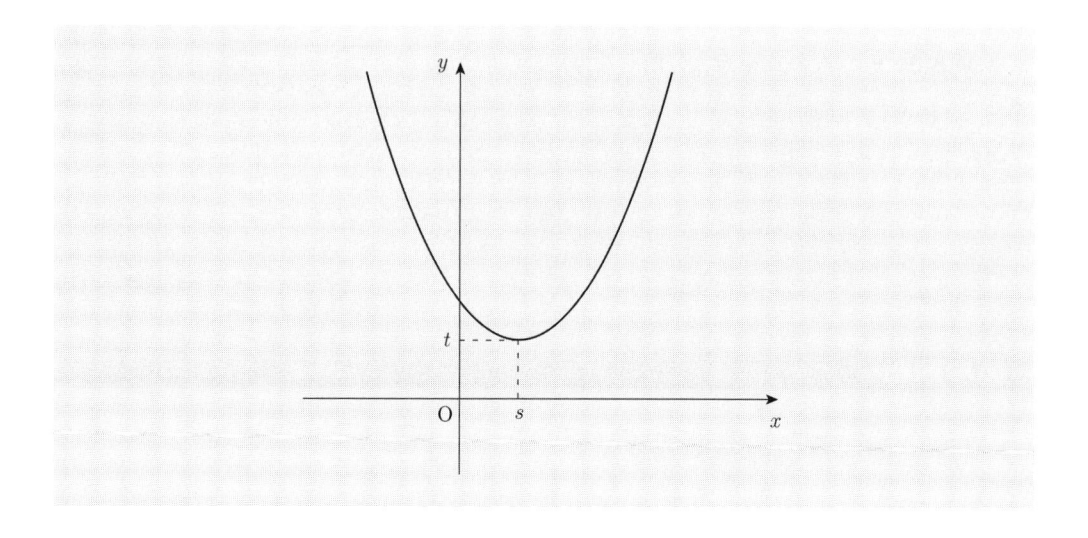

変形,
$$y = a(x-s)^2 + t \tag{2.1}$$
$$y - t = a(x-s)^2 \tag{2.2}$$

によって, (s,t) が通過点であることが, 一目でわかる. 実際 (2.2) 式に, $x = s$, $y = t$ を代入すると

$$\underbrace{t - t}_{0} = a(\underbrace{s - s}_{0})^2 = 0$$

となるからである.

$y = t$, $x = s$ をあらたに X 軸, Y 軸とみなせば, 関数のグラフはこの座標系では $Y = aX^2$ と書け, もとの $y = ax^2$ と一致する.

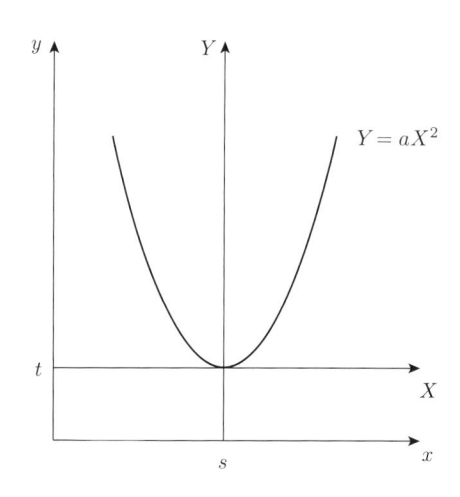

基礎問題

問2.4 次の式で表される関数について，まず指定された x の値について対応する y の値を計算し，表を完成させなさい．次にその表のデータをもとに曲線のグラフを描きなさい．

(1) $y = 2x^2$

(2) $y = 2(x-2)^2$

(3) $y = 2(x-2)^2 + 3$

x	-3	-2	-1	0	1	2	3
(1)							
(2)							
(3)							

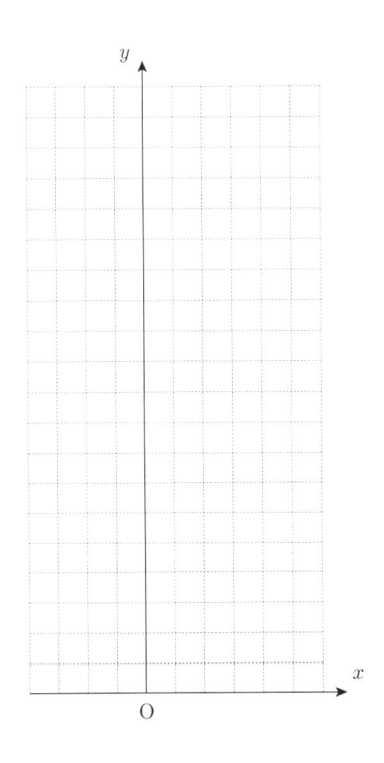

☞ 解答 p.219

2.2.2　$y = a(x-\alpha)(x-\beta)$ のグラフ：横軸切片で攻める

POINT

- $y = a(x-\alpha)(x-\beta)$ のグラフ
  - 頂点をはさんで左右対称：頂点の x 座標は $x = \dfrac{\alpha+\beta}{2}$ ($x = \alpha, \beta$ の中点)
  - $a > 0$ なら下に凸
  - $a < 0$ なら上に凸
  - y 切片は展開すれば簡単にわかる
  - 平方完成を行わなくても頂点がわかる：横軸切片から攻める

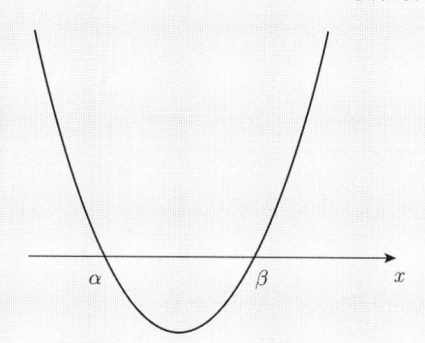

標準問題

例題2.2　次の2次関数について，問に答えなさい．

$$f(x) = (x-1)(x-3) \tag{2.3}$$

(1)　展開しなさい．できるグラフは上に凸か，下に凸か．

(2)　$y = f(x)$ と y 軸との交点 (縦軸切片) を求めなさい．

(3)　$y = f(x)$ と x 軸との交点 (横軸切片) を求めなさい．

(4)　2次式の対称性を利用して $y = f(x)$ のグラフの頂点の x 座標を求めなさい．

(5)　$y = f(x)$ のグラフの頂点の y 座標を求めなさい．

(6)　$y = f(x)$ のグラフを描きなさい．

解答

(1)　次式のように展開できるので下に凸になる．

$$f(x) = x^2 - 3x - x + 3$$
$$= x^2 - 4x + 3 \qquad x^2 \text{ の係数 } 1 > 0 \text{ なので下に凸}$$

(2) 関数は何であろうと y 切片 (縦軸切片) は $x = 0$ を代入すればよいので簡単. $f(0) = 0^2 - 4 \times 0 + 3 = 3$ なので $y = 3$ が縦軸切片. 一般に多項式関数の縦軸切片は定数項を読みとるだけでわかる.

(3) (2.3) 式の 右辺 $= 0$ とすることで, $x - 1 = 0$ または $x - 3 = 0$ となることから, 横軸切片の $x = 1, 3$ が得られる.

(4) 頂点の x 座標が横軸切片の中点になるのが 2 次関数の対称性のよさ. したがって $x = (1 + 3) \div 2 = 2$ とすぐに求められる.

(5) 頂点の x 座標 $x = 2$ を (2.3) 式に代入すればよい.

$$y = f(2) = (2-1)(2-3) = 1 \times (-1) = -1$$

(6) これらのデータを次の順に有効活用して描いたグラフはうつくしい (たぶん).

(a) 横軸切片とその中点 (頂点軸)

(b) 頂点

(c) 縦軸切片とその対称位置の点

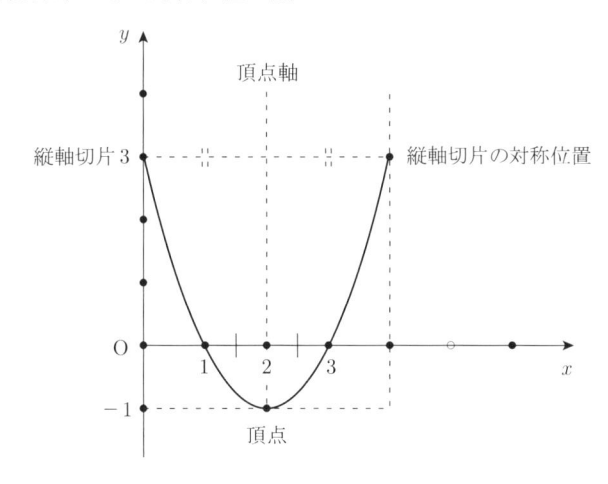

終

---

2 次関数の横軸切片と 2 次方程式

2 次関数 $y = ax^2 + bx + c$ のグラフが x 軸と交わるなら, その交点の y 座標は $y = 0$ である. つまり, 2 次関数のグラフと方程式 $ax^2 + bx + c = 0$ は切っても切れない仲ということ. $ax^2 + bx + c$ が因数分解できていれば, ふたりの仲はすごく順調 ♡ 誤解をおそれず強調!

問2.5 次の2次式について，問に答えなさい．

$$f(x) = x\left(40 - \frac{4}{3}x\right) \tag{2.4}$$

(1) 展開しなさい．できるグラフは上に凸か，下に凸か．

(2) $y = f(x)$ と y 軸との交点 (縦軸切片) を求めなさい．

(3) $y = f(x)$ と x 軸との交点 (横軸切片) を求めなさい．

(4) 2次式の対称性を利用して $y = f(x)$ のグラフの頂点の x 座標を求めなさい．

(5) $y = f(x)$ のグラフの頂点の y 座標を求めなさい．

(6) 下図に $y = f(x)$ のグラフを描きなさい．

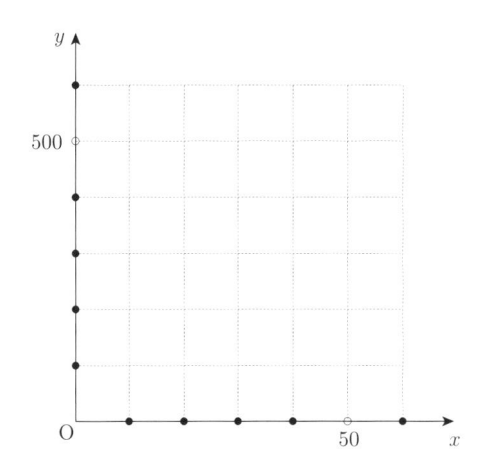

☞ 解答 p.219

2.2.3　$y = ax^2 + bx + c$ のグラフ：直線 $y = c$ で攻める

横軸切片で攻めやすいのは因数分解 $y = a(x-\alpha)(x-\beta)$ の形をしているとき．とくに $y = ax(x-\alpha)$ の時がやさしい．一方，一般の2次関数 $y = ax^2 + bx + c$ についても，連立方程式

$$\begin{cases} y = ax^2 + bx + c \\ y = c \end{cases}$$

を考えると，$y = c$ という横軸に平行な直線での切片が，$0 = ax^2 + bx$ を解くことで簡単に求まる．$x = 0, -\dfrac{b}{a}$．この中点が2次関数の頂点の x 座標だから $x = -\dfrac{b}{2a}$．これを $y = $

$ax^2 + bx + c$ に代入すると，頂点の y 座標が求まる．

$$y = a\left(\frac{-b}{2a}\right)^2 + b \times \frac{-b}{2a} + c$$
$$= \frac{b^2}{4a} - \frac{b^2}{2a} + c$$
$$= -\frac{b^2 - 4ac}{4a}$$

> **ちょっとメモ** 上で求めた頂点の y 座標は平方完成の公式に現れる定数項である（『経出る』p.35）．「頂点公式」とでも呼べるだろうが，あえてそうはしない．具体的な関数のグラフを描くだけなら横軸切片の方法が強力だからだ．そのうえで，一般的な2次関数を，$y=c$ を横軸と考えたときの横軸切片から攻めて，平方完成と同じ定数項を式変形で導出できることを見せたかっただけ（どや顔）．

例題2.3 2次式 $f(x) = x^2 + 2x + 3$ について，問に答えなさい．

(1) $y = 3$ との交点の x 座標を求めなさい．

(2) 頂点の座標を求めなさい．

解答

(1) 方程式 $x^2 + 2x + 3 = 3 \iff x(x+2) = 0$ より，$x = -2, 0$．

(2) 頂点の x 座標は $\dfrac{-2+0}{2} = -1$，頂点の y 座標は $f(-1) = 2$．

終

問2.6 2次式 $f(x) = -x^2 + 2x + 3$ について，問に答えなさい．

(1) $y = 3$ との交点の x 座標を求めなさい．

(2) 頂点の座標を求めなさい．

☞ 解答 p.220

2.3 2次関数の応用

2.3.1 利潤最大化を横軸切片で攻める

基礎問題

問2.7 ▶ 下表の空欄を埋め，収入 (Revenue) が最大となるよう最適なプライシング (値決め) をしなさい．

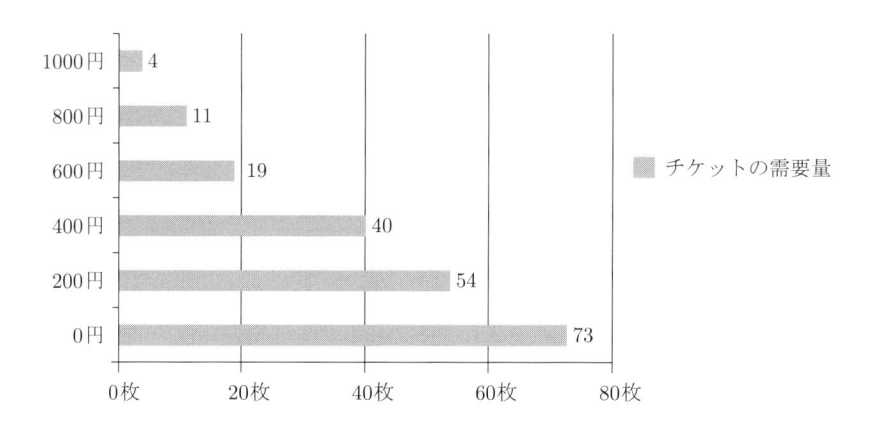

	価格 (p)	数量 (q)	収入 (R)
①	1,000 円	× 4 枚	= 4,000 円
②	800 円	11 枚	円
③	600 円	19 枚	円
④	400 円	40 枚	円
⑤	200 円	54 枚	円
⑥	0 円	× 73 枚	= 0 円

☞ 解答 p.220

標準問題

問 2.8 (『経出る』例題 2.1) 次の式は数量 x に対する価格 $P(x)$ の関係を示した，ある独占企業の逆需要関数である．このとき，以下の問に答えなさい．

$$P(x) = 10 - 2x \tag{2.5}$$

(1) 収入 = 価格 × 数量 を使って，この企業の収入 $R(x)$ を x の式として書き下しなさい．

(2) この企業はこの製品をどれだけ製造販売すれば収入が最大となるだろうか．収入を最大にする x の値を求めなさい．

(3) この製品の 1 個あたりの費用は 4 である．このとき変動費 $C(x)$ を x の式として書き下しなさい．

(4) 利潤 = 収入 − 費用 を使って，この企業の利潤 $\pi(x)$ を x の式として書き下しなさい．ただしここでは固定費を 0 とする．

(5) この企業はこの製品をどれだけ製造販売すれば利潤が最大となるだろうか．利潤を最大にする x の値を求めなさい．

☞ 解答 p.220

例題 2.4 (『経出る』練習問題 2.1) 製薬会社と T 大は共同開発したサプリメント『♡T 大チューリップちゃん®』を大学発ブランドとして売り出した．需要関数は

$$q = D(p) = 500 - \frac{1}{2}p$$

で与えられている．また費用は 1 箱あたり 400 円であるとする．利潤を最大にするためには，何円で売ればよいか，横軸切片を使って調べなさい．

解答 利潤は

$$y = \pi(p) = pq - 400q = (p - 400)q = (p - 400)\left(500 - \frac{1}{2}p\right)$$

なので，横軸切片は $p = 400, 1000$．中点は $p = 700$．したがって，700 円で売ればよい．

終

問 2.9 (国家II種平成22年度改題) 独占企業が二つの異なる市場 1, 2 で製品を販売しており，この企業は両市場で異なる価格を設定して販売することができる．それぞれの市場の需要関数は

$$q_1 = 300 - p_1$$
$$q_2 = 120 - 4p_2$$

である．また，総費用関数は $c = (x_1)^2 + (x_2)^2$ である．ここで，q_1 は市場 1 の需要量，p_1 は市場 1 の価格，q_2 は市場 2 の需要量，p_2 は市場 2 の価格，c は総費用，x_1 は市場 1 の供給量，x_2 は市場 2 の供給量を表す．この企業が利潤最大化した結果としての，各市場の販売量と価格はどのようになるか，求めなさい．

☞ 解答 p.220

> **ちょっとメモ** q_1, q_2 等の文字の腰にふられた番号を添字 (そえじ) という．添字は数列 (第 4 章)，ベクトル (第 6 章)，多変数関数 (第 7 章) 等で有用．

2.3.2 寡占市場を斬るゲーム理論

POINT

- ナッシュ均衡：相手のプレーヤーの戦略が変わらないときに，自分 1 人だけ戦略を変えても利得が増えないような戦略の組み合わせ．
- ナッシュ均衡の求め方
    - プレーヤー 1 の利得関数 $\pi_1(x_1, x_2)$ からプレーヤー 2 の戦略 x_2 を所与としたときの，最適な戦略を対応させる最適反応関数 $R_1(x_2)$ を求める．
    - プレーヤー 2 の利得関数 $\pi_2(x_1, x_2)$ からプレーヤー 1 の戦略 x_1 を所与としたときの，最適な戦略を対応させる最適反応関数 $R_2(x_1)$ を求める．
    - $x_1 = R_1(x_2), x_2 = R_2(x_1)$ を満たす x_1, x_2 がナッシュ均衡となる．
- 企業による数量競争のゲーム (戦略 x_1, x_2 が数量) をクールノー・ゲームという．クールノー・ゲームのナッシュ均衡はクールノー均衡と呼ばれることがある．

標準問題

例題2.5（国家II種平成20年度改題） ある財の市場を企業 1 と企業 2 が支配しており，市場全体の需要曲線と各企業の費用関数がそれぞれ次のように与えられている．

$d = 40 - p$

$c_1 = 20x_1$

$c_2 = 24x_2$

ここで，d は需要量，p は価格，c_1 は企業 1 の総費用，x_1 は企業 1 の生産量，c_2 は企業 2 の総費用，x_2 は企業 2 の生産量を表す．

(1) 企業 1 が 1 社だけで操業しているとする．このとき，企業 1 にとって最適な生産量とそのもとでの価格を求めなさい．

(2) 二つの企業が生産量を戦略として競争したとき，クールノー均衡における最適な生産量と価格はいくらか求めなさい．

解答 逆需要関数は $P(d) = 40 - d$ と簡単に求まる．

(1) 企業 1 の利潤 $\pi_1(x_1)$ は

$$\pi_1(x_1) = P(x_1)x_1 - c_1$$
$$= (40 - x_1)x_1 - 20x_1$$
$$= x_1(20 - x_1).$$

横軸切片は $x_1 = 0, 20$ なので，上に凸な 2 次関数のグラフの頂点の座標が，$x_1 = \dfrac{0 + 20}{2} = 10$．これが最適な生産量．価格は逆需要関数に代入して，$p = 40 - 10 = 30$ となる．

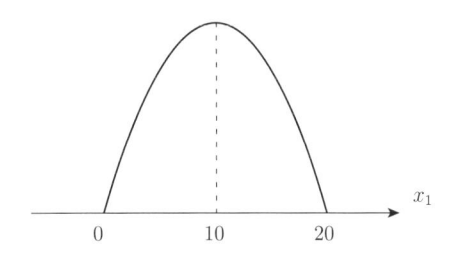

(2) 企業 1 の利潤 $\pi_1(x_1, x_2)$ は

$$\pi_1(x_1, x_2) = P(x_1 + x_2)x_1 - c_1$$
$$= (40 - x_1 - x_2)x_1 - 20x_1$$
$$= x_1(20 - x_1 - x_2).$$

横軸切片は $x_1 = 0, 20 - x_2$ なので最適反応関数は

$$R_1(x_2) = \frac{20 - x_2}{2}$$

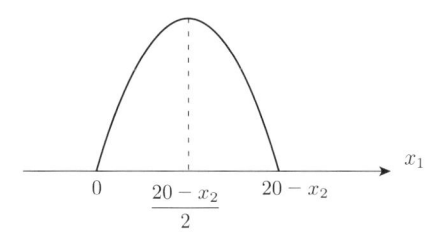

企業 2 の利潤 $\pi_2(x_1, x_2)$ は

$$\pi_2(x_1, x_2) = P(x_1 + x_2)x_2 - c_2$$
$$= (40 - x_1 - x_2)x_2 - 24x_2$$
$$= x_2(16 - x_1 - x_2).$$

横軸切片は $x_2 = 0, 16 - x_1$ なので最適反応関数は

$$R_2(x_1) = \frac{16 - x_1}{2}$$

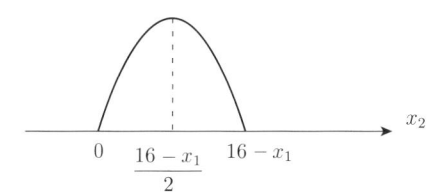

連立方程式

$$\begin{cases} x_1 = R_1(x_2) = \dfrac{20 - x_2}{2} \\ x_2 = R_2(x_1) = \dfrac{16 - x_1}{2} \end{cases}$$

から，$x_1 = 8, x_2 = 4$．したがって $p = P(8 + 4) = 40 - 12 = 28$．となる．

$$R_1(x_2) = \frac{20 - x_2}{2}$$

$$R_2(x_1) = \frac{16 - x_1}{2}$$

図 2.1　最適反応曲線

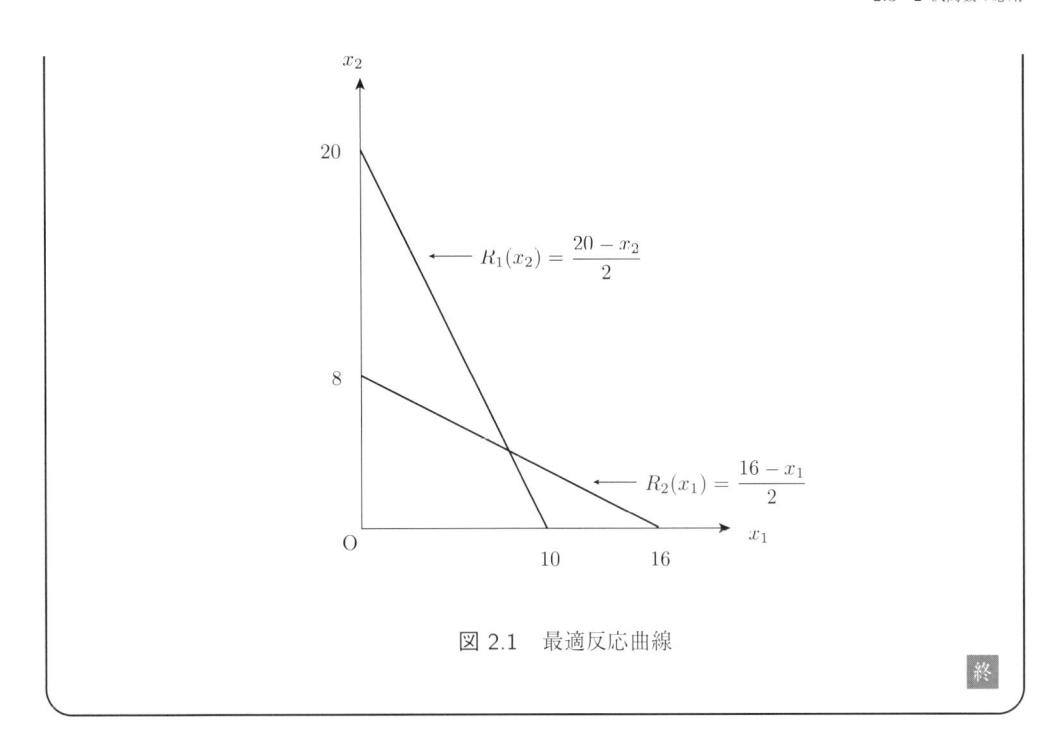

『経出る』p.50 と同様に，独占と複占の場合を比較して表にまとめる．消費者余剰は図 2.2 を使い求めた．

	総生産量	価格	総利潤	消費者余剰	総余剰
独占	10	30	100	50	150
複占	12	28	80	72	152

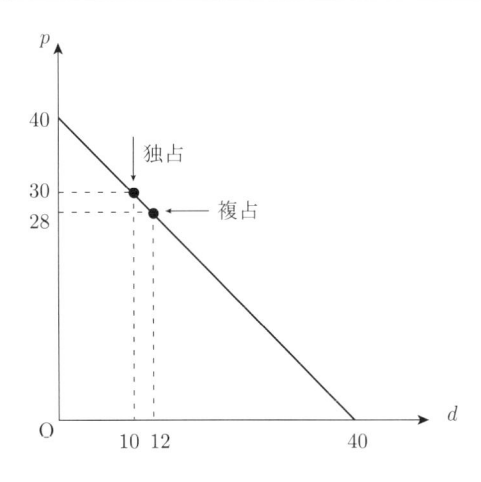

図 2.2　企業数の増加と均衡の推移

企業が 1 社から 2 社に増えることで，競争が起こり，価格低下と生産量の増大がもたらされ，社会全体の総余剰が増加することがわかる．

問 2.10（国家 II 種平成 24 年度）

ある財が二つの企業によって生産されている複占市場がある．この財の逆需要関数が

$$p = 100 - 2(q_1 + q_2)$$

であるとする．ここで，p は財の価格，q_1 は第 1 企業が生産する財に対する需要量，q_2 は第 2 企業が生産する財に対する需要量を表す．また，二つの企業の費用関数は同一であり，

$$c_i = 4x_i \quad (i = 1, 2 \text{ で，} c_i \text{は第 } i \text{ 企業の総費用，} x_i \text{は第 } i \text{ 企業の生産量})$$

であるとする．このとき，クールノー均衡における二つの企業の生産量はそれぞれいくらか．

(1) $x_1 = x_2 = 4$ (2) $x_1 = x_2 = 8$ (3) $x_1 = x_2 = 16$
(4) $x_1 = 6, x_2 = 4$ (5) $x_1 = 12, x_2 = 8$

☞ 解答 p.221

問 2.11（差別化財の価格競争） 二つの企業が差別化された財を生産している市場がある．これらの財の需要関数は

$$q_1 = 26 - 4p_1 + p_2$$
$$q_2 = 80 - 5p_2 + 2p_1$$

である．ここで，p_1 は第 1 財の価格，p_2 は第 2 財の価格，q_1 は第 1 財に対する需要量，q_2 は第 2 財に対する需要量を表す．また，二つの財の費用関数は，

$$c_1 = x_1$$
$$c_2 = 2x_2$$

c_1 は第 1 財の総費用，x_1 は第 1 財の生産量，c_2 は第 2 財の総費用，x_2 は第 2 財の生産量であるとする．このとき，均衡における二つの財の価格はそれぞれいくらか．

☞ 解答 p.221

第 3 章
指数・対数と金利

第3章のOUTLOOK

(1) 複利計算：具体的な累乗計算を行う．電卓の定数計算の扱いにも習熟する．

(2) 累乗の計算と指数法則

(3) 指数関数

(4) 割引現在価値：指数の応用として割引現在価値の計算を行う．

(5) 対数の計算と対数法則，対数関数

3.1 複利計算—その1

3.1.1 単利と複利

POINT：複利計算

単利
- c 円を利子率 r で預けると，単利計算では毎年 cr 円 増える．
- c 円を利子率 r で t 年間預けると，単利計算では

$$c + \underbrace{cr + cr + \cdots + cr}_{t \text{ 個}} = c(1+tr) \text{ 円} \tag{3.1}$$

になる．

複利
- 利子率 r で預けると，複利計算では毎年 $(1+r)$ 倍になる．
- c 円を利子率 r で t 年間預けると，複利計算では

$$c\underbrace{(1+r)\times(1+r)\times\cdots\times(1+r)}_{t\text{ 個}}=c(1+r)^t\text{円} \tag{3.2}$$

になる.

基礎問題

例題3.1(『経出る』例題3.1) 利子率 5% で 1 万円を 2 年間預けると何円になるか. 単利と複利の場合それぞれについて計算しなさい.

解答 **単利** 利子率 5% に対する 1 年あたりの利息は 10,000 の 5% なので $10{,}000\times 0.05 = 500$ 円である. したがって 1 年後は $10{,}000 + 500 = 10{,}500$ 円になる. 同額の利息が次の年も加わるので, 2 年間では $10{,}000 + \underbrace{500 + 500}_{2\text{ 個}} = 11{,}000$ 円となる.

複利 利子率 5% に対する 1 年あたりの利息は 10,000 の 5% なので $10{,}000\times 0.05 = 500$ 円である. したがって 1 年後は $10{,}000 + 10{,}000\times 0.05 = 10{,}000(1+0.05) = 10{,}500$ 円 と 1 万円の 1.05 倍になる. 複利は次の年にこの 10,500 円をまとめて預けることになる. 2 年間ではさらに 1.05 倍し $10{,}000 \times \underbrace{1.05\times 1.05}_{2\text{ 個}} = 11{,}025$ 円となる.

終

ちょっとメモ 利子率 r はパーセント表示を, 小数表示にして計算する必要がある. この例題では $r = 5\% = 0.05$ として計算する.

問3.1(『経出る』例題3.2) 利子率 5% で 100 万円を 3 年間預けると何円になるか. 単利と複利の場合それぞれについて計算しなさい.

解答 p.222

3.1.2 電卓による計算：定数計算の活用

複利計算は長い年数になると計算が困難になる．そこで電卓を活用する．

例題 3.2（『経出る』例題 3.3） 利子率 5% の複利計算で 1 万円を 10 年間預けるといくらになるか計算しなさい (端数切り捨て．電卓を使ってよい)．

解答 $10{,}000 \text{ 円} \times \underbrace{1.05 \times 1.05 \times \cdots \times 1.05}_{10 \text{ 個}} = 16{,}288.946\cdots \text{ 円}$ となる．小数点以下を切り捨てて $16{,}288$ 円．

これをふつうに単純なたたき方で電卓計算してもよいが，**定数計算**[1]（じょうすうけいさん）と呼ばれる方式を用いると，システマティックで効率的に計算できる．ただし電卓のメーカーによって，ビミョーにたたき方がちがうので，自分の電卓がどれにあたるのか以下の方式を参考にして計算すること．

電卓は実務電卓と呼ばれている物を選ぶと良い[2]．ケータイやスマホですませたくなるかもしれないが，経済・経営・商学系の大学生には，マイ電卓をもつことを強く強くすすめたい．資格試験で役立つのはもちろん，社会人になって電卓を使う場面はけっこう多い．

単純な方法　　　【10,000】$\underbrace{\text{【×】【1.05】【×】【1.05】}\cdots\text{【×】【1.05】}}_{10 \text{ 回}}$

CASIO 等の機種　【1.05】$\underbrace{\text{【×】【×】}}_{2 \text{ 回}}$【10,000】$\underbrace{\text{【＝】【＝】}\cdots\text{【＝】}}_{10 \text{ 回}}$

SHARP 等の機種　【1.05】$\underbrace{\text{【×】}}_{1 \text{ 回}}$【10,000】$\underbrace{\text{【＝】【＝】}\cdots\text{【＝】}}_{10 \text{ 回}}$

終

---

[1] 決まった数字を連続して計算する電卓の機能．
[2] 電卓の基礎知識は『重原佐千子の驚速！電卓早打ちテクニック＆トレーニング』インターブックス (2010) がおすすめ．お守りもついているし，著者の恋バナもあって楽しく電卓がマスターできる．

第 3 章 指数・対数と金利

> **問3.2**（『経出る』pp.58-59）　利子率 5% で 1 万円を 50 年間預けると何円になるか．単利と複利の場合それぞれについて計算しなさい．

☞ 解答 p.222

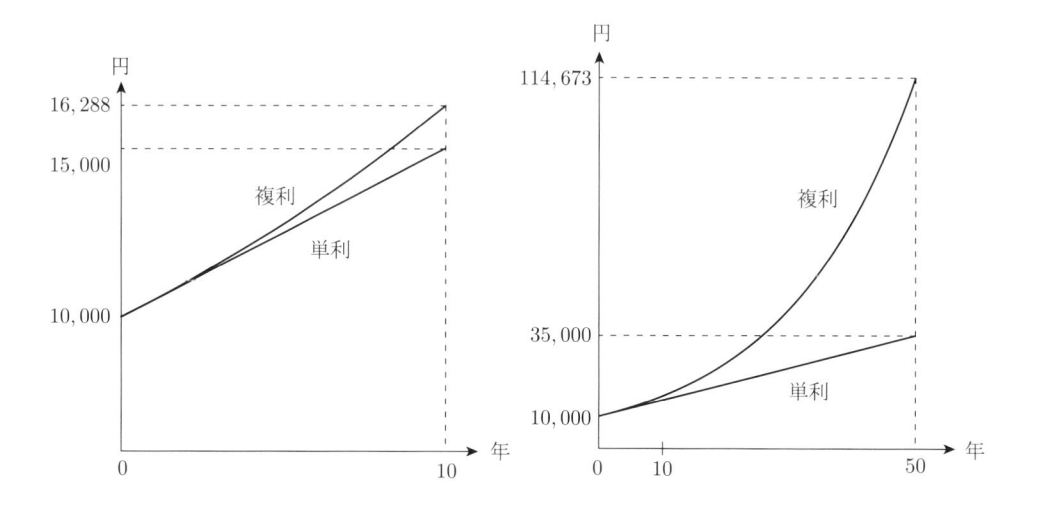

図 3.1　複利計算と単利計算の比較 (1)　　図 3.2　複利計算と単利計算の比較 (2)

3.2　累乗の計算と指数法則

3.2.1　累乗の計算

POINT

自然数 $n = 1, 2, \ldots$ と実数 a に対し，累乗を次式で定める．

$$a^n = \underbrace{a \times \cdots \times a}_{n \text{ 個}} \tag{3.3}$$

> **ちょっとメモ**　a^n は「エーのエヌじょう」あるいは「エー・エヌじょう」と読む (たぶん)．累々と a が重なり合って乗じられているので，「累乗 (るいじょう)」「冪乗 (べきじょう)」ともいう．a を「底 (てい)」，肩に乗った n を「指数 (しすう)」という．

基礎問題

問 3.3（『経出る』p.59） 左右の式で，ペアになるものどうしを線で結びなさい．また左式の底と指数を答えなさい．

a^3 ○────────○ $a \times a \times a$　底は a で指数は 3 (a の 3 乗)

a^2 ○　　　　　　○ $a \times a$

a^1 ○　　　　　　○ a

b^2 ○　　　　　　○ $b \times b$

b^4 ○　　　　　　○ $b \times b \times b \times b$

c^8 ○　　　　　　○ $c \times c \times c \times c \times c \times c \times c \times c$

☞ 解答 p.222

標準問題

問 3.4 左右の式で，ペアになるものどうしを線で結びなさい．また左式の底と指数を答えなさい．

2^3 ○────────○ $2 \times 2 \times 2 = 8$　底は 2 で指数は 3 (2 の 3 乗は 8)

3^2 ○　　　　　　○ $\left(\dfrac{1}{3^2}\right) = \dfrac{1}{9}$

2^1 ○　　　　　　○ 2

$\left(\dfrac{1}{2}\right)^2$ ○　　　　　　○ 0.25

$(0.5)^3$ ○　　　　　　○ 1.1025

$(1.05)^2$ ○　　　　　　○ 0.125

$\left(\dfrac{1}{3}\right)^2$ ○　　　　　　○ 9

☞ 解答 p.223

応用問題

問3.5 電卓で次の計算をしなさい．結果を見て，整数だとだいたいどれくらいの値に等しいのかも答えなさい．

例

(1) $(1.41421)^2 = $ 【1.41421】【×】【1.41421】【=】$1.9999899241 \approx 2$

(2) $(1.73205)^2 = $ 【1.73205】【×】【1.73205】【=】$2.9999972025 \approx 3$

問題

(1) $(2.23606)^2$ (2) $(1.44224)^3$

(3) $(1.49535)^4$ (4) $(1.41421)^4$

☞ 解答 p.223

3.2.2 指数法則 (基礎)：自然数

POINT

自然数 $m, n = 1, 2, \ldots$ と実数 a, b に対し，次式が成立する：

$$a^m a^n = a^{m+n} \tag{3.4}$$

$$(a^m)^n = a^{mn} \tag{3.5}$$

$$(ab)^n = a^n b^n \tag{3.6}$$

基礎問題

問3.6 指数法則 (3.4), (3.5), (3.6) を 10 回ずつ書いて練習しなさい．

(解答省略)

問3.7(『経出る』例題3.4) 指数法則を用いて，次の式を計算しなさい．

例

(1) $\quad 3 \times 3^2 = 3^1 \times 3^2 = 3^{1+2} = 3^3 = 27.$

(2) $\quad (3^2)^2 = 3^{2\times 2} = 3^4 = 81.$

問題

(1) $\quad 2^2 \times 2^3$ （2）$\quad (2^3)^2$
(3) $\quad ((-3)^3)^2$ （4）$\quad (2\times 3)^2$
(5) $\quad (2\times(-3))^2$ （6）$\quad (2\times(-3))^3$

☞ 解答 p.223

ちょっとメモ　二重以上の括弧は，[{( )}](大・中・小括弧) の順でていねいに記述するやりかたもあるが，本問もふくめ，括弧の範囲を見極める訓練をしてほしい．

標準問題

問3.8(『経出る』例題3.4) 指数法則を用いて，次の式をなるべく簡単にしなさい．例の小問 (3) があたりまえですらすらになると指数計算は楽になる．

例

(1) $\quad 3 \times 3^n = 3^1 \times 3^n = 3^{n+1}.$

(2) $\quad (3^2)^n = 3^{2\times n} = 3^{2n}.$

(3) $\quad (-a)^3 = (-1\times a)^3 = (-1)^3 \times (a)^3 = -1 \times a^3 = -a^3.$

問題

(1) $\quad (a)^2 \times (a)^3$ （2）$\quad (-a)^2 \times (-a)^3$
(3) $\quad (b^3)^2$ （4）$\quad ((-b)^3)^2$
(5) $\quad (a\times(-b))^3$ （6）$\quad ((-a)\times(-b))^2$

☞ 解答 p.223

3.2.3 整数乗に対する指数の拡張と指数法則

POINT
0 乗　　　$a^0 = 1$
マイナス乗　　$a^{-n} = \dfrac{1}{a^n}$

基礎問題

問 3.9 左右の式で，ペアになるものどうしを線で結びなさい．

3^{-2} ○ 　　　　　　○ 9

2^{-3} ○ 　　　　　　○ 8

$(6.27)^0$ ○ 　　　　　　○ 1

$\left(\dfrac{1}{2}\right)^{-3}$ ○ 　　　　　　○ $\dfrac{1}{8}$

$\left(\dfrac{1}{3}\right)^{-2}$ ○ 　　　　　　○ $\dfrac{1}{9}$

☞ 解答 p.223

標準問題

問 3.10 文字 a, b, x 部分についての分数表記は指数表記に，指数表記は分数表記に直しなさい．

例

(1) $\dfrac{1}{a^5} = a^{-5}$　　分数表記 → 指数表記

(2) $2a^{-3} = \dfrac{2}{a^3}$　　指数表記 → 分数表記

問題

(1) $\dfrac{3}{a^4}$ (2) $4b^{-4}$

(3) $2x^{-1}$ (4) $\dfrac{3}{4}x^{-5}$

(5) $\dfrac{-3}{2x^4}$ (6) $\dfrac{3a^2}{b^3}$

☞ 解答 p.223

応用問題

例題 3.3 $m=2, n=-4$ としても指数法則 (3.4), (3.5), (3.6) が成り立つことを確かめなさい.

解答

(3.4) $a^2 a^{-4} = a^2 \dfrac{1}{a^4} = \dfrac{a^2}{a^4} = \dfrac{1}{a^2} = a^{-2} = a^{2-4}.$

(3.5) $\left(a^2\right)^{-4} = \dfrac{1}{\left(a^2\right)^4} = \dfrac{1}{a^8} = a^{-8} = a^{2\times(-4)}.$

(3.6) $(ab)^{-4} = \dfrac{1}{(ab)^4} = \dfrac{1}{a^4}\dfrac{1}{b^4} = a^{-4}b^{-4}.$

終

問 3.11 $m=-3, n=-2$ としても指数法則 (3.4), (3.5), (3.6) が成り立つことを, 例題 3.3 にならって確かめなさい.

☞ 解答 p.223

3.2.4 有理数に対する指数の拡張

POINT

$a>0$ とする.

分数乗 ① $a^{\frac{1}{n}} = (n\text{ 乗すると }a\text{ になる正の数})$

分数乗 ② $a^{\frac{m}{n}} = \left(a^m\right)^{\frac{1}{n}} = \left(a^{\frac{1}{n}}\right)^m$

$a^{\frac{1}{n}}$ は $\sqrt[n]{a}$ とも書く. とくに, $a^{\frac{1}{2}} = \sqrt{a}$.

第 3 章 指数・対数と金利

> **ちょっとメモ**
> - 分数がからむのでおちいりやすいのが a^{-n} と $a^{\frac{1}{n}}$ の取り違え.とにかく $a^{-n} \neq a^{\frac{1}{n}}$.
> - $\sqrt[n]{a}$ を「エーのエヌ乗根（じょうこん）」と読む.なので $\sqrt[3]{a}$ は「エーの三乗根（さんじょうこん）」.$\sqrt{a}$ は「ルートエー」あるいは「エーの平方根」と読み方も特別 (エーの二乗根といっても間違いではない).

基礎問題

問 3.12 上下の式で,ペアになるものどうしを線で結びなさい.

a^{-n}　　$a^{\frac{1}{n}}$　　$a^{\frac{1}{2}}$　　a^0　　a^1　　$a^m \div a^n$

○　　○　　○　　○　　○　　○

○　　○　　○　　○　　○　　○

$\dfrac{1}{a^n}$　　$\sqrt{a}$　　$\sqrt[n]{a}$　　1　　a　　a^{m-n}

☞ 解答 p.223

問 3.13 次の値を求めなさい.$16 = 2^4, 125 = 5^3$ なので,p.54 の定理 3.1 で学ぶ指数法則 (3.11) を先取って使うとかんたん ♡

例

(1) $16^{\frac{1}{4}} = (2^4)^{\frac{1}{4}} = 2^{4 \times \frac{1}{4}} = 2^1 = 2.$

(2) $125^{\frac{1}{6}} = (5^3)^{\frac{1}{6}} = 5^{3 \times \frac{1}{6}} = 5^{\frac{1}{2}} = \sqrt{5}.$

問題

(1) $16^{\frac{1}{2}}$ 　　　　　　　　　　(2) $16^{\frac{3}{2}}$

(3) $16^{-0.5}$ 　　　　　　　　　　(4) $125^{\frac{1}{3}}$

(5) $125^{\frac{2}{3}}$ 　　　　　　　　　　(6) $125^{-\frac{2}{3}}$

☞ 解答 p.223

標準問題

問 3.14 p.54 の定理 3.1 の指数法則を用いて，次の式を簡単にしなさい．

例

(1) $a^2 a^{-\frac{5}{2}} = a^{2-\frac{5}{2}} = a^{-\frac{1}{2}}$.

(2) $b^5 \div b^2 = b^5 \times \dfrac{1}{b^2} = b^5 \times b^{-2} = b^{5-2} = b^3$.

問題

(1) $b^{-3} \times b^2$ (2) $(x^{-4})^{-\frac{1}{2}}$
(3) $(a^2 \times b^4)^{-0.5}$ (4) $(a^2 \times b^{-4})^{-0.5}$
(5) $a^3 \div a^{-2}$ (6) $(x + x^{-1})^2$

☞ 解答 p.223

3.2.5　実数に対する指数の拡張と一般の指数法則

これで任意の有理数[3]に対する指数の累乗計算がすべて定義されたので，正の数 a と有理数 x に対して

$$y = a^x \tag{3.7}$$

という関数を考えられるようになった．

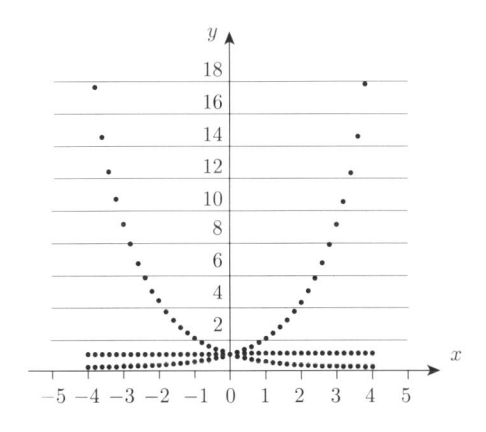

図 3.3　指数関数 $y = a^x$ のグラフ：x は有理数

---

[3] 整数と，$\dfrac{整数}{整数}$ の形に書ける分数を合わせて有理数という．有理数でないものを無理数という．無理数には $\sqrt{2}$ や円周率 π や後出の e などがある．

一般の実数は分数で表記できない場合もあるが，その場合でもその実数にいくらでも近い分数が存在するのでそれを使って上記のように計算する．これで任意の実数に対する指数の累乗計算がすべて定義されたので，正の実数 a に対して

$$y = a^x \tag{3.8}$$

という関数を考えられるようになった．グラフでいうと図 3.3 の隙間を埋めることになる．

こうしてできる関数は，図 3.4 のようなグラフとなる．

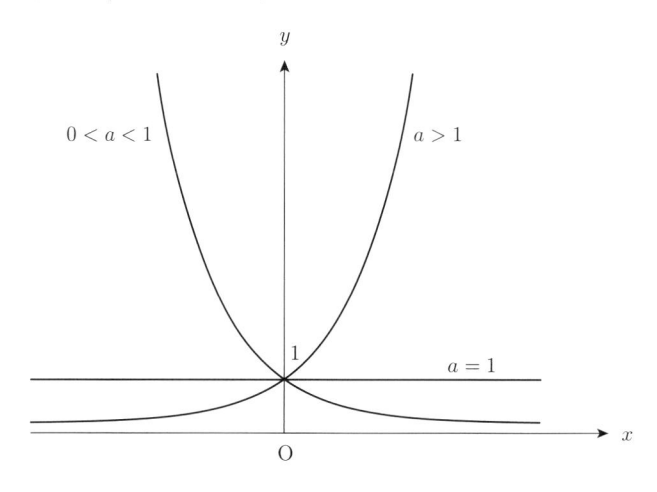

図 3.4　指数関数 $y = a^x$ のグラフ

この関数を「a を底とする**指数関数**」という．$a^0 = 1$ より，指数関数のグラフの y 切片は a の大小によらず 1 である．このグラフの形状は，3 通りに場合分けできる．

- $a > 1$ の場合：右上がりのグラフ (増加関数)．
- $a = 1$ の場合：x 軸に平行 (定数関数)．
- $0 < a < 1$ の場合：右下がりのグラフ (減少関数)．

POINT：実数に対する一般の指数法則

定理 3.1　実数 x, y と正の実数 $a, b > 0$ に対し，次式が成立する：

$$a^x a^y = a^{x+y} \tag{3.9}$$

$$\frac{a^x}{a^y} = a^{x-y} \quad 特に \quad \frac{1}{a^y} = a^{-y} \tag{3.10}$$

$$\left(a^x\right)^y = a^{xy} \tag{3.11}$$

$$\left(ab\right)^x = a^x b^x \tag{3.12}$$

標準問題

例題3.4（『経出る』例題3.4） 指数法則を用いて次の方程式を解きなさい．

(1) $27^{-x} = 3 \div 3^{2x}$

(2) $x^{\frac{3}{2}} = 8$

(3) $\left(\dfrac{1}{9}\right)^{x-1.5} - \left(\sqrt{3}\right)^{2x} = 0$

(4) $\begin{cases} \dfrac{1}{\sqrt{3}} = 3^x \times (\sqrt{3})^y \\ 32 = \dfrac{4^x}{2^y} \end{cases}$

解答

(1) 指数法則を利用して両辺をそれぞれ整理すると，

$$（左辺）= (3^3)^{-x} = 3^{-3x}$$
$$（右辺）= 3^1 \times 3^{-2x} = 3^{-2x+1}$$

となる．これらが等しいので，$3^{-3x} = 3^{-2x+1}$ を解けばよい．指数部を比較するとこれは $-3x = -2x + 1$ と同値なので，これを解き $x = -1$．

(2) $x^1 = x^{\frac{3}{2} \times \frac{2}{3}} = \left(x^{\frac{3}{2}}\right)^{\frac{2}{3}}, 8 = 2^3$ を利用して，

$$x = \left(x^{\frac{3}{2}}\right)^{\frac{2}{3}} = 8^{\frac{2}{3}} = (2^3)^{\frac{2}{3}} = 2^{3 \times \frac{2}{3}} = 2^2 = 4.$$

(3) 指数法則を利用して整理すると，

$$\left(\dfrac{1}{9}\right)^{x-1.5} - \left(\sqrt{3}\right)^{2x} = (3^{-2})^{x-1.5} - \left(3^{\frac{1}{2}}\right)^{2x}$$
$$= 3^{-2x+3} - 3^x.$$

これが 0 に等しいので，$3^{-2x+3} = 3^x$ を解けばよい．指数部を比較するとこれは $-2x + 3 = x$ と同値なので，これを解き $x = 1$．

(4) 指数法則を利用して整理すると，$\begin{cases} -1 = 2x + y \\ 5 = 2x - y \end{cases}$

これを解き，$x = 1, y = -3$．

終

問3.15 ▸ 指数法則を用いて次の方程式を解きなさい．

(1) $2^x = 8$

(2) $(0.2)^x = 5$

(3) $\left(\sqrt{3}\right)^x = 27$

(4) $\left(\dfrac{1}{\sqrt{3}}\right)^x = 3$

(5) $x^{\frac{1}{3}} = 2$

(6) $\dfrac{1}{2} x^{\frac{1}{3}} = 4$

(7) $8^x - 4^{x+1} + 2^x(2^x + 2) = 0$

(8) $\left(\dfrac{1}{3}\right)^x = 3^{x+4}$

☞ 解答 p.223

例題3.5 ▸ 指数関数の性質を用いて，次の不等式を満たす x の範囲を求めなさい．

(1) $2^x < 8$

(2) $5 < (0.2)^x < 25$

(3) $\left(\dfrac{1}{9}\right)^{x-1.5} - \left(\sqrt{3}\right)^{2x} \geq 0$

解答 必要があれば図 3.4 のグラフを参照する．

(1) $2^x < 8 = 2^3$. 底 2 は 1 より大だから，$x < 3$.

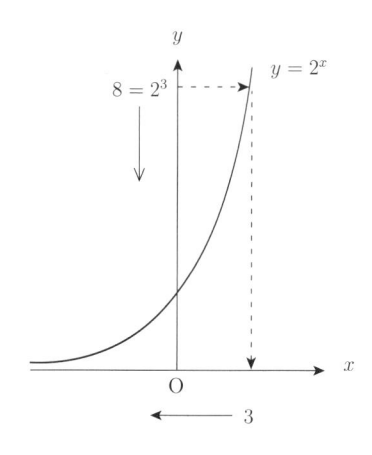

(2) $5 = (0.2)^{-1} < (0.2)^x < (0.2)^{-2} = 25$. 底 0.2 は 1 より小だから，$-1 > x > -2$.

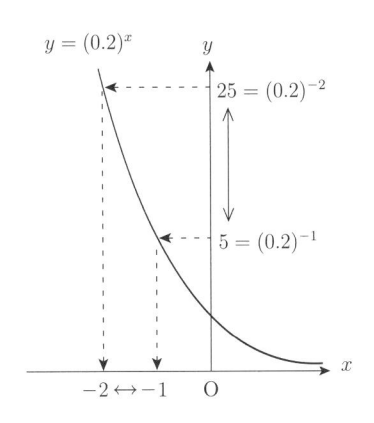

(3) $\left(\dfrac{1}{9}\right)^{x-1.5} - \left(\sqrt{3}\right)^{2x} \geq 0 \iff 3^{-2x+3} - 3^x \geq 0 \iff 3^{-2x+3} \geq 3^x$. 底 3 は 1 より大だから，$-2x+3 \geq x \iff x \leq 1$.

問 3.16 指数関数の性質を用いて，次の不等式を満たす x の範囲を求めなさい．

(1) $\left(\sqrt{3}\right)^x > 27$

(2) $\left(\dfrac{1}{\sqrt{3}}\right)^x \geq 3$

(3) $\left(\dfrac{1}{3}\right)^y \leq 3^{y+4}$

(4) $8^x - 4^{x+1} + 2^x(2^x + 2) < 0$

☞ 解答 p.224

応用問題

例題 3.6（『経出る』練習問題 7.1） 必要があれば指数法則を用いて次の連立方程式を解きなさい．

(1) $\begin{cases} x^{-\frac{2}{3}} y^{\frac{1}{3}} = 3 & \text{①} \\ x^{\frac{1}{3}} y^{-\frac{2}{3}} = 3 & \text{②} \end{cases}$

(2) $\begin{cases} 2\lambda = \dfrac{1}{3} x^{-\frac{2}{3}} y^{\frac{2}{3}} & \text{①} \\ 3\lambda = \dfrac{2}{3} x^{\frac{1}{3}} y^{-\frac{1}{3}} & \text{②} \\ 0 = 2x + 3y - 18 & \text{③} \end{cases}$

解答

(1) ① と ② の辺々を割り算する．

$$\text{左辺} = (x^{-\frac{2}{3}}y^{\frac{1}{3}}) \div (x^{\frac{1}{3}}y^{-\frac{2}{3}})$$

$$= (x^{-\frac{2}{3}}y^{\frac{1}{3}})(x^{\frac{1}{3}}y^{-\frac{2}{3}})^{-1}$$

$$= (x^{-\frac{2}{3}}y^{\frac{1}{3}})(x^{-\frac{1}{3}}y^{\frac{2}{3}})$$

$$= x^{-\frac{2}{3}}x^{-\frac{1}{3}}y^{\frac{1}{3}}y^{\frac{2}{3}}$$

$$= x^{-\frac{2}{3}-\frac{1}{3}}y^{\frac{1}{3}+\frac{2}{3}}$$

$$= x^{-1}y$$

$$= \text{右辺} = 1$$

したがって $y = x$ となってこれを 1 本目の式に戻すことで $x^{-\frac{2}{3}}x^{\frac{1}{3}} = x^{-\frac{1}{3}} = 3$ となる。ゆえに $x = 3^{-3} = \dfrac{1}{27}, y = \dfrac{1}{27}$ となる。

(2) 変数は x, y, λ の 3 つであることに注意する。① と ② の辺々を割り算する。

$$\frac{2}{3} = \frac{1}{3} \times \frac{3}{2}(x^{-\frac{2}{3}}y^{\frac{2}{3}})(x^{\frac{1}{3}}y^{-\frac{1}{3}})^{-1}$$

$$= \frac{1}{2}(x^{-\frac{2}{3}}y^{\frac{2}{3}})(x^{-\frac{1}{3}}y^{\frac{1}{3}})$$

$$= \frac{1}{2}(x^{-\frac{2}{3}}x^{-\frac{1}{3}})(y^{\frac{2}{3}}y^{\frac{1}{3}})$$

$$= \frac{1}{2}x^{-1}y$$

ゆえに $y = \dfrac{4}{3}x$ となる。これを ③ 式に代入すると，$2x + 3 \times \dfrac{4}{3}x - 18 = 0$ から，$x = 3, y = 4$ が求まる。

さらに ① 式から，$\lambda = \dfrac{1}{2} \times \dfrac{1}{3}(3^{-\frac{2}{3}}4^{\frac{2}{3}}) = 2^{-1}3^{-1}3^{-\frac{2}{3}}2^{\frac{4}{3}} = 2^{\frac{1}{3}}3^{-\frac{5}{3}} = \sqrt[3]{\dfrac{2}{3^5}}$。
ゆえに，$(x, y, \lambda) = (3, 4, \sqrt[3]{\dfrac{2}{3^5}})$. うへぇ (>-<;) じたばた.

終

問 3.17 必要があれば指数法則を用いて次の連立方程式を解きなさい。ただし方程式 (1), (3) の変数は x, y で方程式 (2), (4) の変数は L, K, λ である。

(1) $\begin{cases} x^{-\frac{1}{3}}y^{\frac{2}{3}} = 2 & ① \\ x^{\frac{2}{3}}y^{-\frac{1}{3}} = 3 & ② \end{cases}$

(2) $\begin{cases} 2 = \dfrac{1}{3}\lambda L^{-\frac{2}{3}}K^{\frac{2}{3}} & ① \\ 3 = \dfrac{2}{3}\lambda L^{\frac{1}{3}}K^{-\frac{1}{3}} & ② \\ 4 = L^{\frac{1}{3}}K^{\frac{2}{3}} & ③ \end{cases}$

(3) $\begin{cases} x^{\alpha-1}y^{\beta} = p & \text{①} \\ x^{\alpha}y^{\beta-1} = q & \text{②} \end{cases}$ (4) $\begin{cases} \lambda p = \alpha L^{\alpha-1}K^{\beta} & \text{①} \\ \lambda q = \beta L^{\alpha}K^{\beta-1} & \text{②} \\ I = pL + qK & \text{③} \end{cases}$

☞ 解答 p.224

3.3 割引現在価値

3.3.1 割引因子

c 億円を利子率 r で t 年間預けると，(3.2) 式から

$$c\underbrace{(1+r) \times (1+r) \times \cdots \times (1+r)}_{t \text{ 個}} = c(1+r)^t \text{億円}$$

になる．t 年後にこれが a 億円で償還 (払い戻し) されるなら，$c(1+r)^t = a$ より

$$c = \frac{a}{(1+r)^t}$$

となる．$\delta = \dfrac{1}{1+r}$ と定義すると，

$$c = a\delta^t$$

と書ける．$r > 0$ ならば $c < a$ である．そこで c 億円のことを将来の a 億円を割り引いて計算された価値なので**割引現在価値**という．逆に a 億円は c 億円の**将来価値**という．割引に用いられる $\delta = \dfrac{1}{1+r}$ を**割引因子**という．

POINT

利子率 r が t 年間変わらず同一であるとき

(1) 現在の c 円の将来価値は $a = c(1+r)^t$ 円

(2) 将来の a 円の割引現在価値は $c = \dfrac{a}{(1+r)^t} = a\delta^t$ 円

第 3 章 指数・対数と金利

基礎問題

例題3.7(『経出る』例題3.5) ゼロクーポン債とは，決められた期日になると券面に記された額が支払われる債券です（詳細は 4.4.1 項で）．利子率 $r = 5\% = 0.05$ とする．5 年後に 100 万円が償還されるゼロクーポン債の割引現在価値を求めなさい (端数切り捨て．電卓を使ってよい)．

解答 $1,000,000$ 円 $\div \underbrace{1.05 \div 1.05 \div \cdots \div 1.05}_{5 \text{ 回}} = 783,526.166\cdots$ 円 なので小数点以下を切り捨てて 783,526 円．電卓計算は定数計算によるやり方とあわせて紹介する．

| 単純な方法 | 【1,000,000】$\underbrace{\text{【÷】【1.05】【÷】【1.05】}\cdots \text{【÷】【1.05】}}_{5 \text{ 回}}$ |

CASIO 等の機種 【1.05】$\underbrace{\text{【÷】【÷】}}_{2 \text{ 回}}$【1,000,000】$\underbrace{\text{【=】【=】}\cdots \text{【=】}}_{5 \text{ 回}}$

SHARP 等の機種 【1,000,000】$\underbrace{\text{【÷】}}_{1 \text{ 回}}$【1.05】$\underbrace{\text{【=】【=】}\cdots \text{【=】}}_{5 \text{ 回}}$

終

問3.18 利子率 $r = 6\% = 0.06$ とする．5 年後に 100 万円が償還されるゼロクーポン債の割引現在価値を求めなさい (端数切り捨て．電卓を使ってよい)．例題 3.7 と比較して利子率が上がったことにより，現在価値はどうなったかも答えなさい．

☞ 解答 p.224

問3.19 利子率 $r = 5\% = 0.05$ とする．50 年後に 100 億円が償還されるゼロクーポン債の割引現在価値を求めなさい (端数切り捨て．電卓を使ってよい)．利子率が $r = 4\% = 0.04$ になるとどうなるか計算しなさい．

☞ 解答 p.224

標準問題

例題3.8 4 年後に 1 億円が償還されるゼロクーポン債を 82,270,000 円で購入した．この債券の利回り[4]を求めなさい (パーセント表示した値で小数点以下 2 位ま

---

[4] t 年後に a 円が償還される債券を p 円で購入したとする．この債券の割引現在価値が割引率 r のときにちょうど p 円になるならば，この債券の利回りは r であるという．

で，端数四捨五入．電卓を使ってよい)．

解答 このゼロクーポン債の割引現在価値は

$$\frac{100{,}000{,}000}{(1+r)^4} \text{円}$$

である．これが $82{,}270{,}000$ 円に等しくなければならないので，

$$82{,}270{,}000 = \frac{100{,}000{,}000}{(1+r)^4}$$
$$\iff (1+r)^4 = \frac{100{,}000{,}000}{82{,}270{,}000}$$
$$\iff 1+r = \sqrt[4]{\frac{100{,}000{,}000}{82{,}270{,}000}} = \sqrt{\sqrt{\frac{100{,}000{,}000}{82{,}270{,}000}}} = 1.0500078963\cdots$$
$$\iff r = 0.0500078963\cdots$$

したがって利子率は 5.00% である． 終

問 3.20 次の債券の利回りを求めなさい (パーセント表示した値で小数点以下 2 位まで．端数は四捨五入．電卓を使ってよい)．

(1) 2 年後に 1 億円が償還されるゼロクーポン債を $95{,}000{,}000$ 円で購入した

(2) 4 年後に 1 億円が償還されるゼロクーポン債を $85{,}000{,}000$ 円で購入した

(3) 8 年後に 1 億円が償還されるゼロクーポン債を $65{,}000{,}000$ 円で購入した

☞ 解答 p.224

ちょっとメモ 関数電卓であれば累乗根の計算はできるが，実用電卓では【√】キーを使って計算できる平方根，4 乗根，8 乗根，等に計算が限られる．実用電卓でないと【√】キーさえ付いていないこともある．

応用問題

例題 3.9 (『経出る』例題 3.6) 4 年後に a 億円が償還されるゼロクーポン債を p 億円で購入した．この債券の利回り r を平方根を使って表す式を求めなさい．

解答　このゼロクーポン債の割引現在価値は

$$\frac{a}{(1+r)^4} \text{億円}$$

である．これが p 億円に等しいので，

$$p = \frac{a}{(1+r)^4}$$
$$\iff (1+r)^4 = \frac{a}{p}$$
$$\iff \left((1+r)^2\right)^2 = \frac{a}{p}$$
$$\iff (1+r)^2 = \sqrt{\frac{a}{p}}$$
$$\iff (1+r) = \sqrt{\sqrt{\frac{a}{p}}}$$
$$\iff r = \sqrt{\sqrt{\frac{a}{p}}} - 1.$$

終

問3.21　8年後に a 億円が償還されるゼロクーポン債を p 億円で購入した．この債券の利回り r を平方根を使って表す式を求めなさい．

☞ 解答 p.224

3.4　複利計算—その2

基礎問題

例題3.10（『経出る』3.4節）　利子率 $r = 5\% = 0.05$ とする．1万円は何年経てば2倍の2万円を越えるだろうか．その年数を求めなさい（電卓を使ってよい）．

解答　電卓は定数計算を用いる．15年ではじめて2万円を越えることが確認できる．
　CASIO 等の機種

$$【1.05】\underbrace{【\times】【\times】}_{2\,回}【10{,}000】\underbrace{【=】【=】\cdots【=】}_{14\,回}【19799.3159938】$$

$$\underbrace{【=】}_{15\,回目}【20789.2817934】$$

SHARP 等の機種

$$【1.05】\underbrace{【\times】}_{1\,回}【10{,}000】\underbrace{【=】【=】\cdots【=】}_{14\,回}【19799.3159938】$$

$$\underbrace{【-】}_{15\,回目}【20789.2817934】$$

終

問 3.22 利子率 $r = 7.2\% = 0.072$ とする．1 万円は何年経てばだいたい 2 倍の 2 万円に増えるだろうか．その年数を求めなさい (電卓を使ってよい)．

☞ 解答 p.224

標準問題

例題 3.11 利子率 $r = 0.05$ とする．c 万円が y 年で 2 倍の $2c$ 万円になることを，式を使って表しなさい．

解答 c 万円の将来価値は $c(1+0.05)^y$ 円である．これが $2c$ 万円と等しいので，

$$c(1.05)^y = 2c. \tag{3.13}$$

終

ちょっとメモ

- (3.13) 式の両辺を c で割ると $(1.05)^y = 2$ となる．この式を「1.05 を何 y 乗すれば 2 になるか．その指数 y を求めよ」という方程式として捉えよう．
- 2 乗すると a になる数が $\sqrt{a}$ であるのと，同じ概念上の難しさが感じられると思う．

第 3 章 指数・対数と金利

問3.23 利子率 r とする．c 万円が y 年で 3 倍の $3c$ 万円になることを，式を使って表しなさい．

☞ 解答 p.224

3.5 対数の計算

3.5.1 対数の定義

POINT：対数

$x > 0$, a を 1 でない正の数とする．$a^y = x$ となる数 y を a を底とする x の対数といい，$\log_a x$ で表す．つまり，

$$y = \log_a x \quad \Longleftrightarrow \quad a^y = x. \tag{3.14}$$

という関係が成り立つということ．

- a は**底**（てい），x は**真数**（しんすう）といい，$\log_a x$ を a を底とする真数 x の**対数**という．「ログ・エー・エックス」または「ログ底エーのエックス」と数学の先生はふつうは授業でそうよむ．

- $a > 0$，$x > 0$ はわりと大事なポイント．$x > 0$ でなきゃこまるのは，$x = a^y$ のグラフ（縦軸 x, 横軸 y）を考えると・・・なるほど♡

図 3.5 $y = \sqrt{x}$ とマーシャルの罠

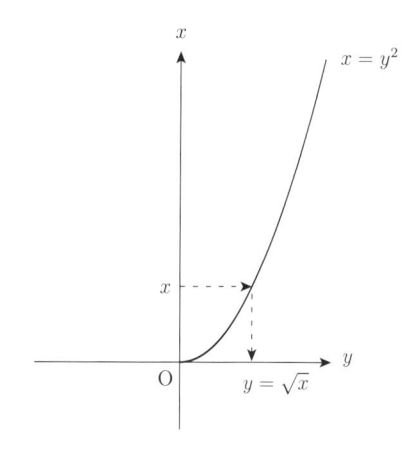

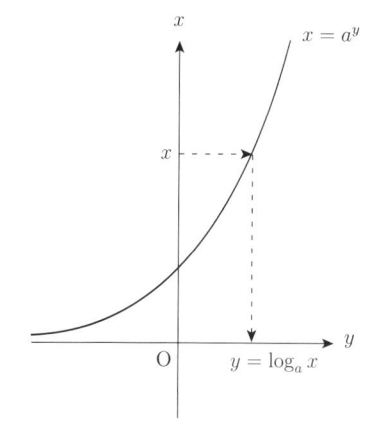

図 3.6 $y = \log_a x$ とマーシャルの罠

基礎問題

例題3.12 次の対数の値を律儀に対数の定義式 (3.14) に従って求めなさい．

(1) $\log_3 27$ (2) $\log_{\sqrt{3}} \dfrac{1}{27}$

解答

(1) $y = \log_3 27$ とすると，定義式 (3.14) から，

$$\begin{aligned} y = \log_3 27 &\Longleftrightarrow 3^y = 27 \\ &\Longleftrightarrow 3^y = 3^3 \\ &\Longleftrightarrow y = 3 \end{aligned}$$

$\therefore \quad \log_3 27 = 3$

(2) $y = \log_{\sqrt{3}} \dfrac{1}{27}$ とすると，定義式 (3.14) から，

$$\begin{aligned} y = \log_{\sqrt{3}} \dfrac{1}{27} &\Longleftrightarrow (\sqrt{3})^y = \dfrac{1}{27} \\ &\Longleftrightarrow (3^{\frac{1}{2}})^y = \dfrac{1}{3^3} \\ &\Longleftrightarrow 3^{\frac{y}{2}} = 3^{-3} \quad \cdots \text{指数法則} \\ &\Longleftrightarrow y = -6 \end{aligned}$$

$\therefore \quad \log_{\sqrt{3}} \dfrac{1}{27} = -6$

終

問3.24 次の対数の値を例題 3.12 にならって，対数の定義式 (3.14) に従って求めなさい．

(1) $\log_2 16$ (2) $\log_2 \sqrt{2}$
(3) $\log_2 2\sqrt{2}$ (4) $\log_{\sqrt{2}} 2\sqrt{2}$
(5) $\log_4 16$ (6) $\log_{\sqrt{2}} 2$
(7) $\log_3 81$ (8) $\log_3 3$
(9) $\log_3 1$ (10) $\log_{\frac{1}{2}} \sqrt{8}$
(11) $\log_{0.1} \sqrt{10}$ (12) $\log_{10} \sqrt[3]{100}$

☞解答 p.224

POINT

$$\log_a a = 1 \tag{3.15}$$
$$\log_a 1 = 0 \tag{3.16}$$
$$a^{\log_a x} = x \tag{3.17}$$

標準問題

例題 3.13 $\log_a a = 1$ であることを確認しなさい．

解答 $\log_a a$ は「a は a の何乗ですか」の答．a は a の 1 乗なので，定義より $\log_a a = 1$. 終

問 3.25 $\log_a 1 = 0$ であることを確認しなさい． ☞ 解答 p.224

問 3.26（『経出る』(3.21)式） 次の式が成り立つことを示しなさい．

$$a^{\log_a x} = x. \tag{3.18}$$

☞ 解答 p.224

3.5.2 対数関数のグラフ

標準問題

問 3.27（指数関数のグラフ） 下の表を元にして，$y = 2^x$ のグラフを描きなさい．

$$y = 2^x$$

①	x	-2	$-\frac{3}{2}$	-1	$-\frac{1}{2}$	0	$\frac{1}{2}$	1	$\frac{3}{2}$	2
②	2^x	2^{-2}	$2^{-\frac{3}{2}}$	2^{-1}	$2^{-\frac{1}{2}}$	2^0	$2^{\frac{1}{2}}$	2^1	$2^{\frac{3}{2}}$	2^2
③	y	$\frac{1}{4}$	$\frac{1}{(\sqrt{2})^3}$	$\frac{1}{2}$	$\frac{1}{\sqrt{2}}$	1	$\sqrt{2}$	2	$(\sqrt{2})^3$	4

$\sqrt{2} \approx 1.414$ から，$(\sqrt{2})^3 = 2\sqrt{2} \approx 2.828$, $\frac{1}{\sqrt{2}} = \frac{\sqrt{2}}{2} \approx 0.707$, $\frac{1}{(\sqrt{2})^3} = \frac{\sqrt{2}}{4} \approx 0.3535$ 等の概数を使って，グラフを描いてほしい．

図 3.7 指数関数のグラフ (再)

(解答省略)

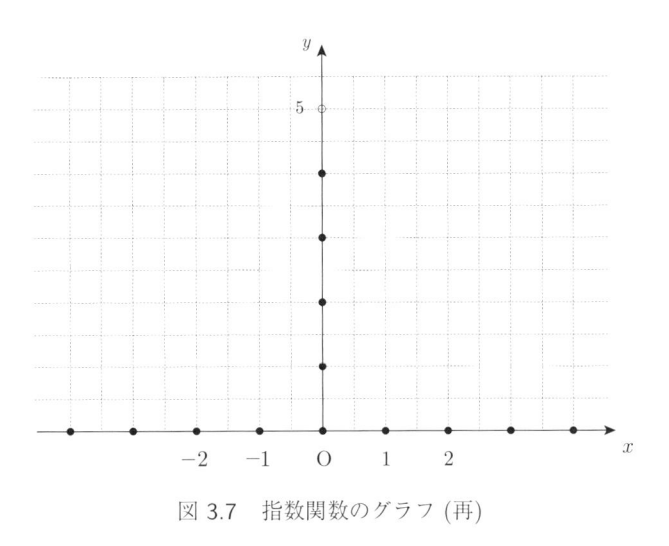

問 3.28(対数関数のグラフ：マーシャルの罠版(『経出る』図3.5)) 問 3.27 で使った $y = 2^x$ の表を元にして，$y = \log_2 x$ の表を作りなさい．またできた表を参考にして $y = \log_2 x$ のグラフを描きなさい．ただし，x を縦軸に y を横軸にして描きなさい．

$$y = \log_2 x \iff 2^y = x$$

③	y									
②	$\log_2 x$	$\log_2 \dfrac{1}{4}$	$\log_2 \dfrac{1}{(\sqrt{2})^3}$	$\log_2 \dfrac{1}{2}$	$\log_2 \dfrac{1}{\sqrt{2}}$	$\log_2 1$	$\log_2 \sqrt{2}$	$\log_2 2$	$\log_2 (\sqrt{2})^3$	$\log_2 4$
①	x	$\dfrac{1}{4}$	$\dfrac{1}{(\sqrt{2})^3}$	$\dfrac{1}{2}$	$\dfrac{1}{\sqrt{2}}$	1	$\sqrt{2}$	2	$(\sqrt{2})^3$	4

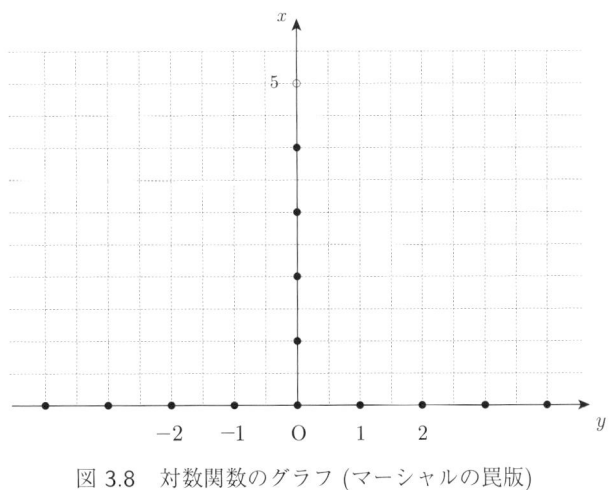

図 3.8 対数関数のグラフ (マーシャルの罠版)

(解答省略)

問 3.29（対数関数のグラフ：ふつう版（『経出る』図3.5）） 前の問 3.28 で使った表を元にして，$y = \log_2 x$ の表を作りなさい．またできた表を参考にして $y = \log_2 x$ のグラフを描きなさい．ただし，ふつうに x を横軸に y を縦軸にして描きなさい．

$$y = \log_2 x$$

①	x	$\dfrac{1}{4}$	$\dfrac{1}{(\sqrt{2})^3}$	$\dfrac{1}{2}$	$\dfrac{1}{\sqrt{2}}$	1	$\sqrt{2}$	2	$(\sqrt{2})^3$	4
②	$\log_2 x$									
③	y									

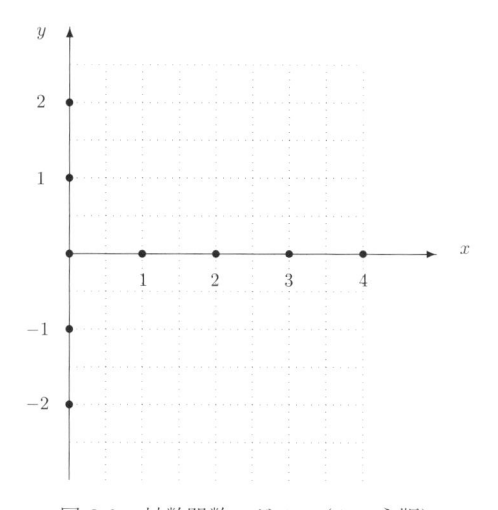

図 3.9　対数関数のグラフ (ふつう版)

(解答省略)

3.5.3 対数関数のグラフの対称性

『経出る』図 3.5 と同じ内容のものを，以下に示す．指数関数 $y = a^x$ (問 3.27) のグラフで縦軸と横軸の役割が入れ替わったとみなせば，それが問 3.28 の一風変わった対数関数 $y = \log_a x$ のグラフである (マーシャルの罠版)．問 3.28 のグラフでは x 軸が縦軸，y 軸が横軸になっているので，x 軸を横軸，y 軸を縦軸にするために，$y = x$(45 度線) で折り返す．こうしてできるのが問 3.29 のグラフ．

底 $a > 1$ のとき

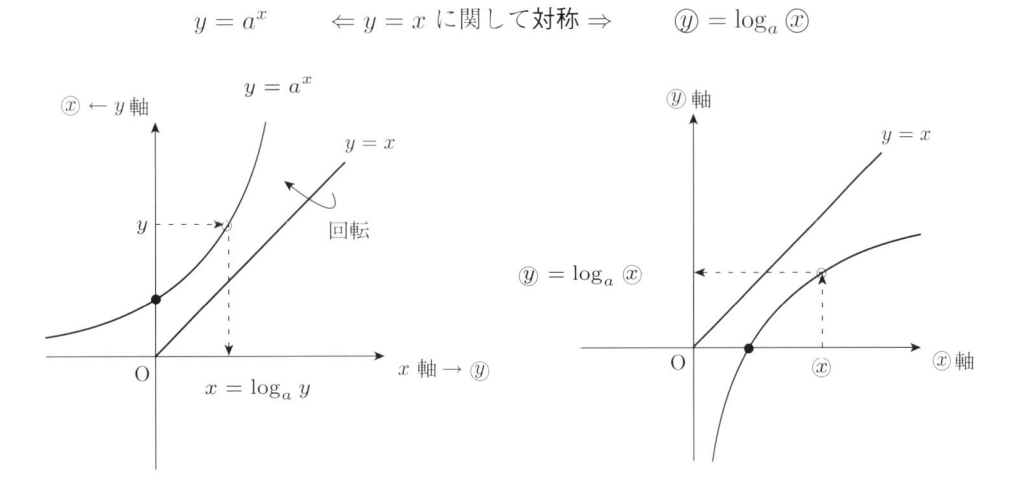

$$y = a^x \quad \Leftarrow y = x \text{ に関して対称} \Rightarrow \quad \textcircled{y} = \log_a \textcircled{x}$$

図 3.10　$y = a^x$ と $y = \log_a x$ のグラフ $(a > 1)$

3.5.4 対数法則と対数の計算

POINT

定理 3.2　正の数 $a \neq 1, x, y$ と数 p に対して次が成り立つ．

$$\log_a (xy) = \log_a x + \log_a y \tag{3.19}$$

$$\log_a \left(\frac{x}{y}\right) = \log_a x - \log_a y \tag{3.20}$$

$$\log_a (x^p) = p \log_a x \tag{3.21}$$

> **ちょっとメモ**　(3.21) 式の右辺を $\log_a xp$ と書いてはいけない．これは，$(\log_a x)p$ でなく，$\log_a (xp)$ と解釈するのがふつうだから．

基礎問題

問 3.30 対数法則 (3.19), (3.20), (3.21) を 10 回ずつ書いて練習しなさい.

(解答省略)

問 3.31 対数法則を用いて，次の式の値を計算しなさい．

例

(1) $\log_2 0.5 = \log_2 \dfrac{1}{2} = \log_2 1 - \log_2 2 = 0 - 1 = -1.$

(2) $\log_3 27 = \log_3 3^3 = 3\log_3 3 = 3 \times 1 = 3.$

(3) $\log_3 \dfrac{3}{2} + \log_3 54 = \log_3 \left(\dfrac{3}{2} \times 54\right) = \log_3 81 = \log_3 3^4 = 4\log_3 3 = 4.$

問題

(1) $\log_2 16$
(2) $\log_2 \sqrt{2}$
(3) $\log_{10} \sqrt[3]{100}$
(4) $\log_6 \dfrac{3}{2} + \log_6 24$
(5) $\log_3 15 - \log_3 5$
(6) $\log_3 5 - \log_3 15$
(7) $\log_5 20 + \log_5 50 - 3\log_5 2$
(8) $\log_2 \dfrac{2}{3} + \log_2 6 - \log_2 4$

☞ 解答 p.225

> **ちょっとメモ** 上記の問題はいずれも対数法則 (3.19)〜(3.21) をうまく使い，必要なら $\log_a a = 1, \log_a 1 = 0$ に持ち込むことを方針にすれば簡単．なお，変形のしかたはいろいろあるので，例の解答にあまりとらわれないように．

応用問題

問 3.32（『経出る』例題 3.7） 対数法則を用いて，次の式の値を計算しなさい．

例 $\log_a \left(2a^{3x}\right) = \log_a 2 + \log_a \left(a^{3x}\right) = \log_a 2 + 3x\log_a a = 3x + \log_a 2$

問題

(1) $\log_e \left(e^{\alpha x} e^{\beta y}\right)$
(2) $\log_e \left(\alpha e^\beta\right)$
(3) $\log_a \left(x\right)^\alpha \left(x\right)^\beta$
(4) $e^{\alpha \log_e e^x + \beta \log_e e^y}$

☞ 解答 p.225

POINT：底の変換公式

$$a^x = b^{x \log_b a} \tag{3.22}$$

$$\log_a x = \frac{\log_b x}{\log_b a} \tag{3.23}$$

$$\log_b a \times \log_a x = \log_b x \tag{3.24}$$

基礎問題

問3.33 底の変換公式を用いて，次の式の値を計算しなさい．

例 $\log_3 5 \times \log_5 9 = \log_3 9 = 2.$

問題

(1) $\log_5 2 \times \log_2 \sqrt{5}$ (2) $\log_2 5 \times \log_5 8$

☞ 解答 p.225

3.6 常用対数による近似計算

POINT

(1) 10 を底とする対数を，**常用対数** (じょうようたいすう) という．

$$b = a^y \iff y = \log_a b$$
$$\iff y = \frac{\log_{10} b}{\log_{10} a} \tag{3.25}$$

(2) 計算によく使われる常用対数の値は以下の通り．

$\log_{10} 2 \approx 0.3010$

$\log_{10} 3 \approx 0.4771$

基礎問題

問 3.34（『経出る』3.6節） 底の変換公式 (3.25) を用いて，次の式の値を計算しなさい．必要なら $\log_{10} 2 = 0.3010$, $\log_{10} 3 = 0.4771$, $\log_{10} 1.05 = 0.02119$ として計算しなさい（小数点以下第 3 位で四捨五入すること）．

例

(1) $\log_3 2 = \dfrac{\log_{10} 2}{\log_{10} 3} = \dfrac{0.3010}{0.4771} \approx 0.63.$

(2) $\log_3 5 = \dfrac{\log_{10} 5}{\log_{10} 3} = \dfrac{\log_{10}(2^{-1} \times 10)}{\log_{10} 3} = \dfrac{-\log_{10} 2 + \log_{10} 10}{\log_{10} 3} - \dfrac{-0.3010 + 1}{0.4771}$
$\approx 1.47.$

(3) $\log_{1.05} 2 = \dfrac{\log_{10} 2}{\log_{10} 1.05} = \dfrac{0.3010}{0.02119} \approx 14.20.$

問題

(1) $\log_2 3$　　　　　　　　　　(2) $\log_5 3$
(3) $\log_{10} 5$　　　　　　　　　(4) $\log_2 5$
(5) $\log_{1.05} 3$　　　　　　　　(6) $\log_{1.05} 10$

☞ 解答 p.225

> **ちょっとメモ**　例 (3), 問題 (5), (6) は，利子率 5% で預金したときの複利計算で，金額がそれぞれ 2 倍，3 倍，10 倍になるまでの年数の概算になっている．詳しくは『経出る』3.6 節を参照．

応用問題

例題 3.14 次の台詞はほんとうだろうか．常用対数を利用して答えなさい．ただし地球から月までの距離は，最大で 406,700 km，最小で 356,400 km とする．

「厚さ 1 ミリの紙を倍々に折っていったらわずか 38 回で月まで届く距離になるってことがわからんのやろな」

青木雄二『ナニワ金融道⑧』講談社漫画文庫 (1999) より

解答 厚さ 1 ミリの紙を倍々に 38 回折っていったら 2^{38} ミリになる．常用対数を使うと，

$$\log_{10} 2^{38} = 38 \log_{10} 2$$
$$= 38 \times 0.3010 = 11.438.$$

$10^{11} < 2^{38} < 10^{12}$ より，2^{38} は 12 桁の整数である．

$$2^{38} \text{ mm} > 100{,}000{,}000{,}000 \text{ mm} \iff 2^{38} \text{ mm} > 100{,}000{,}000 \text{ m}$$
$$\iff 2^{38} \text{ mm} > 100{,}000 \text{ km}$$
$$\iff 2^{38} \text{ mm} > 10 \text{ 万 km}$$

であるので，38 回で届く可能性は否定できない（実際は $2^{38} = 274{,}877{,}906{,}944 \approx 27$ 万 km なので届かない）． 終

問 3.35 次の問に答えなさい．

(1) 厚さ 1 ミリの紙を倍々に折っていったら，何回で月まで届く距離になるってことがわかるのやろか．だだし，地球から月への平均距離は 38 万 km とする．

(2) 倍々ゲームで増えていくネズミ講を成立させようとすると，その参加人数は何代で日本の人口を超えてしまうだろうか．ただし，日本の人口は 1 億人であるとする．

☞ 解答 p.225

3.7 自然対数と連続時間での利子率・割引率

3.7.1 ネイピア数・オイラー数

POINT

(1) 次式で定義される数 e を，**ネイピア数**または**オイラー数**という．

$$e = \lim_{x \to \infty} \left(1 + \frac{1}{x}\right)^x \approx 2.71828 \tag{3.26}$$

(2) e を使って定義される重要な関数は次のふたつ．

$$y = e^x$$
$$y = \log x \tag{3.27}$$

(3) (3.27) の底は e. $\log_e x$ の底は省略するのが慣例.

(4) $e > 1$ なので $y = e^x$ は右上がりの指数関数であり, $y = \log x$ は e を底とする対数関数なので, ふたつの関数のグラフは $y = x$ に関して対称 (3.5.3 項参照).

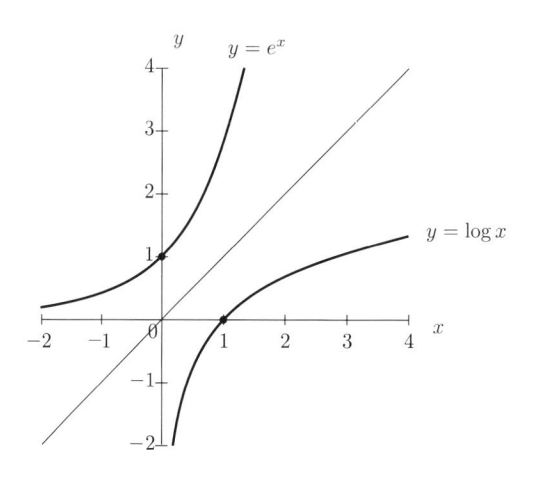

図 3.11 関数 $y = e^x$ と $y = \log x$ のグラフ

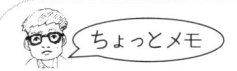

> ちょっとメモ
>
> - $\log x$ を自然対数という. 自然対数は底が e なのだから, ネイピア数は**自然対数の底**とも呼ばれる.
> - e^x を $\exp x$, $\log x$ を $\ln x$ と書くことがある.

基礎問題

問 3.36 図 3.12 の $\bullet$ および $\times$ を結ぶことによって, 関数 $y = e^x$ および $y = \log x$ を美しく描く練習をしなさい. また, $---$ を結ぶことで関数 $y = e^x$ の $x = 0$ においてグラフに接する線 (接線) と関数 $y = \log x$ の $x = 1$ における接線を描いてみなさい. 平行になった ♡♡

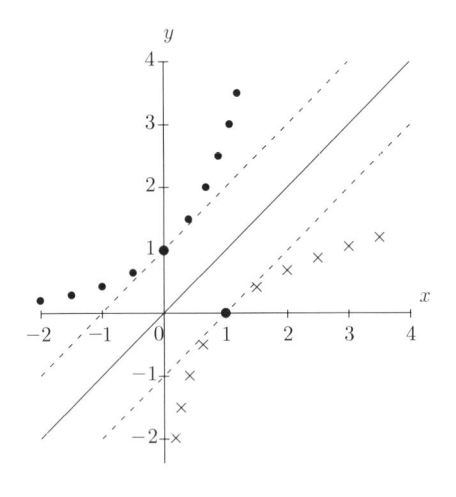

図 3.12 関数 $y = e^x$ と $y = \log x$ のグラフを描く練習

(解答省略)

3.7.2 自然対数と連続時間での利子率・割引率と 72 ルール

> **POINT**
>
> 連続時間で考える場合,時間あたりの利子率を r とすると,
>
> (1) c 万円の将来価値は ce^{rt} 万円
>
> (2) a 万円の割引現在価値は ae^{-rt} 万円

標準問題

例題3.15(『経出る』例題3.10) 連続時間において時間あたりの利子率を r とする.このとき,預けた金額が 2 倍になるのに要する期間の長さを自然対数を用いて表しなさい.

解答 t 年後の金額は e^{rt} 倍となるので,

$$e^{rt} = 2$$

を t について解けばよい. $\log$ の定義より $\log 2 = rt$ なので,

$$t = \frac{1}{r} \log 2 \text{(年)}. \tag{3.28}$$

問 3.37 ▶ 連続時間において時間あたりの利子率を r とする．このとき，預けた金額が 3 倍および 4 倍になるのに要する期間の長さを自然対数を用いて表しなさい．

☞ 解答 p.225

(3.28) 式を変形すると，$rt = \log 2$ となる．つまり，

(利子率) × (2 倍になるまでの年数) = $\log 2$

という関係が成り立つ．$\log 2$ がおよそ 0.6931 であることを覚えておくと，この式から 2 倍になるまでの年数が計算できる．ただし，現実にはおおよその年数がわかれば十分であるため，約数の多い 72 を使って，上式の右辺を 0.72 と近似して計算する場合が多い．これを投資の世界ではしばしば「72 ルール」とか「72 の法則」と呼ぶ．たとえば，9 年間かけて元本を 2 倍に増やすために必要な利子率は $\frac{72}{9} = 8\%$ てな具合である．

問 3.38 ▶ $\log 2 = 0.69$ なのだから 72 ルールは本来 69 ルールのはずである．なぜみんな 72 ルールを用いるのか答えなさい．

☞ 解答 p.225

問 3.39 ▶ 池田首相は高度成長期に 10 年間で所得を 2 倍にするための，成長率の目標を掲げた．それは何パーセントだっただろうか．72 ルールを用いて答えなさい．

☞ 解答 p.225

問 3.40 ▶ 上記の問 3.37 の結果から「144 ルール」は元本を何倍に増やすときに使うルールなのかを述べなさい．

☞ 解答 p.225

例題 3.16 ▶ 国から交付される沖縄の米軍軍用地の借地料は[5]，37 年間で 9 倍になった．年平均の値上がり率を計算しなさい．ただし，$\log 9 = 2.19$ を使ってよい．また，電卓の定数計算で見積もった答が正しいのかどうか，検算しなさい．

解答 t 年後の金額は e^{rt} 倍となるので，

$$e^{rt} = 9$$

を t について解けばよい．log の定義より $\log 9 = rt$ なので，

$$r = \frac{1}{t} \log 9.$$

$t = 37$ を代入すると，

$$r = \frac{\log 9}{37} = \frac{2.19}{37} = 0.0592 = 5.92\%.$$

【検算】以下の通りである．やや低く値上がり率を見積もっていることがわかる．

- $(1 + 0.0592)^{37} = 8.398$
- $(1 + 0.0592)^{38} = 8.895$
- $(1 + 0.0592)^{39} = 9.422$

実際は $(1+r)^{37} = 9$ から $r = \sqrt[37]{9} - 1 \approx 0.0611$．検算をしてみると，

- $(1 + 0.0611)^{37} = 8.974$
- $(1 + 0.0611)^{38} = 9.522$

となる．

終

応用問題

問 3.41 闇金融の利子率[6]「トイチ＝10 日で 1 割」は，何十日で借入金が約 2 倍になるのか答えなさい．

☞ 解答 p.225

> **ちょっとメモ** 「トイチ」の貸し付けでは，10 日経つごとに利息分として 1 割だけを返済させる．したがって，10 回これをやれば (転がすという) 元本は取り戻せる．この時点で身ぐるみをはぎにいけば必ず儲かる．ひどいやりかた．(;_;)

---

[5] NHK クローズアップ現代「基地の土地が売買される〜沖縄で何が〜」(2009.2.25 放送) から作題．

[6] 「トイチ」の実際については，青木雄二『ナニワ金融道』(講談社漫画文庫) を読みましょう．金利計算が正確なのが特長のひとつ．

> **問3.42** ▸ 連続時間において時間あたりの利子率を r とする．t 年後の a 万円の割引現在価値は ae^{-rt} 万円になることを示しなさい．

☞ 解答 p.225

3.8 もう少し練習

3.8.1 指数法則・対数法則の練習

応用問題

例題3.17（『経出る』練習問題3.1） ▸ 次の式を指数法則・対数法則を用いて簡単な形にしなさい．

(1) $x = \log L, y = \log K, C = \log t$ のとき，$\log((tL)^\alpha (tK)^\beta)$

(2) $\dfrac{(L^{\alpha-1} K^\beta)}{(L^\alpha K^{\beta-1})}$

解答

(1) 対数法則から，
$$\log((tL)^\alpha (tK)^\beta) = \alpha \log tL + \beta \log tK$$
$$= \alpha \log t + \alpha \log L + \beta \log t + \beta \log K$$
$$= \alpha x + \beta y + (\alpha + \beta) C.$$

(2) 指数法則から，
$$\frac{(L^{\alpha-1} K^\beta)}{(L^\alpha K^{\beta-1})} = (L^{\alpha-1} K^\beta)(L^\alpha K^{\beta-1})^{-1}$$
$$= (L^{\alpha-1} K^\beta)(L^{-\alpha} K^{-\beta+1})$$
$$= (L^{\alpha-1} L^{-\alpha})(K^\beta K^{-\beta+1})$$
$$= L^{-1} K = \frac{K}{L}.$$

終

問3.43（7.4節参照） 次の式を指数法則を用いて簡単な形にしなさい．

(1) $(L, K) = \left(\left(\dfrac{r\alpha}{w\beta}\right)^{\frac{\beta}{\alpha+\beta}} x^{\frac{1}{\alpha+\beta}}, \left(\dfrac{w\beta}{r\alpha}\right)^{\frac{\alpha}{\alpha+\beta}} x^{\frac{1}{\alpha+\beta}}\right)$ のとき，$L^\alpha K^\beta$

(2) $\begin{cases} w = \dfrac{p}{3} L^{-\frac{2}{3}} K^{\frac{1}{3}} \\ r = \dfrac{p}{3} L^{\frac{1}{3}} K^{-\frac{2}{3}} \end{cases}$ のとき $\begin{cases} w^2 r \\ wr^2 \end{cases}$

(3) $\begin{cases} w = \dfrac{p}{4} L^{-\frac{3}{4}} K^{\frac{1}{4}} \\ r = \dfrac{p}{4} L^{\frac{1}{4}} K^{-\frac{3}{4}} \end{cases}$ のとき $\begin{cases} w^3 r \\ wr^3 \end{cases}$

☞ 解答 p.225

第4章
数列と貯蓄

第4章のOUTLOOK

(1) 数列
- 添字
- 等比数列
- 等差数列

(2) 数列の極限

(3) 数列の和とシグマ記号

(4) 漸化式と一般項

(5) DCF（割引現在価値法）
- Time Line Technique
- 債券価格，利回り
- コンソル債，株券

4.1 数列

4.1.1 添字による数列の表記

POINT

(1) 添字の例

    (a) 初項が 1 で末項が T の数列の表し方

項番号	1	2	3	$\cdots$	t	$\cdots$	T
項	a_1	a_2	a_3	$\cdots$	a_t	$\cdots$	a_T

    (b) 初項が 0 で末項が T の数列の表し方

項番号	0	1	2	$\cdots$	t	$\cdots$	T
項	a_0	a_1	a_2	$\cdots$	a_t	$\cdots$	a_T

    (c) キャッシュ・フロー (お金の流れ) を意識した表し方

年番号	1	2	3	$\cdots$	t	$\cdots$	T
円	CF_1	CF_2	CF_3	$\cdots$	CF_t	$\cdots$	CF_T

(2) a や CF という項のユニフォームに書かれた背番号というよりは腰番号のことを**添字**という．一般項を表すためよく使われる添字には，n, i, j, k 等がある．末項を表すのには添字を大文字にして N, I, J, K とする術(て)が使われることが多い．『経出る』は経済学なので Time Line (時間軸) を意識して t と T が用いられている．

(3) よく使われる項のユニフォームには，ふつうの文字式に使われる

    a, b, c, x, y

等がある．もちろん大文字を使ってもよいし (c) の CF のように文字が複合していてもよい．

ちょっとメモ

- a_t はふつうに「エー・ティー」と読めばよい．a_1 は「エー・いち」でも「エー・ワン」でもどっちでもよい．うるさくいうひとは「エー・サブ・ワン」と読むかもしれない (わが国にはあまりいないかな)．

- 多変数を扱う時も添字が便利．詳しくは第 7 章で．

- CF が Cash Flow の頭文字から来ているように，添字に用いる文字にも元ネタがある．t は time だし，T は Terminal (終点) で，n はもちろん number．i, j, k は index の i からの，アルファベット順序つながり (たぶん)．

基礎問題

問 4.1 ▶ 以下の表の空欄を埋めなさい．

項番号	0	1	2	$\cdots$	n	$\cdots$	N
項	a_0	a_1		$\cdots$		$\cdots$	

項番号	1	2	3	4	5	6	7
項	x_1	x_2					

項番号	1	2	$\cdots$	t	$t+1$	$\cdots$	T
項	a_1	a_2	$\cdots$		$\cdots$		

項番号	1	2	$\cdots$	n	$\cdots$	$N-1$	N
項	c_1	c_2	$\cdots$		$\cdots$		

☞ 解答 p.226

問 4.2 ▶ 徹夜で仕事をした久美さんは，国立駅で降りるところを八王子まで行き，折り返しても三鷹まで行き，立川まで行き，4度目でやっと国立で下車した．t 回目に寝過ごした駅数を a_t とする．また，t 回目に寝過ごした時間 (分) を b_t とする．a_t と b_t はどのような値になるだろうか．ただし，沿線の JR の駅と各駅間の所要時間は以下の通りである．

```
 ・ 4 ・ 3 ・ 3 ・ 3 ・ 2 ・ 2 ・ 3 ・ 2 ・ 2 ・ 3 ・
 八 ⇔ 豊 ⇔ 日 ⇔ 立 ⇔ 国 ⇔ 西 ⇔ 国 ⇔ 武 ⇔ 東 ⇔ 武 ⇔ 三
 王     田     野     川     立     国     分     蔵     小     蔵     鷹
 子                                   ↑     分     寺     小     金     境
                                   ここ   寺             金     井
                                                           井
```

☞ 解答 p.226

4.1.2 等比数列・公比・一般項

第 3 章で学んだ複利計算を思い出そう．利子率 r が変わらない場合，預けたお金は毎年 $(1+r)$ 倍になる．したがって，預けてから t 年目の残高 a_t と $t+1$ 年目の残高 a_{t+1} の比は常に，$\dfrac{a_{t+1}}{a_t} = 1+r$ になる．このような数列を等比数列という．

定義 4.1 隣り合う 2 項の比が一定の値 δ である，つまり

$$\frac{a_{t+1}}{a_t} = \delta \tag{4.1}$$

である数列を**公比** (こうひ) δ の**等比数列** (とうひすうれつ) という．

基礎問題

例題 4.1 (『経出る』例題 4.1)

(1) 等比数列

$$1, 3, 9, 27, 81, 243, \ldots$$

の公比は何か．また 243 の次の項は何か．

(2) 初項 8，公比 $\dfrac{1}{2}$ の等比数列の第 7 項までを求めなさい．

解答

(1) 以下のように隣り合う 2 項の比は一定の数 3 であるから，公比は 3 である．

$$\frac{3}{1} = \frac{9}{3} = \frac{27}{9} = \frac{81}{27} = \frac{243}{81} = 3.$$

したがって，次の項は $243 \times 3 = 729$ である．

(2) $8, 4, 2, 1, \dfrac{1}{2}, \dfrac{1}{4}, \dfrac{1}{8}$.

終

問 4.3(『経出る』例題 4.1)　次の等比数列の公比を示しなさい．

(1)　$\sqrt{3},\ 3,\ 3\sqrt{3},\ 9,\ \ldots$

(2)　$\dfrac{1}{\sqrt{3}},\ \dfrac{1}{3},\ \dfrac{1}{3\sqrt{3}},\ \dfrac{1}{9},\ \ldots$

(3)　$2,\ -1,\ \dfrac{1}{2},\ -\dfrac{1}{4},\ \ldots$

(4)　$\sqrt{2},\ -2,\ 2\sqrt{2},\ -4,\ \ldots$

(5)　$5, 5, 5, 5, \ldots$

☞解答 p.226

標準問題

例題 4.2　式 (4.1) から，初項 c，公比 δ の数列の一般項を求めなさい．

解答
$$\dfrac{a_{t+1}}{a_t} = \delta \iff a_{t+1} = \delta a_t$$
$$\iff a_2 = \delta a_1 = \delta c$$
$$\iff a_3 = \delta a_2 = \underbrace{\delta \times \delta}_{2\text{ 個}} c$$
$$\iff a_4 = \delta a_3 = \underbrace{\delta \times \delta \times \delta}_{3\text{ 個}} c$$
$$\vdots$$
$$\iff a_t = \underbrace{\delta \times \cdots \times \delta}_{t-1\text{ 個}} c = c\delta^{t-1}$$

この数列の一般項は
$$a_t = c\delta^{t-1} \tag{4.2}$$
である．

終

第 4 章 数列と貯蓄

問 4.4 ▪ 次の初項と公比が与えられた数列で 2 という項が現れる．それは第何項か．

(1) 初項 8, 公比 $\dfrac{1}{2}$

(2) 初項 $\dfrac{2}{81}$, 公比 -3

☞ 解答 p.226

問 4.5 (『経出る』例題 4.1(1)) ▪ 問 4.4 の等比数列の一般項 (第 t 項) を求めなさい．

☞ 解答 p.226

例題 4.3 (『経出る』例題 4.1(2)) ▪ 利子率 4% の複利計算で 10,000 円を預けたとき，各年の残高を並べて得られる等比数列 (x_t とする) を，初項から第 5 項まで電卓を用いて計算しなさい (小数部分は切り捨てなさい)．また，一般項を求めなさい．

解答 電卓は SHARP 式の定数計算を用いる．

第 1 項：x_1 　　　　　　　　　　　　　　　　　　　　　　　　　10,000
第 2 項：x_2 【1.04】【×】【10,000】【=】　　　　　　　　　　　10,400
第 3 項：x_3 【1.04】【×】【10,000】【=】【=】　　　　　　　　10,816
第 4 項：x_4 【1.04】【×】【10,000】【=】【=】【=】　　　　　11,248
第 5 項：x_5 【1.04】【×】【10,000】【=】【=】【=】【=】　　11,698

ただし，いちいち，$\boxed{\text{CA}}$ キーで，各計算結果をクリアして一から計算する必要はなく，順繰りに【=】キーを押していけばよい．

一般項は

$$x_t = 10{,}000(1 + 0.04)^{t-1} = 10{,}000(1.04)^{t-1}$$

となる．

終

問 4.6 利子率 5% の複利計算で 10,000 円を預けたとき，各年の残高を並べて得られる等比数列 (x_t とする) を，初項から第 10 項まで電卓を用いて計算しなさい (小数部分は切り捨てなさい). また，一般項を求めなさい.

☞ 解答 p.226

応用問題

例題 4.4 一般項が $PV_t = \dfrac{a}{(1+r)^{t-1}}$ で表される数列は，等比数列であることを示しなさい.

解答 $PV_{t+1} = \dfrac{a}{(1+r)^{t}}$ であるから，

$$\frac{PV_{t+1}}{PV_t} = \frac{a}{(1+r)^t} \frac{(1+r)^{t-1}}{a}$$

$$= \frac{1}{1+r}.$$

したがって与えられた数列は公比 $\dfrac{1}{1+r}$ の等比数列である. ■

問 4.7 一般項が $FV_t = c(1+r)^{t-1}$ で表される数列は，等比数列であることを示しなさい.

☞ 解答 p.226

問 4.8 (『経出る』例題 4.7) 次の問に答えなさい.

(1) 毎年の収入が一定額の w 万円であるとする．割引因子を $\dfrac{1}{1+r}$ として，各年の収入の割引現在価値を並べて得られる数列の一般項 y_t を求めなさい．ただし，初項は $y_1 = w$ とする．

(2) t 年目の収入額が CF_t 万円であるとする．割引因子を $\dfrac{1}{1+r}$ として，各年の収入の割引現在価値を並べて得られる数列の一般項 PV_t を求めなさい．ただし，初項は $PV_1 = CF_1$ とする．

☞ 解答 p.226

4.1.3 等差数列・公差・一般項

> **定義 4.2** 隣り合う 2 項の差が一定の値 d である，つまり
>
> $$a_{t+1} - a_t = d \tag{4.3}$$
>
> である数列を**公差** (こうさ) d の**等差数列** (とうさすうれつ) という．

基礎問題

例題4.5

(1) 等差数列

$$1, 5, 9, 13, 17, 21, \ldots$$

の公差は何か．また 21 の次の項は何か．

(2) 初項 5, 公差 -2 の等差数列の第 7 項までを求めなさい．

解答

(1) 以下のように隣り合う 2 項の差は一定の数 4 であるから，公差は 4 である．

$$5 - 1 = 9 - 5 = 13 - 9 = 17 - 13 = 21 - 17 = 4$$

したがって，次の項は $21 + 4 = 25$ である．

(2) $5, 3, 1, -1, -3, -5, -7$.

終

問4.9 次の等差数列の公差を示しなさい．

(1) $\sqrt{3}, 2\sqrt{3}, 3\sqrt{3}, 4\sqrt{3}, \ldots$

(2) $\dfrac{2}{5}, \dfrac{1}{10}, \dfrac{-1}{5}, \dfrac{-1}{2}, \ldots$

☞ 解答 p.226

標準問題

問 4.10 次の初項と公差が与えられた数列で 2 という項が現れる．それは第何項か．

(1) 初項 8，公差 -2

(2) 初項 -14，公差 4

☞ 解答 p.227

問 4.11（『経出る』例題 4.2） 初項が $b_1 = b$，公差が d である等差数列の一般項を b_t とする．下表の空欄を埋め完成しなさい．

項数	等比数列	等差数列
第 1 項	$a_1 = a$	$b_1 = b$
第 2 項	$a_2 = a\delta$	$b_2 = b + d$
第 3 項	$a_3 = a\delta^2$	$b_3 = b + 2d$
第 4 項	$a_4 = a\delta^3$	
$\vdots$	$\vdots$	$\vdots$
一般項	$a_t = a\delta^{t-1}$	

☞ 解答 p.227

応用問題

例題 4.6 一般項が $a_t = -4t + 5$ で表される数列は，等差数列であることを示しなさい．

解答 $a_{t+1} = -4(t+1) + 5$ であるから，

$$a_{t+1} - a_t = -4(t+1) + 5 - (-4t + 5)$$
$$= -4t - 4 + 5 + 4t - 5$$
$$= -4.$$

したがって与えられた数列は公差 -4 の等差数列である.

終

問4.12 一般項が $a_t = c(t-1) + b^2$ で表される数列は，等差数列であることを示しなさい．

☞ 解答 p.227

4.2 数列の極限

POINT：収束・発散

- t が大きくなるにつれ，a_t が一定の値 α に限りなく近づくとき数列 a_t は収束するという．

$$\lim_{t \to \infty} a_t = \alpha.$$

このときの α を数列 a_t の極限という．

- 数列 a_t は収束しないとき，発散するという．なかでも重要なのは次のふたつ．

  (1) $a_t = 2^{t-1}$ のように，どんどん大きくなる場合：正の無限大に発散する．

  $$\lim_{t \to \infty} a_t = +\infty.$$

  (2) $a_t = -2^{t-1}$ のように，どんどん小さくなる場合：負の無限大に発散する．

  $$\lim_{t \to \infty} a_t = -\infty.$$

> **POINT：等比数列の極限**
>
> 初項 $a_1 = c > 0$，公比 δ の等比数列 a_t の一般項は $a_t = c\delta^{t-1}$ と表せる．したがって
>
> - $\delta \leq -1$ のとき，a_t は一定の値に近づくことはない (発散する)．
>
> - $-1 < \delta < 1$ のとき，a_t は 0 に収束する：$\lim_{t \to \infty} a_t = 0$．
>
> - $\delta = 1$ のとき，a_t の値は常に c であるので，c に収束する：$\lim_{t \to \infty} a_t = c$．
>
> - $\delta > 1$ のとき，a_t は (正の) 無限大に発散する：$\lim_{t \to \infty} a_t = +\infty$．

基礎問題

問 4.13 4.1 節の問 4.3 の各数列の収束・発散を判定しなさい．

☞ 解答 p.227

標準問題

例題 4.7 次の数列で $t \to \infty$ としたときの極限を求めなさい．ただし，どの数列も収束することを前提[1]として考えてよい．(2) は漸化式といわれる数列の表現方法．4.5 節を参照．

(1) $\quad a_t = \dfrac{1 + (0.5)^t}{1 - 0.5}$

(2) $\quad a_{t+1} = \dfrac{2}{3}a_t + 2,\ a_1 = 1$

解答

(1) $\lim_{t \to \infty} (0.5)^t = 0$ なので，

$$\lim_{t \to \infty} a_t = \lim_{t \to \infty} \frac{1 + (0.5)^t}{1 - 0.5} = \frac{1 + 0}{1 - 0.5} = 2.$$

(2) $\lim_{t \to \infty} a_t = \alpha$ とすると，

---

[1] 収束するかしないかはほんとうはすごく大事．簡単にわかる場合もあるが，複雑な議論をしなければならない場合もある．

$$\lim_{t\to\infty} a_{t+1} = \lim_{t\to\infty}\left(\frac{2}{3}a_t + 2\right) \iff \alpha = \frac{2}{3}\alpha + 2$$
$$\iff 3\alpha = 2\alpha + 6$$
$$\iff \alpha = 6.$$

終

問 4.14 次の数列で $t \to \infty$ としたときの極限を求めなさい．ただし，どの数列も収束することを前提として考えてよい．

(1) $a_t = \dfrac{t^2 + 2t + 1}{t^2}$

(2) $b_t = \dfrac{3^{t+1} - 2^t}{1 - 3^t}$

(3) $PV_t = \dfrac{1 - \left(\frac{1+g}{1+r}\right)^t}{1 - \frac{1+g}{1+r}}$ … 『経出る』練習問題 4.3 から (ただし $0 < g < r$ とする)

(4) $a_{t+1} = \sqrt{6 + a_t},\ a_1 = 1$

☞ 解答 p.227

4.3 数列の和・シグマ記号・級数

4.3.1 シグマ記号の用法

POINT

有限和

$$\sum_{k=1}^{t} a_k = a_1 + a_2 + \cdots + a_t.$$

無限和

$$\sum_{k=1}^{\infty} a_k = a_1 + a_2 + \cdots + a_k + \cdots$$

$$= a_1 + a_2 + \cdots. \quad \text{無限に足し算が続くことを意味する}$$

この無限和のことを本書では級数と呼ぶ．

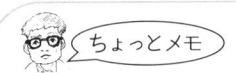

> **ちょっとメモ**
>
> (1) Σ はシグマとよむ．記号名としてはシグマ記号．$\sum_{k=1}^{t} a_k$ は「シグマの $k=1$ から t までの a_k」とよめばよい．
>
> (2) $\cdots$ のことを，リーダーという (らしい)．無限に続く数列 $a_1, a_2, \ldots, a_k, \ldots$ や，その和 $a_1 + a_2 + \cdots + a_k + \cdots$ は，シグマ記号を使わない限り，リーダーを使わざるを得ない．
>
> (3) $\cdots$ は真ん中に打つのか，下に打つのかちゃんとした取り決めがあるが，とりあえずあまり気にしなくてもよい．
>
> (4) 数式として読むときはリーダーなどとはぜったいいわない．ふつうに「てん，てん，てん」と読めばよい．

基礎問題

問 4.15 具体的な和の形で書かれているものはシグマ記号を使って書き表し，シグマ記号で書かれているものは具体的な和の形に書き下しなさい．

例

(1) $a_1 + a_2 + a_3 + a_4 = \sum_{t=1}^{4} a_t$

(2) $b_1 + b_2 + \cdots + b_{10} = \sum_{k=1}^{10} b_k$

(3) $c_1 + c_2 + \cdots = \sum_{k=1}^{\infty} c_k$

(4) $\sum_{t=1}^{5} CF_t = CF_1 + CF_2 + CF_3 + CF_4 + CF_5$

(5) $\sum_{t=1}^{10} PV_t = PV_1 + PV_2 + \cdots + PV_{10}$

(6) $\sum_{t=1}^{5} t^2 = 1^2 + 2^2 + 3^2 + 4^2 + 5^2 = 1 + 4 + 9 + 16 + 25 = 55$

> **ちょっとメモ** (4) は CF でひとかたまりの記号．(5) は PV がそう．次の問題の (1), (6), (7) は $c \times a_k$ のつもり．

問題

(1) $ca_1 + ca_2 + \cdots + ca_T$

(2) $\sum_{k=1}^{n}(a_k + b_k)$

(3) $a_1 b_1 + a_2 b_2 + \cdots + a_T b_T$

(4) $\sum_{k=1}^{n}(a_k - b_k)$

(5) $a_0 b_0 + a_1 b_1 + \cdots + a_{T-1} b_{T-1}$

(6) $\sum_{k=0}^{N}(ca_k)$

(7) $ca_1 + ca_2 + \cdots + ca_t + \cdots$

(8) $\sum_{k=1}^{\infty}(a_k + b_k)$

(9) $1 + 2r + 3r^2 + \cdots + nr^{n-1}$

(10) $\sum_{k=1}^{n}\left\{(k+1)^3 - k^3\right\}$

☞ 解答 p.227

POINT

数列 x_k, y_k, および定数 α に対して次の性質が成立する（線形性という）．

$$\sum_{k=1}^{t} \alpha x_k = \alpha \sum_{k=1}^{t} x_k$$

$$\sum_{k=1}^{t}(x_k + y_k) = \sum_{k=1}^{t} x_k + \sum_{k=1}^{t} y_k$$

基礎問題

例題4.8(『経出る』例題4.4) ● $\sum_{k=1}^{t} k = \dfrac{1}{2}t(t+1)$ であることを用いて，$\sum_{k=1}^{10} 2k$ を求めなさい．

解答

$$\sum_{k=1}^{10} 2k = 2\sum_{k=1}^{10} k = 2 \times \frac{1}{2} \times 10(10+1) = 110.$$

終

標準問題

問 4.16(『経出る』練習問題 4.1) $\sum_{k=1}^{t} k = \frac{1}{2}t(t+1)$ であることを用いて，次の問に答えなさい．

(1) a_k は初項 3，公差 2 の等差数列である．このとき，第 t 項までの和 $S_t = \sum_{k=1}^{t} a_k$ を t の式で表しなさい．

(2) b_k は初項 3，公差 -2 の等差数列である．このとき，第 t 項までの和 $S_t = \sum_{k=1}^{t} a_k$ を t の式で表しなさい．

☞ 解答 p.227

応用問題

問 4.17(『経出る』練習問題 4.2) 次の和を計算しなさい．

(1) $\sum_{k=1}^{t} (k-1)k$ $\cdots$ ヒント：$\sum_{k=1}^{t} k^2 = \frac{1}{6}t(t+1)(2t+1)$

(2) $\sum_{k=1}^{t} \frac{1}{k(k+1)}$ $\cdots$ ヒント：$\frac{1}{k(k+1)} = \frac{1}{k} - \frac{1}{k+1}$

☞ 解答 p.227

4.3.2 等比数列の和と等比級数

POINT

(1) 初項 c，公比 δ の等比数列の第 t 項までの和は
- $\delta \neq 1$ ならば $S_t = c\dfrac{1-\delta^t}{1-\delta}$
- $\delta = 1$ ならば $S_t = tc$

(2) 初項 c，公比 δ の等比級数は
- $|\delta| < 1$ ならば収束し $\displaystyle\lim_{t \to \infty} S_t = c\dfrac{1}{1-\delta}$
- $|\delta| \geq 1$ ならば発散する

第 4 章 数列と貯蓄

標準問題

例題4.9(『経出る』公式4.1) 初項 c, 公比 $\delta \neq 1$ の等比数列 a_t について答えなさい.

(1) 数列 a_t の一般項を c, δ, t で表しなさい.

(2) 第 t 項までの和 $S_t = \sum_{k=1}^{t} a_k$ を t の式で表しなさい.

解答

(1) 等比数列なので初項から第 t 項までは以下のようになる.

$$a_1 = c = c\delta^0$$
$$a_2 = c \times \delta = c\delta^1$$
$$a_3 = c \times \underbrace{\delta \times \delta}_{2\text{ 個}} = c\delta^2$$
$$\vdots$$
$$a_t = c \times \underbrace{\delta \times \cdots \times \delta}_{t-1\text{ 個}} = c\delta^{t-1}$$

(2) 和 $S_t = c + c\delta^1 + c\delta^2 + \cdots + c\delta^{t-1}$ を δ 倍した δS_t を S_t から引くと,

$$\begin{array}{rl} S_t = & c + c\delta + c\delta^2 + \cdots + c\delta^{t-1} \\ -)\ \delta S_t = & c\delta + c\delta^2 + \cdots + c\delta^{t-1} + c\delta^t \\ \hline (1-\delta)S_t = & c \phantom{+ c\delta + c\delta^2 + \cdots + c\delta^{t-1}} - c\delta^t \end{array}$$

したがって,

$$S_t = c\frac{1-\delta^t}{1-\delta}.$$

終

応用問題

例題4.10（キャリーオーバー効果） ゆるキャラ[2]の広告効果により当該期の売り上げが100百万円見込めるとする．事後のキャリーオーバー効果[3]を考慮し，このゆるキャラの広告効果の総和 S 円を計算しなさい．ただし，1期毎の残存効果となるキャリーオーバー係数を $c = 0.6$ とする（すなわち1期毎に売り上げが $c = 0.6$ 倍になることを意味する[4]）．

解答 広告効果の総和を S 円とし，$0.6 \times S$ 円を引くと，

$$S = 100 + 0.6 \times 100 + (0.6)^2 \times 100 + (0.6)^3 \times 100 + \cdots$$
$$-\ )\ 0.6S = 0.6 \times 100 + (0.6)^2 \times 100 + (0.6)^3 \times 100 + \cdots$$
$$0.4S = 100$$

$$\therefore\ S = \frac{100}{0.4} = 250\ \text{百万円} = 2\ \text{億}\ 5\ \text{千万円}.$$

終

問4.18 ある書籍は初年次の売り上げを12百万円と見込んでいる．事後のキャリーオーバー効果を考慮し，この書籍の売上の総和の S 円を計算しなさい．ただし，1期毎の残存効果となるキャリーオーバー係数を $c = 0.5$ とする．

☞ 解答 p.227

---

[2]「ゆるキャラ」って何．になってしまった未来の読者は，「ふなっしー」とか「ひこにゃん」とか「くまモン」とか「しんじょう君」とかをググってみてください．

[3]投入した広告の効果が，その期間だけでなく次期以降にも残存すること．分析を容易にするためにある一定の割合で残存することを仮定することがふつう．詳しくは高橋伸夫【編】『170 の keywords によるものづくり経営講義』日経 BP 社 (2005) を参照．経営学を勉強するのに「マジヤバいんすけど♡」なほど便利な本なので，おすすめ．

[4]たしかに売上げは年々減るかもしれないけど，いつまでも売上げが立つ見込みがあるという点でキャリーオーバー効果が顕著なビジネスモデルに，カラオケが挙げられると思うんですけど，どうでしょう．おじさんもおばさんもいつまでも青春な曲歌うじゃん．

第 4 章 数列と貯蓄

例題 4.11（『経出る』例題 4.5） 利子率を $r = 0.05$ とする．毎年，100 万円を積み立てて預け入れる．10 年目に預け入れた直後の時点での 10 年分の口座残高を求めなさい．

解答 それぞれの年に預け入れた金額がどのようになっているか，記述する．

預け入れ年	① 期初 = 預け入れ直後	② 期末 = 預け入れ直前
第 1 年	100 万 $\times (1+0.05)^9$	100 万 $\times (1+0.05)^{10}$
第 2 年	100 万 $\times (1+0.05)^8$	100 万 $\times (1+0.05)^9$
⋮	⋮	⋮
第 10 年	100 万 $\times (1+0.05)^0$	100 万 $\times (1+0.05)^1$
部分和	S_{10}	$S_{10} \times (1+0.05)$

② − ① から

$$0.05 S_{10} = 100\,万 \times (1+0.05)^{10} - 100\,万$$

$$\begin{aligned}
S_{10} &= 100\,万 \frac{(1+0.05)^{10} - 1}{0.05} \\
&= 100\,万 \times \frac{1.6288946 - 1}{0.05} \\
&= 100\,万 \times 12.577892 \\
&= 12,577,892\,円\,(\text{小数点以下切り捨て})
\end{aligned}$$

ただし，計算には電卓の定数計算を活用した．

終

ちょっとメモ 10 年で都合 1,000 万円預けたものが 1,200 万円以上になることがわかる．みんなもお給料の天引き貯金を考えてみよう．そのうち，びっくりすることに ♡（たぶん）

問 4.19 利子率を $r = 0.04$ とする．毎年，100 万円を積み立てて預け入れる．10 年目に預け入れた直後の時点での口座残高を求めなさい．

☞ 解答 p.227

問 4.20 利子率を $r = 0.05$ とする．毎年，100 万円を積み立てて預け入れる．11 年目を預け入れる直前の時点での 10 年分の口座残高を求めなさい．

☞ 解答 p.228

4.4 割引現在価値の和

4.4.1 時間軸 (Time Line) とキャッシュ・フロー (Cash Flow)

収入の機会が T 年間にわたる場合の，システマティックな表へのまとめかた．

POINT

(1) 来年 = 第 1 年 から書く方法

Time Line	Cash Flow
第 1 年	CF_1
第 2 年	CF_2
⋮	⋮
第 T 年	CF_T

(2) 現在 = 第 0 年 から書く方法

Time Line	Cash Flow
第 0 年	CF_0
第 1 年	CF_1
⋮	⋮
第 $T-1$ 年	CF_{T-1}

基礎問題

例題 4.12 次の利付債とゼロクーポン債 (割引債) のキャッシュ・フローを表にまとめなさい．

第 4 章 数列と貯蓄

	100 万円	
	5 万円	5 万円
	5 万円	5 万円

図 4.1 利付債

	100 万円	
	0 万円	0 万円
	0 万円	0 万円

図 4.2 ゼロクーポン債

解答

表 4.1 利付債の CF

Time Line	Cash Flow
第 1 年	5 万円
第 2 年	5 万円
第 3 年	5 万円
第 4 年	$5 + 100 = 105$ 万円

表 4.2 ゼロクーポン債の CF

Time Line	Cash Flow
第 1 年	0 万円
第 2 年	0 万円
第 3 年	0 万円
第 4 年	$0 + 100 = 100$ 万円

終

例題 4.13 90 万円で例題 4.12 の債券を購入した．このときのキャッシュ・フローを表にまとめなさい．

解答 下表の通り．例題 4.12 の表に第 0 年を加えることと，購入はマイナスの収入にあたるので -90 万円を記入する点がポイント．

表 4.1 利付債の CF

Time Line	Cash Flow
第 0 年	-90 万円
第 1 年	5 万円
第 2 年	5 万円
第 3 年	5 万円
第 4 年	$5 + 100 = 105$ 万円

表 4.2 ゼロクーポン債の CF

Time Line	Cash Flow
第 0 年	-90 万円
第 1 年	0 万円
第 2 年	0 万円
第 3 年	0 万円
第 4 年	$0 + 100 = 100$ 万円

終

- 例題 4.12 の利付債の図 4.1 は，債券が電子化される前はほんとうにこんな形に印刷された券だった．期日が来ると下部の小さい券面 (クーポンという) をちょきちょきと切りとって，しかるべき場所に持っていくと現金になる．つまりキャッシュ・フローが生じる．昔は証券会社にはこれをちょきちょき切る係の事務職がいた．IT 化はこのようにして，事務の仕事を変えていった．

- 利付債の図 4.1 の大きい券面に書かれた金額を「額面」という．額面に対するクーポンの額の割合を「クーポン・レート」という．例題 4.12 の場合クーポン・レートは $5 \div 100 = 0.05 = 5\%$ である．

- クーポン・レートが 0 の債券をゼロクーポン債という．ゼロクーポン債は券として印刷されていた昔であっても，まさか図 4.2 みたいな作り方はしていなかったはず．例題 4.12 ではゼロクーポンであることを象徴的にするためと，額面の払い戻しまでの年数 (償還年・残存期間という) を明示するために 0 円のクーポンがついた形として表現した．

- 以上をまとめると債券のキャッシュ・フローは，以下の要素から特定される．
    - 額面
    - 償還年数／残存期間
    - クーポンレート

- わが国の利付債は半年に一度クーポンが支払われるのが一般的．議論をかんたんにするため，『経出る』でも『ワークブック』でも一年に一度の支払いのケースを主に扱う．

- 10 年ものの新発国債の利回りのことを「長期金利」という．為替レートや日経平均株価と違って，長期金利がテレビのニュース番組でも報道されるようになったのは比較的最近 (著者の記憶では 2008 年頃) のことである．

問 4.21 (『経出る』練習問題 4.5) 次の債券のキャッシュ・フローを表にまとめなさい．

(1) 残存期間 2 年，クーポンレート 10%，額面 100 円 (利付債)

(2) 残存期間 2 年，クーポンレート 0%，額面 100 円 (ゼロクーポン債)

☞ 解答 p.228

4.4.2 時間軸 (Time Line) と割引現在価値 (Discounted Cash Flow)

収入の機会が T 年間にわたる場合の，割引現在価値のシステマティックな表へのまとめかた．

POINT

(1) 来年 = 第 1 年 から書く方法

Time Line	Cash Flow	Discount Factor	Present Value
第 1 年	CF_1	$\delta = \dfrac{1}{(1+r)^1}$	$\delta CF_1 = \dfrac{CF_1}{(1+r)^1}$
第 2 年	CF_2	$\delta^2 = \dfrac{1}{(1+r)^2}$	$\delta^2 CF_2 = \dfrac{CF_2}{(1+r)^2}$
⋮	⋮	⋮	⋮
第 T 年	CF_T	$\delta^T = \dfrac{1}{(1+r)^T}$	$\delta^T CF_T = \dfrac{CF_T}{(1+r)^T}$

(2) 現在 = 第 0 年 から書く方法

Time Line	Cash Flow	Discount Factor	Present Value
第 0 年	CF_0	$1 = \dfrac{1}{(1+r)^0}$	$CF_0 = \dfrac{CF_0}{(1+r)^0}$
第 1 年	CF_1	$\delta = \dfrac{1}{(1+r)^1}$	$\delta CF_1 = \dfrac{CF_1}{(1+r)^1}$
第 2 年	CF_2	$\delta^2 = \dfrac{1}{(1+r)^2}$	$\delta^2 CF_2 = \dfrac{CF_2}{(1+r)^2}$
⋮	⋮	⋮	⋮
第 T 年	CF_T	$\delta^T = \dfrac{1}{(1+r)^T}$	$\delta^T CF_T = \dfrac{CF_T}{(1+r)^T}$

こうした表のまとめ方を Time Line Technique という本もある．なので本書でもそう呼ぶ．Time Line Technique は表計算ソフトウエアとの親和性が高い．なお，Cash Flow はキャッシュ・フロー，Discount Factor は割引因子，Present Value は現在価値という．

基礎問題

例題 4.14 次の問に答えなさい．ただし，利子率を 5% とする．

(1) 例題 4.12 の利付債の割引現在価値を表にまとめなさい．

(2) 例題 4.13 の利付債の割引現在価値を表にまとめなさい．

解答

(1) 例題 4.12 は下表の通り．

時間軸	CF	DF	PV
第 1 年	5 万	$\delta = \dfrac{1}{(1+0.05)^1}$	$\dfrac{50{,}000}{(1.05)^1}$
第 2 年	5 万	$\delta^2 = \dfrac{1}{(1+0.05)^2}$	$\dfrac{50{,}000}{(1.05)^2}$
第 3 年	5 万	$\delta^3 = \dfrac{1}{(1+0.05)^3}$	$\dfrac{50{,}000}{(1.05)^3}$
第 4 年	105 万	$\delta^4 = \dfrac{1}{(1+0.05)^4}$	$\dfrac{1{,}050{,}000}{(1.05)^4}$

(2) 例題 4.13 は下表の通り．

時間軸	CF	DF	PV
第 0 年	-90 万	$\delta^0 = \dfrac{1}{(1+0.05)^0} = 1$	$-900{,}000$
第 1 年	5 万	$\delta = \dfrac{1}{(1+0.05)^1}$	$\dfrac{50{,}000}{(1.05)^1}$
第 2 年	5 万	$\delta^2 = \dfrac{1}{(1+0.05)^2}$	$\dfrac{50{,}000}{(1.05)^2}$
第 3 年	5 万	$\delta^3 = \dfrac{1}{(1+0.05)^3}$	$\dfrac{50{,}000}{(1.05)^3}$
第 4 年	105 万	$\delta^4 = \dfrac{1}{(1+0.05)^4}$	$\dfrac{1{,}050{,}000}{(1.05)^4}$

終

> **例題4.15** ▸ 例題 4.14 の表 (Time Line Technique) を使って，キャッシュ・フローの割引現在価値の総和を求めなさい．
>
> **解答**
>
> (1) 以下の通りになる．各項の計算には電卓の定数計算を用いた．理論値の $1{,}000{,}000$ と食い違いが生じているが，これは小数点以下を切り捨てているため．
>
> $$\frac{50{,}000}{(1.05)^1} + \frac{50{,}000}{(1.05)^2} + \frac{50{,}000}{(1.05)^3} + \frac{1{,}050{,}000}{(1.05)^4}$$
>
> $$= 47{,}619 + 45{,}351 + 43{,}191 + 863{,}837$$
>
> $$= 999{,}998.$$
>
> (2) 以下の通りになる．上問と同様，理論値の $1{,}000{,}000 - 900{,}000 = 100{,}000$ と食い違いが生じている．
>
> $$-900{,}000 + \frac{50{,}000}{(1.05)^1} + \frac{50{,}000}{(1.05)^2} + \frac{50{,}000}{(1.05)^3} + \frac{1{,}050{,}000}{(1.05)^4}$$
>
> $$= -900{,}000 + 47{,}619 + 45{,}351 + 43{,}191 + 863{,}837$$
>
> $$= -900{,}000 + 999{,}998 = 99{,}998.$$
>
> 終

ちょっとメモ 『経出る』練習問題 4.5, 4.7 にあるように，一般に，利回りがクーポンレートに一致するような利付債の現在価値は額面と必ず等しくなることが理論的に示される．したがって上問の (1) の理論値は額面の $1{,}000{,}000$ である．問 4.29 も参照．

問4.22（『経出る』練習問題4.5） ▸ 次の債券のキャッシュ・フローの割引現在価値の総和を Time Line Technique を使って求めなさい．ただし，利子率を 10% とする．

(1) 利子率 10%，残存期間 2 年，クーポンレート 10%，額面 100 円，価格 100 円（利付債）

(2)　利子率 10%，残存期間 2 年，クーポンレート 5%，額面 100 円，価格 100 円 (利付債)

(3)　利子率 10%，残存期間 2 年，クーポンレート 0%，額面 100 円，価格 80 円 (ゼロクーポン債)

☞ 解答 p.228

標準問題

例題4.16(『経出る』練習問題4.4)　利子率を $r = 0.07$ とする．残存期間 3 年，額面 100 円の債券について答えなさい (答は小数点以下第 3 位を切り捨てて求めなさい)．

(1)　ゼロクーポン債の価格を求めなさい．

(2)　クーポンレート 8% の利付債の価格を求めなさい．

解答　債券の価格が割引現在価値よりも低いと，みんなが債券を購入したがり，売る人がいなくなってしまう (超過需要が起こる)．逆に価格が割引現在価値よりも高いと今度は買う人がいなくなってしまう (超過供給がおこる)．したがって，需給が一致するためには債券価格はその割引現在価値に等しくなければならない．この関係を TLT を用いて表現すると次のようになる．

ゼロクーポン債

時間軸	CF	DF	PV
第 0 年	$-p$	$\dfrac{1}{(1+0.07)^0}$	p
第 1 年	0	$\dfrac{1}{(1+0.07)^1}$	$\dfrac{0}{(1.07)^1}$
第 2 年	0	$\dfrac{1}{(1+0.07)^2}$	$\dfrac{0}{(1.07)^2}$
第 3 年	100	$\dfrac{1}{(1+0.07)^3}$	$\dfrac{100}{(1.07)^3}$

↑
総和 = 0

利付債

時間軸	CF	DF	PV
第 0 年	$-p$	$\dfrac{1}{(1+0.07)^0}$	$-p$
第 1 年	8	$\dfrac{1}{(1+0.07)^1}$	$\dfrac{8}{(1.07)^1}$
第 2 年	8	$\dfrac{1}{(1+0.07)^2}$	$\dfrac{8}{(1.07)^2}$
第 3 年	$100+8$	$\dfrac{1}{(1+0.07)^3}$	$\dfrac{108}{(1.07)^3}$

↑
総和 = 0

$$0 = -p + 0 + 0 + \frac{100}{(1.07)^3} \qquad 0 = -p + \frac{8}{(1.07)} + \frac{8}{(1.07)^2} + \frac{108}{(1.07)^3}$$

$$p = \frac{100}{(1.07)^3} \qquad\qquad p = \frac{8}{(1.07)} + \frac{8}{(1.07)^2} + \frac{108}{(1.07)^3}$$

$$= 81.62\text{ 円} \qquad\qquad = 102.61\text{ 円}$$

終

問 4.23 利子率を 2% とする．つぎのゼロクーポン債の価格を求めなさい（答は小数点以下第 3 位を切り捨てて求めなさい）．

(1) 残存期間 2 年，額面 100 円．

(2) 残存期間 4 年，額面 100 円．

☞ 解答 p.228

問 4.24（『経出る』練習問題 4.5） 利子率を 6% とする．つぎの利付債の価格を求めなさい（答は小数点以下第 3 位を切り捨てて求めなさい）．

(1) 残存期間 2 年，額面 100 円，クーポンレート 10%．

(2) 残存期間 4 年，額面 100 円，クーポンレート 6%．

☞ 解答 p.228

例題 4.17（年金） 利子率を $r = 0.05$ とする．60 歳で退職した次年度から，65 歳で通常の年金収入が得られるまでの 5 年にわたって，毎年 100 万円の自己年金収入を得るためには，退職時にいくら積み立てる必要があるか．その額 p 円を求めなさい．

解答

時間軸	CF	DF	PV
第 0 年	$-p$	$1 = \dfrac{1}{(1+0.05)^0}$	$-p$
第 1 年	$1{,}000{,}000$	$\delta = \dfrac{1}{(1+0.05)^1}$	$\dfrac{1{,}000{,}000}{(1.05)^1}$
第 2 年	$1{,}000{,}000$	$\delta^2 = \dfrac{1}{(1+0.05)^2}$	$\dfrac{1{,}000{,}000}{(1.05)^2}$
第 3 年	$1{,}000{,}000$	$\delta^3 = \dfrac{1}{(1+0.05)^3}$	$\dfrac{1{,}000{,}000}{(1.05)^3}$
第 4 年	$1{,}000{,}000$	$\delta^4 = \dfrac{1}{(1+0.05)^4}$	$\dfrac{1{,}000{,}000}{(1.05)^4}$
第 5 年	$1{,}000{,}000$	$\delta^5 = \dfrac{1}{(1+0.05)^5}$	$\dfrac{1{,}000{,}000}{(1.05)^5}$

↑
総和 $= 0$

したがって

$$0 = -p + \frac{1{,}000{,}000}{(1.05)^1} + \frac{1{,}000{,}000}{(1.05)^2} + \frac{1{,}000{,}000}{(1.05)^3} + \frac{1{,}000{,}000}{(1.05)^4} + \frac{1{,}000{,}000}{(1.05)^5}$$

$$p = \frac{1{,}000{,}000}{(1.05)^1} + \frac{1{,}000{,}000}{(1.05)^2} + \frac{1{,}000{,}000}{(1.05)^3} + \frac{1{,}000{,}000}{(1.05)^4} + \frac{1{,}000{,}000}{(1.05)^5}$$

$$1.05p = 1{,}000{,}000 + \frac{1{,}000{,}000}{(1.05)^1} + \frac{1{,}000{,}000}{(1.05)^2} + \frac{1{,}000{,}000}{(1.05)^3} + \frac{1{,}000{,}000}{(1.05)^4}$$

となる.上式をもとに $1.05p - p$ を計算すると,

$$0.05p = 1{,}000{,}000 - \frac{1{,}000{,}000}{(1.05)^5}$$

$$= 1{,}000{,}000 - 783{,}526.16 = 216{,}473.84$$

$p = 216{,}473.84 \div 0.05 = 4{,}329{,}476$ 円 (小数点以下切り捨て)

終

問 4.25 利子率を $r = 0.05$ とする.退職した次年度から,10 年にわたって,毎年 50 万円の自己年金収入を得るためには,退職時にいくら積み立てる必要があるか.その額 p 円を Time Line Technique を使って求めなさい.

☞ 解答 p.228

> **例題4.18(『経出る』練習問題4.5)** ● 次の債券の利回りを求めなさい.

(1) 残存期間 4 年,額面 100 円,価格 85.48 円のゼロクーポン債.

(2) 残存期間 2 年,クーポンレート 5%,額面 100 円,価格 100 円の利付債.

解答

(1) 知りたい利回りを r とする.ゼロクーポン債の TLT 表は以下の通り.

時間軸	CF	DF	PV
第 0 年	-85.48	$\delta^0 = \dfrac{1}{(1+r)^0}$	-85.48
第 1 年	0	$\delta = \dfrac{1}{(1+r)^1}$	$\dfrac{0}{(1+r)^1}$
第 2 年	0	$\delta^2 = \dfrac{1}{(1+r)^2}$	$\dfrac{0}{(1+r)^2}$
第 3 年	0	$\delta^3 = \dfrac{1}{(1+r)^3}$	$\dfrac{0}{(1+r)^3}$
第 4 年	100	$\delta^4 = \dfrac{1}{(1+r)^4}$	$\dfrac{100}{(1+r)^4}$

↑
総和 $= 0$

$$0 = -85.48 + 0 + 0 + 0 + \frac{100}{(1+r)^4}$$

$$85.48 = \frac{100}{(1+r)^4}$$

$$(1+r)^4 = \frac{100}{85.48}$$

$$r = \sqrt{\sqrt{\frac{100}{85.48}}} - 1 = 0.0400 = 4.00\%.$$

(2) 同じく知りたい利回りを r とする.利付債の TLT 表は以下の通り.

時間軸	CF	DF	PV
第 0 年	-100	$\delta^0 = \dfrac{1}{(1+r)^0}$	-100
第 1 年	5	$\delta = \dfrac{1}{(1+r)^1}$	$\dfrac{5}{(1+r)^1}$
第 2 年	$100+5$	$\delta^2 = \dfrac{1}{(1+r)^2}$	$\dfrac{105}{(1+r)^2}$

↑
総和 $= 0$

$$-100 + \frac{5}{(1+r)^1} + \frac{105}{(1+r)^2} = 0$$

$$100(1+r)^2 - 5(1+r) - 105 = 0$$

$x = 1+r$ とおくと，左辺が

$$100x^2 - 5x - 105 = 5(20x^2 - x - 21)$$
$$= 5(x+1)(20x-21)$$

$x = 1+r > 1$ なのでけっきょく

$$x = \frac{21}{20} = 1.05 \iff r = x - 1 = 0.05.$$

終

> **ちょっとメモ**　利付債は額面と価格が等しい場合，利回りはクーポンレートに等しくなる．ゼロクーポン債はクーポンレートが 0 の利付債と考えることもできるので，ゼロクーポン債で利回りを得るためには，額面 > 価格 でないといけない．

応用問題

例題4.19(『経出る』例題4.7)　利子率を r とする．このとき，以下の問に答えなさい．

(1)　第 1 年 (現在) から第 T 年までの収入が $w_t, t = 1, 2, \ldots, T$ であるとする．Time Line Technique を使って，この収入の列 (キャッシュ・フロー) の総和 PV

を，シグマ記号を使って書き表しなさい．

(2) 第 1 年 (現在) から第 T 年までの収入が w (一定値) であるとする．Time Line Technique を使って，この収入の列 (キャッシュ・フロー) の総和 S_T を，シグマ記号を使って書き表しなさい．また，S_T を簡単な式にしなさい．

(3) 両者の値が一致するときの w の値を求めなさい．

(4) $\lim_{T \to \infty} S_T$ の値を求めなさい．

解答 必要に応じて Time Line Technique は融通が効くことを実感するための問題．割引因子を $\delta = \dfrac{1}{1+r}$ とする．

(1) 第 1 年は現在だから，割り引かないことに注意する．

時間軸	CF	DF	PV
第 1 年	w_1	$\delta^0 = \dfrac{1}{(1+r)^0}$	$\delta^0 w_1 = \dfrac{w_1}{(1+r)^0} = w_1$
第 2 年	w_2	$\delta = \dfrac{1}{(1+r)^1}$	$\delta^1 w_1 = \dfrac{w_2}{(1+r)^1}$
第 3 年	w_3	$\delta^2 = \dfrac{1}{(1+r)^2}$	$\delta^2 w_2 = \dfrac{w_3}{(1+r)^2}$
$\vdots$	$\vdots$	$\vdots$	$\vdots$
第 T 年	w_T	$\delta^{T-1} = \dfrac{1}{(1+r)^{T-1}}$	$\delta^{T-1} w_T = \dfrac{w_T}{(1+r)^{T-1}}$

したがって，
$$PV \text{ (割引現在価値の和)} = w_1 + \frac{w_2}{1+r} + \frac{w_3}{(1+r)^2} + \cdots + \frac{w_T}{(1+r)^{T-1}}$$
$$= w_1 + \delta w_2 + \delta^2 w_3 + \cdots + \delta^{T-1} w_T$$
$$= \sum_{t=1}^{T} \frac{w_t}{(1+r)^{t-1}}$$
$$= \sum_{t=1}^{T} \delta^{t-1} w_t.$$

(2) $w_t = w, t = 1, 2, \ldots$ なので，かんたん．

4.4 割引現在価値の和

時間軸	CF	DF	PV
第 1 年	w	$\delta^0 = \dfrac{1}{(1+r)^0}$	$\delta^0 w = \dfrac{w}{(1+r)^0} = w$
第 2 年	w	$\delta = \dfrac{1}{(1+r)^1}$	$\delta^1 w = \dfrac{w}{(1+r)^1}$
第 3 年	w	$\delta^2 = \dfrac{1}{(1+r)^2}$	$\delta^2 w = \dfrac{w}{(1+r)^2}$
⋮	⋮	⋮	⋮
第 T 年	w	$\delta^{T-1} = \dfrac{1}{(1+r)^{T-1}}$	$\delta^{T-1} w = \dfrac{w}{(1+r)^{T-1}}$

したがって,

$$S_T\,(\text{割引現在価値の和}) = w + \frac{w}{1+r} + \frac{w}{(1+r)^2} + \cdots + \frac{w}{(1+r)^{T-1}}$$

$$= w + \delta w + \delta^2 w + \cdots + \delta^{T-1} w$$

$$= \sum_{t=1}^{T} \frac{w}{(1+r)^{t-1}}$$

$$= \sum_{t=1}^{T} \delta^{t-1} w.$$

$$S_T = w + w\delta + w\delta^2 + \cdots + w\delta^{T-1}$$
$$-\,)\ \delta S_T = \quad\ \ w\delta + w\delta^2 + \cdots + w\delta^{T-1} + w\delta^T$$
$$\overline{(1-\delta)S_T = w \qquad\qquad\qquad\qquad\qquad\ \ - w\delta^T}$$

したがって,

$$S_T = w \frac{1 - \delta^T}{1 - \delta}.$$

(3) $S_T = PV$ となるのだから,

$$w\frac{1-\delta^T}{1-\delta} = \sum_{t=1}^{T} \delta^{t-1} w_t$$

$$w = \frac{1-\delta}{1-\delta^T} \sum_{t=1}^{T} \delta^{t-1} w_t.$$

(4) 利子率 $r > 0$ なので, $\delta = \dfrac{1}{1+r} < 1$ である. したがって $\lim_{T \to \infty} \delta^T = 0$. ゆえに,

$$\lim_{T\to\infty} S_T = \lim_{T\to\infty} w\frac{1-\delta^T}{1-\delta} = \frac{w}{1-\delta}.$$

これが，$\displaystyle\sum_{t=1}^{\infty}\delta^t w_t$ と等しいので，$w = (1-\delta)\displaystyle\sum_{t=1}^{\infty}\delta^t w_t$ となる．また $1-\delta = 1-\dfrac{1}{1+r} = \dfrac{1+r-1}{1+r} = \dfrac{r}{1+r}$ なので，$\displaystyle\lim_{T\to\infty} S_T = \left(\dfrac{1+r}{r}\right)w$ とも書ける．

終

4.5 漸化式 (差分方程式)

POINT

- 数列 a_t について t の式で書き表したものを**一般項**という．
    - $a_t = \delta^{t-1}a_1, \quad t = 1, 2, \ldots$：初項 a_1，公比 δ の等比数列の一般項
    - $a_t = a_1 + (t-1)d, \quad t = 1, 2, \ldots$：初項 a_1，公差 d の等差数列の一般項
- 数列 a_t について二項間の関係を表したものを**漸化式**という (場合によっては三項間以上)．
    - $a_{t+1} = \delta a_t, \quad t = 1, 2, \ldots$：公比 δ の等比数列の漸化式
    - $a_{t+1} = a_t + d, \quad t = 1, 2, \ldots$：公差 d の等差数列の漸化式

基礎問題

例題4.20(『経出る』例題4.8) 次の数列の第 4 項を求めなさい．

(1) $\begin{cases} a_{t+1} = 2a_t \\ a_1 = 2 \end{cases}$

(2) $\begin{cases} b_{t+1} = 2b_t - 3 \\ b_1 = 2 \end{cases}$

解答 漸化式を順次使うと以下のようになる．

(1) $a_2 = 2a_1 = 2 \times 2 = 4$

$a_3 = 2a_2 = 2 \times 4 = 8$

$a_4 = 2a_3 = 2 \times 8 = 16.$

(2) $b_2 = 2b_1 - 3 = 2 \times 2 - 3 = 1$

$b_3 = 2b_2 - 3 = 2 \times 1 - 3 = -1$

$b_4 = 2b_3 - 3 = 2 \times (-1) - 3 = -5.$

終

問 4.26 次の数列の第 5 項を求めなさい.

(1) $\begin{cases} a_{t+1} = \dfrac{1}{3}a_t + 2 \\ a_1 = 6 \end{cases}$

(2) $\begin{cases} b_{t+1} = 3b_t + 2 \\ b_1 = 1 \end{cases}$

☞ 解答 p.228

標準問題

例題 4.21（『経出る』例題 4.8） 次の数列の一般項を求めなさい.

(1) $\begin{cases} a_{t+1} = 2a_t \\ a_1 = 2 \end{cases}$

(2) $\begin{cases} b_{t+1} = 2b_t - 3 & \cdots \text{①} \\ b_1 = 2 \end{cases}$

解答

(1) 初項 2，公比 2 の等比数列だから

$$a_t = 2 \times 2^{t-1} = 2^t.$$

(2) ①式で形式的に $b_{t+1} = b_t = b$ とおくと，

第 4 章 数列と貯蓄

$$b = 2b - 3 \quad \cdots \quad ②$$

となる．これより，①式から②式を引くと

$$\begin{array}{r} b_{t+1} = 2b_t - 3 \\ -)\quad b = 2b - 3 \\ \hline b_{t+1} - b = 2(b_t - b) \end{array}$$

したがって $b_t - b$ は初項 $b_1 - b$，公比 2 の等比数列なので $b_t - b = 2^{t-1}(b_1 - b)$ となる．②式から $b = 3, b_1 - b = 2 - 3 = -1$ なので，求める一般項は，

$$b_t = -2^{t-1} + 3.$$

【別解】漸化式の番号をずらすと，$b_t = 2b_{t-1} - 3$ となる．これともとの式を辺々引くと，

$$\begin{array}{r} b_{t+1} = 2b_t - 3 \\ -)\quad b_t = 2b_{t-1} - 3 \\ \hline b_{t+1} - b_t = 2(b_t - b_{t-1}) \end{array}$$

となる．したがって数列 $c_t = b_{t+1} - b_t$ は公比 2，初項 $c_1 = b_2 - b_1 = 1 - 2 = -1$ の等比数列であるので，

$$c_t = -1 \times 2^{t-1}.$$

一方

$$\begin{array}{r} b_{t+1} - b_t = \quad c_t \quad = -1 \times 2^{t-1} \\ b_t - b_{t-1} = \quad c_{t-1} = -1 \times 2^{t-2} \\ \vdots \\ +)\quad b_2 - b_1 = \quad c_1 \quad = -1 \\ \hline b_{t+1} - b_1 = \sum_{k=1}^{t} c_k = -\sum_{k=1}^{t} 2^{k-1} \end{array}$$

初項 1，公比 2，項数 t の等比数列の和であるから $\sum_{k=1}^{t} 2^{k-1} = \dfrac{2^t - 1}{2 - 1} = 2^t - 1$ となり，

$$b_{t+1} = b_1 - 2^t + 1$$
$$= 2 - 2^t + 1 = -2^t + 3.$$

形式的に $t = 0$ としても $b_{0+1} = -2^0 + 3 = -1 + 3 = 2 = b_1$ が成立するので，求め

る一般項は，

$$b_t = -2^{t-1} + 3.$$

終

> **ちょっとメモ** 【別解】のやりかただと，$t-1$ を扱うので，暗黙の了解として $t = 2, 3, \ldots$ だった．そのため，求めた一般項が $t = 1$ に対しても成立することは，めんどうだけれども，確かめる必要がある．

問 4.27 次の数列の一般項を求めなさい．

(1) $\begin{cases} a_{t+1} = \dfrac{1}{3} a_t + 2 \\ a_1 = 6 \end{cases}$

(2) $\begin{cases} b_{t+1} = 3 b_t + 2 \\ b_1 = 1 \end{cases}$

☞ 解答 p.228

4.6 もう少し練習

4.6.1 利付債の割引現在価値

POINT

残存期間 T，クーポンレート c，額面 F，価格 p，利子率 r の利付債について，

- NPV(Net Present Value, 正味現在価値)

$$NPV = \frac{cF}{1+r} + \frac{cF}{(1+r)^2} + \frac{cF}{(1+r)^3} + \cdots + \frac{cF}{(1+r)^{T-1}} + \frac{cF + F}{(1+r)^T} - p$$

- $NPV > 0$ だと割安：買い

- $NPV < 0$ だと割高：売り

- 利回り
$$0 = \frac{cF}{1+r} + \frac{cF}{(1+r)^2} + \frac{cF}{(1+r)^3} + \cdots + \frac{cF}{(1+r)^{T-1}} + \frac{cF+F}{(1+r)^T} - p$$
を満たす r のこと.
- 利回り $>$ 市中金利 だと得：買い
- 利回り $<$ 市中金利 だと損：売り

標準問題

例題4.22（『経出る』練習問題4.6） 残存期間2年間，クーポンレート5%，額面100円の利付債の価格が98円16銭で与えられているとき，この債券の利回りを求めなさい．

解答 TLT を用いると，

時間軸	CF	DF	PV
第 0 年	-98.16	$\dfrac{1}{(1+r)^0}$	-98.16
第 1 年	5	$\dfrac{1}{(1+r)^1}$	$\dfrac{5}{(1+r)^1}$
第 2 年	105	$\dfrac{1}{(1+r)^2}$	$\dfrac{105}{(1+r)^2}$

↑
総和 $= 0$

であるので，

$$0 = -98.16 + \frac{5}{1+r} + \frac{105}{(1+r)^2}$$

$x = 1+r$ とおき，上式を書き換えると，

$$98.16x^2 - 5x - 105 = 0$$

2次方程式の解の公式から

$$x = \frac{5 + \sqrt{5^2 + 4 \times 98.16 \times 105}}{2 \times 98.16}$$

$$= \frac{5 + \sqrt{41252.2}}{196.32}$$

$$\approx 1.060036\ldots$$

したがって $r \approx 0.0600 = 6.00\%$.

終

> **ちょっとメモ** 2次方程式 $ax^2 + bx + c = 0$ の解の公式：
>
> $$x = \frac{-b + \sqrt{b^2 - 4ac}}{2a}, \frac{-b - \sqrt{b^2 - 4ac}}{2a}.$$

問4.28 (『経出る』練習問題4.5) 次の債券の利回りを求めなさい.

(1) 残存期間 2 年, クーポンレート 10%, 額面 100 円, 価格 100 円 (利付債)

(2) 残存期間 2 年, クーポンレート 5%, 額面 100 円, 価格 95 円 (利付債)

(3) 残存期間 2 年, クーポンレート 0%, 額面 100 円, 価格 80 円 (ゼロクーポン債)

☞ 解答 p.228

応用問題

例題4.23 (『経出る』練習問題4.7) 額面と市場価格が等しいとき, 利回りはクーポンレートと等しくなることを示しなさい.

解答 $p = F$ なのだから利回りは次式を満たす.

$$0 = \frac{cF}{1+r} + \frac{cF}{(1+r)^2} + \frac{cF}{(1+r)^3} + \cdots + \frac{cF}{(1+r)^{T-1}} + \frac{cF + F}{(1+r)^T} - F$$

$x = 1 + r$ とおき, 上式を書き換えると,

$$Fx^T - cFx^{T-1} - cFx^{T-2} - \cdots - cF - F = 0$$

となる．左辺を $x-(1+c)$ で割ると，

$$
\begin{array}{r}
Fx^{T-1}+\quad Fx^{T-2}+\quad \cdots \quad +\quad F \\
x-(1+c) \overline{\smash{\big)}\, Fx^T - cFx^{T-1} - cFx^{T-2} - \cdots -cF - F} \\
\underline{Fx^T - (1+c)Fx^{T-1}} \\
Fx^{T-1} \\
\underline{Fx^{T-1} - (1+c)Fx^{T-2}} \\
Fx^{T-2} \\
\vdots \\
Fx \\
\underline{Fx - cF - F} \\
0
\end{array}
$$

したがって

$$(x-(1+c))(Fx^{T-1}+Fx^{T-2}+\cdots+F)=0$$

より，$x=1+c$．よって $r=x-1=1+c-1=c$ となる．

終

問 4.29（『経出る』練習問題 4.7） クーポンレートと利回りが等しいとき，債券価格は額面と一致することを示しなさい．

☞ 解答 p.228

4.6.2 コンソル債の割引現在価値

POINT

- 各期の利率が一定値 r であるとき，利払い D のコンソル債 (永久債) の割引現在価値 PV は

$$\begin{aligned} PV &= \frac{D}{1+r}+\frac{D}{(1+r)^2}+\frac{D}{(1+r)^3}+\cdots \\ &= \frac{D}{r} \end{aligned} \tag{4.4}$$

標準問題

例題4.24 毎年 100 円の利払いがあるコンソル債の現在価値を求めなさい．ただし，利子率は 5% とする．

解答 (4.4) 式に条件を代入すると，$PV = \dfrac{100}{0.05} = 2{,}000$ 円．

終

問 4.30 毎年 100 円の利払いがあるコンソル債の現在価値を求めなさい．ただし，利子率は 10% とする．

☞ 解答 p.228

問 4.31（国家 I 種平成 21 年度） 毎期 5,355 円の利子収益を永遠に保証するコンソル債（永久債券）を考える．市場利子率が 5% で将来にわたって一定であるとき，最初の期の期首におけるコンソル債の価格として正しいものはどれか．なお，利払いは毎期末に行われるものとする．

(1) 5,250 円　　(2) 107,100 円　(3) 107,250 円
(4) 267,750 円　(5) 267,900 円

☞ 解答 p.228

例題4.25 沖縄の米軍軍用地の地主 M 氏は，毎年 50 万円の借地料を国から受けている[5]．M 氏はこの土地を 1,200 万円で手放した．利回りを計算しなさい．

解答 国からの収入は半永久的に続くのだから，この土地の地代のキャッシュ・フローは，$D = 50$ 万円のコンソル債と等価と考えられる．また $PV = 1{,}200$ 万円なのだから，(4.4) 式から $1{,}200 = \dfrac{50}{r} \iff r = \dfrac{50}{1{,}200} \approx 0.0417 = 4.17\%$（四捨五入）．

終

---

[5] NHK クローズアップ現代「基地の土地が売買される～沖縄で何が～」(2009.2.25 放送) から作題．

応用問題

例題4.26 コンソル債の現在価値が (4.4) 式になることを示しなさい．

解答 TLT を用いると，

時間軸	CF	DF	PV
第 0 年	$-PV$	$\dfrac{1}{(1+r)^0}$	$-PV$
第 1 年	D	$\dfrac{1}{(1+r)^1}$	$\dfrac{D}{(1+r)^1}$
第 2 年	D	$\dfrac{1}{(1+r)^2}$	$\dfrac{D}{(1+r)^2}$
第 3 年	D	$\dfrac{1}{(1+r)^3}$	$\dfrac{D}{(1+r)^3}$
⋮	⋮	⋮	⋮

↑
総和 = 0

であるので，

$$(1+r)PV = D + \frac{D}{1+r} + \frac{D}{(1+r)^2} + \frac{D}{(1+r)^3} + \cdots$$

$$-)\quad PV = \phantom{D+{}}\frac{D}{1+r} + \frac{D}{(1+r)^2} + \frac{D}{(1+r)^3} + \cdots$$

$$rPV = D$$

したがって，$PV = \dfrac{D}{r}$ となる． ■

4.6.3 株券の割引現在価値

POINT

- 各期の利率が一定値 r で，期間 t の配当が d_t の株券の割引現在価値 PV は

$$PV = \frac{d_1}{1+r} + \frac{d_2}{(1+r)^2} + \frac{d_3}{(1+r)^3} + \cdots \tag{4.5}$$

- 各期の利率および配当が一定値 r, d の株券の割引現在価値 PV は

$$PV = \frac{d}{1+r} + \frac{d}{(1+r)^2} + \frac{d}{(1+r)^3} + \cdots = \frac{d}{r} \tag{4.6}$$

応用問題

問 4.32 (4.6) 式を示しなさい.

☞ 解答 p.228

例題 4.27(『経出る』練習問題 4.9) 各期の利子率が一定値 r, 配当 d が一定の成長率 g で伸びる株券について割引現在価値 PV を求めなさい. ただし $g < r$ とする.

解答 TLT を用いると,

時間軸	CF	DF	PV
第 0 年	$-PV$	$\dfrac{1}{(1+r)^0}$	$-PV$
第 1 年	d	$\dfrac{1}{(1+r)^1}$	$\dfrac{d}{(1+r)^1}$
第 2 年	$(1+g)d$	$\dfrac{1}{(1+r)^2}$	$\dfrac{(1+g)d}{(1+r)^2}$
第 3 年	$(1+g)^2 d$	$\dfrac{1}{(1+r)^3}$	$\dfrac{(1+g)^2 d}{(1+r)^3}$
⋮	⋮	⋮	⋮

↑
総和 $= 0$

であるので,

$$\frac{1+r}{1+g}PV = \frac{1}{1+g}d + \frac{1}{1+r}d + \frac{1+g}{(1+r)^2}d + \frac{(1+g)^2}{(1+r)^3}d + \cdots$$

$$-)\quad PV = \phantom{\frac{1}{1+g}d + {}} \frac{1}{1+r}d + \frac{1+g}{(1+r)^2}d + \frac{(1+g)^2}{(1+r)^3}d + \cdots$$

$$\frac{r-g}{1+g}PV = \frac{1}{1+g}d$$

ここで
$$\frac{1+r}{1+g} - 1 = \frac{(1+r)-(1+g)}{1+g}$$
$$= \frac{r-g}{1+g}$$

を左辺の変形に用いた．したがって，

$$PV = \frac{d}{r-g} \tag{4.7}$$

第 5 章 1変数関数の微分と利潤最大化

第5章のOUTLOOK

(1) 微分と利潤最大化
- 2 次関数
- 多項式関数
- 一般の関数

(2) 微分公式

(3) 関数の増減

(4) 損益分岐価格, 操業停止価格

(5) 弾力性

(6) 余暇と労働, 消費と貯蓄

5.1　2次関数の微分と利潤最大化

5.1.1　2次関数の微分

POINT

- 微分公式. 記号「$'$」を使うと
    (1) $(x^2)' = 2x$
    (2) $(-x^2)' = -2x$

(3)　　$(ax^2)' = 2ax$

(4)　　$(bx+c)' = b$

(5)　　$(c)' = 0$

(6)　　$(ax^2+bx+c)' = 2ax+b$

- 記号「 $'$ 」は日本ではダッシュと読むひとが多い．英語読みはプライム．
- 経済学でよく使われる記号として $\dfrac{d}{dx}$ がある．
- (4), (5), (6) では「微分すると定数項は消える」とおぼえよう♡

基礎問題

問5.1　例にならって，上記〈POINT〉内の記号「 $'$ 」を使った微分公式を，記号「 $\dfrac{d}{dx}$ 」(ディー・ディー・エックスとよむ) を用いた公式に書き換えなさい．この際に両方の書き方で 10 回書きとり練習しておぼえなさい．

(1)　　$\dfrac{d}{dx}(x^2) = 2x$　　　$\cdots$　　（例）

(2)　　$\dfrac{d}{dx}(-x^2) =$

(3)　　$\dfrac{d}{dx}(ax^2) =$

(4)　　$\dfrac{d}{dx}(bx+c) =$

(5)　　$\dfrac{d}{dx}(c) =$

(6)　　$\dfrac{d}{dx}(ax^2+bx+c) =$

(解答省略)

例題5.1　次の関数を微分しなさい．微分記号は「 $'$ 」と記号「 $\dfrac{d}{dx}$ 」の両方を使う練習をしなさい．

(1)　$f(x) = x^2 - 6x + 1$　　　　(2)　$f(x) = -x^2 + 4x + 2$

(3)　$y = -\dfrac{3}{4}x^2 + \dfrac{3}{2}x + \dfrac{3}{4}$　　　　(4)　$g(x) = 300x - x^2$

解答

(1)
$$f'(x) = (x^2 - 6x + 1)'$$
$$= 2x - 6.$$

$$\frac{df}{dx}(x) = \frac{d}{dx}(x^2 - 6x + 1)$$
$$= 2x - 6.$$

(2)
$$f'(x) = (-x^2 + 4x + 2)'$$
$$= -2x + 4.$$

$$\frac{df}{dx}(x) = \frac{d}{dx}(-x^2 + 4x + 2)$$
$$= -2x + 4.$$

(3)
$$y' = \left(-\frac{3}{4}x^2 + \frac{3}{2}x + \frac{3}{4}\right)'$$
$$= -\frac{3}{4} \times 2x + \frac{3}{2}$$
$$= -\frac{3}{2}x + \frac{3}{2}.$$

$$\frac{dy}{dx} = \frac{d}{dx}\left(-\frac{3}{4}x^2 + \frac{3}{2}x + \frac{3}{4}\right)$$
$$= -\frac{3}{4} \times 2x + \frac{3}{2}$$
$$= -\frac{3}{2}x + \frac{3}{2}.$$

(4)
$$g'(x) = (300x - x^2)'$$
$$= 300 - 2x.$$

$$\frac{dg}{dx}(x) = \frac{d}{dx}(300x - x^2)$$
$$= 300 - 2x.$$

終

問5.2 次の関数を微分しなさい．

(1) $f(x) = x^2 - 4x + 3$
(2) $f(x) = 10x - x^2$
(3) $f(x) = \dfrac{3}{2}x^2 - 6x + 3$
(4) $f(x) = px - x^2$
(5) $f(x) = -3x + 2$
(6) $f(x) = 2$

解答 p.229

標準問題

問5.3 次の関数を微分しなさい．必要なら，いったん展開してから微分しなさい．

(1) $f(x) = a - bx$
(2) $f(x) = a$
(3) $f(x) = (10 - 2x)x$
(4) $f(x) = (x-2)^2 + (x-3)^2$
(5) $f(x) = (a - bx)x$
(6) $f(x) = (x-a)^2 + (x-b)^2$

解答 p.229

応用問題

例題5.2（『経出る』例題2.3） 次の q_1 についての関数を微分しなさい（q_2 は定数とみる）．

$$\pi_1(q_1) = \{600 - 2(q_1 + q_2)\}q_1$$

解答 通常 x を変数とするところを，ここでは q_1 を変数とするのが題意の暗黙の了解．そこで q_1 について整理すると，

$$\pi_1(q_1) = -2{q_1}^2 + (600 - 2q_2)q_1$$

となる．したがって，

$$\pi'_1(q_1) = -2({q_1}^2)' + (600 - 2q_2)(q_1)' \quad \cdots \quad q_2\text{は微分しないでね}♡$$
$$= -4q_1 + (600 - 2q_2).$$

結果は別な表記法を用いて，

$$\frac{d\pi_1}{dq_1}(q_1) = -4q_1 + (600 - 2q_2) \tag{5.1}$$

と書いてもよい． 終

> **ちょっとメモ** π'_1 のように q_1 すら省略して書くこともある．ただ，このように書くとどの変数で微分しているのかわからなくなる．そこで経済学の教科書では記号「 $'$ 」ではなく，記号「$\frac{d}{dq_1}$」を用いた (5.1) 式を使うケースが多い．この例題で言えば，変数 q_1 について微分するという気持ちが出るため，$(600 - 2q_2)$ は係数だと踏み切れることは，数学上達での利点．

問5.4（『経出る』練習問題2.1, 2.2） 次の関数を微分しなさい．必要なら，いったん式を展開して整理しておいて微分しなさい．

(1) $\pi_1(q_1) = \{80 - (q_1 + q_2)\}q_1$ $\cdots$ q_1 が変数, q_2 は定数

(2) $\pi_2(q_2) = \{80 - (q_1 + q_2)\}q_2$ $\cdots$ q_2 が変数, q_1 は定数

(3) $\pi_i(q_i) = \{80 - (Q_{-i} + q_i)\}q_i$ $\cdots$ q_i が変数, Q_{-i} は定数

解答 p.229

> **ちょっとメモ** 問 5.4 は，添字を関数の記述に用いた典型例．経済学では添字のついた変数を使うことが多い．

5.1.2　1 変数関数の最適化 1 周目：2 次関数

POINT

(1)　最適化の記号（『経出る』5.4.2 節）

- $\max_x f(x)$　　最大化問題：$f(x)$ が最大になるような x を求めなさい．
- $\min_x f(x)$　　最小化問題：$f(x)$ が最小になるような x を求めなさい．

最大化問題と最小化問題を合わせて最適化問題という．

(2)　最適化の 1 階条件

- 関数 $f(x)$ が $x = x^*$ で最大または最小ならば，

$$f'(x^*) = 0 \tag{5.2}$$

となる．

(3)　2 次関数 $f(x) = ax^2 + bx + c$ の最適化

- 方程式 $0 = f'(x) = 2ax + b$ を解き (5.2) の解 x^* を求める．
- $a > 0$ ならば 1 階条件から x^* で最小．　　$(^+\smile^+)$
- $a < 0$ ならば 1 階条件から x^* で最大．　　$(^-\frown^-)$

> **ちょっとメモ**　最適化は 1 階の条件を 3 度同じプロセスを踏んで練習することにしよう（同じニュースを時間帯ごとに繰り返し放送する朝のニュースの方式にならって）．
> 　1 周目として 2 次関数からスタートしよう．2 次関数に限っていえば，1 階条件を求めてしまえば，2 次の係数 a の正負によって最大・最小が判定できる．ただし，『経出る』でも何度も強調してあるが，一般にはそうはいかない．それは 2 周目の「多項式関数」や 3 周目の「指数関数，対数関数 etc.」で確認しよう．
> 　2 次関数で 1 階の条件を求めることは，
> 　①基本の練習になることと，
> 　②2 章で学んだ横軸切片や平方完成よりも応用範囲が広いこと (汎用性)
> があるので，とくに節にしてとりあげることにした．

基礎問題

例題5.3 ▸ ■ POINT (2) の1階条件を使って，次の最適化問題の解と最適値 (最大値または最小値) を求めなさい．

(1) $\min_x f(x) = x^2 - 6x + 1$

(2) $\max_x y = -3x^2 - 4x + 3$

解答

(1) 1階条件は $0 = f'(x) = (x^2 - 6x + 1)' = 2x - 6$. これを解いて，解が $x = 3$ と求まる．

x^2 の係数は正 $(+1)$ なのでこれは最小値を与える解で，

$$f(3) = 3^2 - 6 \times 3 + 1 = 9 - 18 + 1 = -8$$

が最小値となる．

(2) 1階条件は $0 = \dfrac{dy}{dx} = \dfrac{d}{dx}(-3x^2 - 4x + 3) = -6x - 4$. これを解いて，解が $x = -\dfrac{2}{3}$ と求まる．

x^2 の係数は負 (-3) なのでこれは最大値を与える解で，

$$y = -3 \times \left(-\frac{2}{3}\right)^2 - 4 \times \left(-\frac{2}{3}\right) + 3$$
$$= -\frac{4}{3} + \frac{8}{3} + 3 = -\frac{4}{3} + \frac{8}{3} + \frac{9}{3} = \frac{13}{3}$$

が最大値となる．

終

問5.5 ▸ ■ 1階条件を使って次の最適化問題を解きなさい．

(1) $\min_x f(x) = x^2 - 4x + 3$ (2) $\max_x f(x) = 10x - x^2$

(3) $\min_x f(x) = \dfrac{3}{2}x^2 - 6x + 3$ (4) $\max_x f(x) = 300x - x^2$

☞ 解答 p.229

標準問題

例題5.4（独占企業の利潤最大化） 次の式は生産量 x と価格 $P(x)$ の関係を示した，ある独占企業が直面している逆需要関数である．このとき，以下の問に答えなさい．

$$P(x) = 10 - 2x$$

(1) 「収入 = 価格 × 数量」を使って，x を生産量としたときのこの企業の収入 $R(x)$ を求めなさい．

(2) この企業はこの製品をどれだけ製造販売すれば収入が最大となるだろうか．またそのときの収入を求めなさい．

(3) この製品の1個あたりの費用は4である．固定費は0とする．このとき生産量 x に対する費用 $C(x)$ を求めなさい．

(4) 「利潤 = 収入 − 費用」を使って，この企業の利潤 $\pi(x)$ を x の式として書き下しなさい．

(5) この企業はこの製品をどれだけ製造販売すれば利潤が最大となるだろうか．またそのときの利潤を求めなさい．さらに収入を最大にしようとした場合の利潤の値も求め，比較しなさい．

解答

(1) $R(x) = P(x)x = (10 - 2x)x = 10x - 2x^2$.

(2) 収入についての1階条件は $0 = R'(x) = 10 - 4x$．これを解いて $x = \dfrac{5}{2}$．

- 最大収入は $R\left(\dfrac{5}{2}\right) = 10 \times \dfrac{5}{2} - 2 \times \left(\dfrac{5}{2}\right)^2 = \dfrac{25}{2}$．

(3) $C(x) = 4x$．

(4) $\pi(x) = R(x) - C(x) = (10x - 2x^2) - 4x = 6x - 2x^2$．

(5) 利潤についての1階の条件は $0 = \pi'(x) = 6 - 4x$．これを解いて $x = \dfrac{3}{2}$．

- 最大利潤は $\pi\left(\dfrac{3}{2}\right) = 6 \times \dfrac{3}{2} - 2 \times \left(\dfrac{3}{2}\right)^2 = \dfrac{9}{2}$．

- 収入を最大にしようとした場合の利潤は $\pi\left(\dfrac{5}{2}\right) = 6 \times \dfrac{5}{2} - 2 \times \left(\dfrac{5}{2}\right)^2 = \dfrac{5}{2}$．

終

第 5 章　1 変数関数の微分と利潤最大化

問 5.6（独占企業の売上・利潤最大化：国家 II 種平成 23 年度改題） ある財に対する需要曲線が

$$Q = -0.5P + 16 \quad (Q：需要量, P：価格)$$

であり，この財が独占企業によって供給されている．また，この独占企業の平均費用が

$$AC = X + 2 \quad (AC：平均費用, X：生産量)$$

である．このとき，この企業が利潤最大化行動をとる場合の利潤の大きさは，売上高を最大にする場合の利潤の大きさに比べどう異なるか，次の手順で調べなさい．

(1) 総費用 $TC(X) = AC \times X$ を X の式で表しなさい．

(2) 逆需要関数 $P(Q)$ を Q の式で表しなさい．

(3) 売上関数 $R(X)$ を X の式で表し最大値を求めなさい．

(4) 利潤関数 $\pi(X)$ を X の式で表し最大値を求めなさい．

(5) 利潤最大化行動をとる場合の利潤の大きさは，売上高を最大にする場合の利潤の大きさと比べどれだけ大きくなるか．

☞ 解答 p.229

応用問題

問 5.7（『経出る』練習問題 5.5(2)） 1 階の条件を使って次の最適化問題を解きなさい．

(1) $\min_x f(x) = (x-a)^2 + (x-b)^2 + (x-c)^2$

(2) $\min_x f(x) = \sum_{i=1}^{N} (x - x_i)^2$

☞ 解答 p.229

例題 5.5（国家 II 種平成 23 年度） X 財と Y 財があり，ある合理的な消費者の効用関数が次のように与えられている．

$$u = xy + x + y$$

ここで，u は効用水準，x, y はそれぞれ X 財と Y 財の消費量を表す．X 財の価格を P_x として，Y 財の価格が 8，この消費者の貨幣所得が 120 であるとき，X 財の需要曲線として正しいのはどれか．

(1) $x = \dfrac{60}{P_x}$　　　(2) $x = \dfrac{32}{P_x} - \dfrac{1}{4}$　　　(3) $x = \dfrac{32}{P_x} - \dfrac{1}{2}$

(4) $x = \dfrac{64}{P_x} - \dfrac{1}{4}$　　　(5) $x = \dfrac{64}{P_x} - \dfrac{1}{2}$

解答　この消費者の X 財の需要曲線とは，所与の予算制約のもとで，効用水準 u を最大にする x を求めることをいう．予算制約式は

$$P_x x + 8y = 120$$

であるので，$y = 15 - \dfrac{P_x}{8}x$ としたうえで，u に代入する．

$$u = x\left(15 - \dfrac{P_x}{8}x\right) + x + \left(15 - \dfrac{P_x}{8}x\right) = -\dfrac{P_x}{8}x^2 + \left(16 - \dfrac{P_x}{8}\right)x + 15$$

1 階の条件を求める．

$$u' = -\dfrac{P_x}{4}x + \left(16 - \dfrac{P_x}{8}\right)$$

$$u' = 0 \iff -\dfrac{P_x}{4}x + \left(16 - \dfrac{P_x}{8}\right) = 0$$

$$\iff x = \dfrac{64}{P_x} - \dfrac{1}{2}.$$

したがって選択肢 (5) が答．

終

問 5.8（『経出る』練習問題 5.6）　ある企業がある財を独占的に供給している．この企業の費用関数を

$$C(q) = q^2$$

とする．また，需要関数を

$$q = D(p) = a - bp \quad (a, b > 0)$$

とする．

(1) 逆需要関数 $p = P(q)$ を求めなさい．

(2) $e_d(p) = D'(p)\dfrac{p}{D(p)}$ を需要の価格弾力性という（『経出る』p132 参照）．これを求めなさい．

(3) この企業の収入を最大化する生産量 q を 1 階の条件を用いて求めなさい．

(4) この企業の利潤を最大化する生産量 q を 1 階の条件を用いて求めなさい．

☞ 解答 p.229

問5.9 次の最適化問題を解きなさい．ただし，うまく変数の置き換え[1]を行い 2 次関数の最適化問題としておいてから，1 階の条件を使いなさい．

$$\max_{N \geq 0} Y = \sqrt{N} - 10N \tag{5.3}$$

☞ 解答 p.229

5.2 多項式関数の微分と利潤最大化

5.2.1 多項式関数の微分公式

POINT

- 微分公式．記号「 $'$ 」(ダッシュまたはプライム) を使った公式
  (1) $(x^n)' = nx^{n-1}$
  (2) $(bx)' = b$ （b は係数）
  (3) $(c)' = 0$ （c は定数）

- (3) は迷ってひっかかりやすいので，定数は微分するとゼロと覚えておく．

基礎問題

問5.10 例にならって，上記〈POINT〉内の記号「$'$」を使った微分公式を，記号「$\dfrac{d}{dx}$」(ディー・ディー・エックス) を用いた公式に書き換えなさい．この際に両方の書き方で 10 回書き取り練習しなさい．

---
[1] (5.3) 式で置き換え $x = \sqrt{N}$ を行う．

(1) $\dfrac{d}{dx}(x^n) = nx^{n-1}$ ··· (例)

(2) $\dfrac{d}{dx}(bx) =$

(3) $\dfrac{d}{dx}(c) =$

(解答省略)

例題5.6 次の関数を微分しなさい．

(1) $y = x^3$ (2) $y = x^5$
(3) $y = 2^5$ (4) $y = 2^5 x$

解答

(1) $y' = (x^3)' = 3x^{3-1} = 3x^2$ (2) $y' = (x^5)' = 5x^{5-1} = 5x^4$
(3) $y' = (2^5)' = (32)' = 0$ (4) $y' = (2^5 x)' = (32x)' = 32$

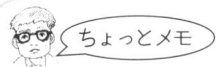

> **ちょっとメモ**
> - (3) は定数なので「微分すると消える」．たとえば，$(2^5)' = 5 \cdot 2^{5-1} = 5 \cdot 2^4$ として間違ってひっかからないように．
> - (4) の罠も，$2^5 x$ の 2^5 が x の係数であることを見抜けばかんたん．なので $(2^5 x)' = 2^5$ と書く「勇気」が持てると，将来はあかるい．

POINT

暗黙の了解 (*`⌒´)ゞで使っていた微分公式：加法・減法・定数倍

(1) 微分公式．記号「′」(ダッシュまたはプライム) を使った公式

　　(a) $\bigl(f(x)+g(x)\bigr)' = f'(x) + g'(x)$

　　(b) $\bigl(f(x)-g(x)\bigr)' = f'(x) - g'(x)$

　　(c) $\bigl(\lambda f(x)\bigr)' = \lambda f'(x)$　(λ は定数)

(2) 異なる次数の単項式 $x, x^2, x^3, \ldots$ に係数をかけた上で，これらと定数が足されたり引かれたりすることで，できあがるのが多項式 (整式ともいう)．なので多項式の微分は簡単．

基礎問題

問5.11 例にならって，上記〈POINT〉内の記号「′」を使った微分公式を，記号「$\dfrac{d}{dx}$」を用いた公式に書き換えなさい．この際に両方とも 10 回書き取り練習しなさい．

(1) $\dfrac{d}{dx}\bigl(f(x)+g(x)\bigr) = \dfrac{df}{dx}(x) + \dfrac{dg}{dx}(x)$ 　　$\cdots$　(例)

(2) $\dfrac{d}{dx}\bigl(f(x)-g(x)\bigr) =$

(3) $\dfrac{d}{dx}\bigl(\lambda f(x)\bigr) =$

(解答省略)

問5.12 次の関数を微分しなさい．(9), (10) は展開してから微分しなさい．

(1) $x^5 - 4x$

(2) $x^3 - x^2$

(3) $4x^3$

(4) $y = -x^2 + 9x - 15$

(5) $f(x) = x^3 - 3x^2 - 9x + 10$

(6)　　　$f(x) = -\dfrac{1}{3}x^3 + 2x^2 + 45x - 72$

(7)　　　$f(x) = -\dfrac{1}{3}x^3 + 2x^2 + 12x - 72$

(8)　　　$f(x) = -x^3 + 2x^2 + 4x - 8$

(9)　　　$f(x) = x^2(x^2 + 1) =$

(10)　　　$y = (x^2 + 2)^2 =$

☞ 解答 p.229

5.2.2　1変数関数の最適化2周目：多項式関数

次の〈POINT〉に見るように，最適化の手順は1周目の2次関数とほぼ同様．また同じことかと，ためいきをつかずに！ 恋も ♡ 数学もあせらずにいこう．

POINT：多項式関数

① 関数　　　$f(x) = x^3 - 3x^2$

② 微分　　　$f'(x) = 3x^2 - 6x$

③ 1階条件　　$0 = f'(x) = 3x^2 - 6x = 3x(x - 2) \Rightarrow x = 0, 2 (複数)$

④ 増減表　　　作れば関数の値の変化が一目でわかる

⑤ 利潤最大化　$R(x) - C(x) = px - x^3$　　これは一例．『経出る』例題5.8より

> ちょっとメモ　3次の多項式を微分すると2次式になるので，1階の条件につなげることを見越せば，2次式の因数分解はとても大事 ♡

基礎問題

例題5.7（『経出る』練習問題5.4）　次の関数を微分し，1階条件を満たす x を求めなさい．

$$f(x) = -\frac{1}{3}x^3 + 4x$$

解答 1階条件は $0 = f'(x) = -x^2 + 4 = -(x^2 - 4) = -(x+2)(x-2)$.
これを解いて，$x = -2, 2$.

終

> **ちょっとメモ** 『経出る』にも説明がある通り，1階の条件を使うだけでは最大・最小の判定はできない．とはいえ，学部レベルでの経済学では，まずは1階の条件を使いこなせるようになると非常に強力な武器になることも事実．

標準問題

問5.13（地方上級平成11年度） X 財を生産するある企業の平均可変費用が，

$$AVC = x^2 - 6x + 15 \quad [AVC：平均可変費用，x：X 財の生産量]$$

で示されるとする．市場において X 財の価格が30であるとき，短期においてこの企業は生産量をいくらにするか．

(1) 5　　(2) 10　　(3) 15　　(4) 20　　(5) 25

☞ 解答 p.229

> **ちょっとメモ** 問 5.13 では固定費はすでに支払った費用なので考慮しなくてよいというのが本問での「短期」の意味．したがって，解くのにあたって，費用については可変費用だけ考慮すればよい．

5.2.3 増減表

POINT

- $f'(\bar{x}) > 0$ ならば，関数 f は $x = \bar{x}$ の付近で増加
- $f'(\bar{x}) < 0$ ならば，関数 f は $x = \bar{x}$ の付近で減少

基礎問題

例題5.8 次の関数の増減を調べなさい．極大値・極小値もあわせて求めなさい．

$$f(x) = x^3 - 3x^2 - 9x + 10$$

解答

微分　$f'(x) = 3x^2 - 6x - 9 = 3(x^2 - 2x - 3) = 3(x+1)(x-3)$

1階の条件　方程式　$0 = f'(x) = 3(x+1)(x-3)$　→　解く　$x = -1, 3$

増減表

	x		-1		3	
①						
②	$f'(x)$	$+$	0	$-$	0	$+$
③	$f(x)$	↗	極大	↘	極小	↗
④	3	$+$	$+$	$+$	$+$	$+$
⑤	$x+1$	$-$	0	$+$	$+$	$+$
⑥	$x-3$	$-$	$-$	$-$	0	$+$
⑦	$3(x+1)(x-3)$	$+$	0	$-$	0	$+$

$x = -1$ のとき極大値

$$f(-1) = (-1)^3 - 3(-1)^2 - 9 \times (-1) + 10 = -1 - 3 + 9 + 10 = 15.$$

$x = 3$ のとき極小値

$$f(3) = (3)^3 - 3 \times (3)^2 - 9 \times (3) + 10 = 27 - 27 - 27 + 10 = -17.$$

終

> **ちょっとメモ** 上記の増減表で④〜⑦の欄は，ふつうの数学の教科書では (もちろん『経出る』でも) 書かれない欄．読み方は ④×⑤×⑥＝⑦＝②＝$f'(x)$ なので，たとえば，$x<-1$ の範囲では ⊕×⊖×⊖＝⊕ と読み取ればよい．簡単に②の符号が判定できるのなら，わざわざ書く必要はない．もちろん，こんなもの作らなくてもすぐに判定はすらすらになるはずなので，この場かぎりの説明用と思ってほしい．

経済学では，何らかの関数の値を最大あるいは最小にするという問題に頻繁に出会う．例としては利潤最大化や費用最小化がある．ここで学ぶ増減表を用いれば，関数の大域的な情報がわかり，そこから関数が最大になる点，あるいは最小になる点を求めることができる．ただし次の点に注意が必要．

- 大域的な性質である「最大・最小」に対応する局所的な概念に「極大・極小」(下図を参照) がある
- 極大や極小になる点を，それぞれ極大点・極小点という．
- 極大点での関数の値を極大値，極小点での関数の値を極小値という．
- 極大点・極小点では 1 階条件が成立する．
- 最大点は極大点だが，極大点は必ずしも最大点とは限らない．最小点と極小点についても同様．

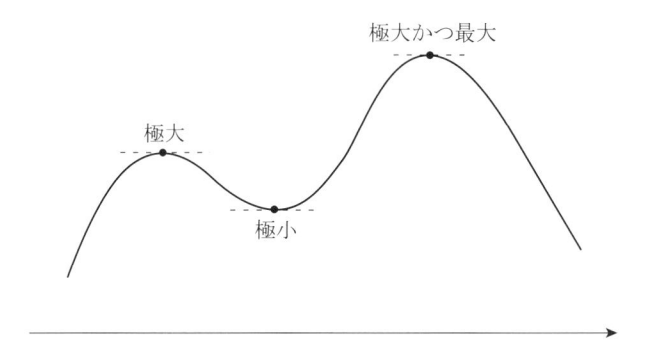

標準問題

このように最適化問題を解く場合には，『経出る』にもあるとおり，最大・最小をちゃんと判定をするためには増減表やグラフを用いる必要があるが，学部レベルの経済学で出会う例の多くでは 1 階条件を調べるだけで正しい解が出てくることが多い．確認の意味も込めて，以下の問題を解いてみよう．

例題5.9（『経出る』5.10.5項：ちょっと複雑な費用関数） ある財を生産している企業にとって，財を生産する費用関数が次式 $C(x)$（x：財の生産量）であるとしよう．この企業はプライステイカーであり財の市場価格は 50 であるとする．このとき次の問に答えなさい．

$$C(x) = \frac{1}{3}x^3 - 2x^2 + 5x + 72$$

(1) 「収入 = 価格 × 数量」の式を使って，この企業の収入 $R(x)$ を x の式として書き下しなさい．

(2) 「利潤 = 収入 − 費用」の式を使って，この企業の利潤 $\pi(x)$ を x の式として降べきの順に書き下しなさい．

(3) $\pi(x)$ を微分しなさい．

(4) $\pi(x)$ を最大化する生産量 x を，1 階条件を使って求めなさい．また $x \geq 0$ の範囲で増減表を書きなさい．この企業はきちんと正の利潤を出せるのだろうか．

解答

(1) $R(x) = (価格：50) \times (数量：x) = 50x$.

(2) $\pi(x) = R(x) - C(x) = 50x - \left(\frac{1}{3}x^3 - 2x^2 + 5x + 72\right) = -\frac{1}{3}x^3 + 2x^2 + 45x - 72$.

(3) $\pi'(x) = -x^2 + 4x + 45 = -(x+5)(x-9)$.

(4) 1 階の条件は $0 = \pi'(x) = -(x+5)(x-9)$．これを $x \geq 0$ の範囲で解くと，$x = 9$.

x	0		9	
$\pi'(x)$		+	0	−
$\pi(x)$	72	↗	最大	↘
-1	−	−	−	−
$(x+5)$	+	+	+	+
$(x-9)$	−	−	0	+
$-1(x+5)(x-9)$	+	+	0	−

最大値は $\pi(9) = 252$ なのできちんと正の利潤が出せる．　　終

> **問5.14(『経出る』5.10.5項：ちょっと複雑な費用関数)** ある財を生産している企業にとって，財を生産する費用関数は例題 5.9 と同一であるとしよう．この企業はプライステイカーであるとする．財の市場価格が以下の場合に，この企業はきちんと正の利潤を出せるだろうか．例題 5.9 にならって答えなさい．
>
> (1) 財の市場価格が 17
>
> (2) 財の市場価格が 2

☞ 解答 p.229

5.2.4 損益分岐価格と操業停止価格

POINT

(1) 各種費用概念

- 費用：$C(x) = VC(x) + FC$(可変費用+固定費用)
- 限界費用：$MC(x) = C'(x)$
- 平均費用：$AC(x) = \dfrac{C(x)}{x}$
- 平均可変費用：$AVC(x) = \dfrac{VC(x)}{x}$

(2) 性質

- MC 曲線は AC 曲線の最小点を通る (損益分岐価格)
- MC 曲線は AVC 曲線の最小点を通る (操業停止価格)

AC 曲線の最小点を $\bar{p} = AC(\bar{x})$ とする．このとき利潤は

$$\pi(\bar{x}) = \bar{p}\bar{x} - C(\bar{x}) = \bar{x}\left(\bar{p} - \frac{C(\bar{x})}{\bar{x}}\right) = \bar{x}(\bar{p} - AC(\bar{x})) = 0$$

となり，$\bar{p}$ は損益の分岐価格であることがわかる．その価格を求めるためには，AC 最小化条件 (『経出る』練習問題 5.16) の，

$$MC(x) = AC(x)$$

を解けばよい．

一方，AVC 曲線の最小点を $\hat{p} = AVC(\hat{x})$ とする．このとき利潤は

$$\pi(\hat{x}) = \hat{p}\hat{x} - VC(\hat{x}) - FC = \hat{x}\Big(\hat{p} - \frac{VC(\hat{x})}{\hat{x}}\Big) - FC$$
$$= \hat{x}\big(\hat{p} - AVC(\hat{x})\big) - FC = -FC$$

となり，これより価格が下がると固定費用も回収できなくなるので，$\hat{p}$ は操業停止価格であることがわかる．その価格を求めるためには，AVC 最小化条件（『経出る』練習問題 5.16）の，

$$MC(x) = AVC(x)$$

を解けばよい．

標準問題

例題5.10 ある財を生産している競争企業にとって，財を生産する費用関数が次式 $C(x)$（x：財の生産量）であるとしよう．

$$C(x) = \frac{1}{3}x^3 - 2x^2 + 5x + 72$$

(1) 損益分岐価格を求めなさい．

(2) 操業停止価格を求めなさい．

解答

(1) 損益分岐点での生産量は $MC(x) = AC(x)$ を解けばよい．
$$MC(x) = C'(x) = x^2 - 4x + 5$$
$$AC(x) = \frac{C(x)}{x} = \frac{1}{3}x^2 - 2x + 5 + \frac{72}{x}$$

であるので，
$$x^2 - 4x + 5 = \frac{1}{3}x^2 - 2x + 5 + \frac{72}{x}$$
$$\frac{2}{3}x^2 - 2x - \frac{72}{x} = 0$$
$$x^3 - 3x^2 - 108 = 0$$
$$(x-6)(x^2 + 3x + 18) = 0$$

と変形できて，損益分岐点での生産量は $x = 6$，価格は $p = AC(6) = 17$ となる．

(2) 操業停止点での生産量は $MC(x) = AVC(x)$ を解けばよい．
$$AVC(x) = \frac{VC(x)}{x} = \frac{1}{3}x^2 - 2x + 5$$

であるので，
$$x^2 - 4x + 5 = \frac{1}{3}x^2 - 2x + 5$$
$$\frac{2}{3}x^2 - 2x = 0$$
$$x(x-3) = 0$$

と変形できて，操業停止点での生産量は $x = 3$, 価格は $p = AVC(3) = 2$ となる．

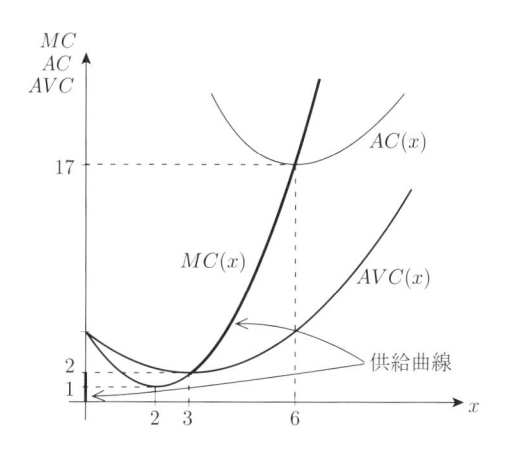

問5.15（操業停止価格：国家I種平成24年度） 完全競争市場での企業の利潤最大化行動を考える．x を生産量とすると，費用関数が $C(x) = x^3 - 4x^2 + 8x + 6$ で表されている．このとき，生産中止 (操業停止) 価格はいくらか．

なお，生産量がゼロのときの費用も上記の費用関数で表されるとする．

(1) 1 　　(2) 2 　　(3) 3 　　(4) 4 　　(5) 5

☞ 解答 p.229

問5.16（損益分岐価格・操業停止価格：国家II種平成19年度） 完全競争市場における，ある企業の総費用関数 $TC(x)$ が次のように与えられている．

$$TC(x) = x^3 - 2x^2 + 5x + 8$$

ここで $x(>0)$ は生産量を表す．このとき，損益分岐点と操業停止点における価格の組合せとして正しいのはどれか．

	損益分岐点の価格	操業停止点の価格
1	5	1
2	5	2
3	9	3
4	9	4
5	12	4

☞ 解答 p.230

5.3 よく出る関数と微分公式

POINT：実数乗の微分

α を実数として

$$(x^\alpha)' = \alpha x^{\alpha-1}$$

基礎問題

問5.17（『経出る』練習問題5.1） 次の関数を微分しなさい．

例

(1) $\dfrac{1}{x}$ $\quad \left(\dfrac{1}{x}\right)' = (x^{-1})' = (-1) \times x^{-1-1} = -x^{-2} = -\dfrac{1}{x^2}$．

(2) $\sqrt{x}$ $\quad (\sqrt{x})' = \left(x^{\frac{1}{2}}\right)' = \dfrac{1}{2}x^{\frac{1}{2}-1} = \dfrac{1}{2}x^{-\frac{1}{2}} = \dfrac{1}{2\sqrt{x}}$．

問題

(1) x^{-8} 　　　　　　　　　　　(2) $\dfrac{1}{x^3}$

(3) $\dfrac{3}{x^4}$ 　　　　　　　　　　(4) $-\dfrac{3}{2x^2}$

(5) $x^{\frac{1}{3}}$ 　　　　　　　　　　(6) $\sqrt[5]{x^2}$

(7) $2\sqrt[4]{x}$ 　　　　　　　　　　(8) $\dfrac{3}{\sqrt[3]{x^2}}$

☞ 解答 p.230

POINT：積・商の微分

(1) $(f(x)g(x))' = f'(x)g(x) + f(x)g'(x)$　積の微分公式

(2) $\left(\dfrac{1}{g(x)}\right)' = \dfrac{-g'(x)}{(g(x))^2}$　商の微分公式その 1

(3) $\left(\dfrac{f(x)}{g(x)}\right)' = \dfrac{f'(x)g(x) - f(x)g'(x)}{(g(x))^2}$　商の微分公式その 2

基礎問題

問 5.18 積と商の微分公式を 10 回ずつ書きなさい．

(解答省略)

標準問題

例題 5.11 次の関数を，積の微分公式を使って微分しなさい．

$$f(x) = (x^2 - x)(x - 1)$$

解答

$$\begin{aligned}
f'(x) &= (x^2 - x)'(x - 1) + (x^2 - x)(x - 1)' \\
&= (2x - 1)(x - 1) + (x^2 - x) \times 1 \\
&= 2x^2 - 2x - x + 1 + x^2 - x \\
&= 3x^2 - 4x + 1 = (3x - 1)(x - 1).
\end{aligned}$$

終

ちょっとメモ　誤解を恐れずに断言すれば，微分の目的は 1 階条件 $f'(x) = 0$ を解くことだから，因数分解できるものなら，しておくとよい．

問 5.19 ▸ 次の関数を，積の微分公式を使って微分しなさい．

(1) $f(x) = x^2(x^3 + 1)$

(2) $y = (x^2 + x)(x^2 - x)$

(3) $f(x) = x^2(x + 3)$

(4) $f(x) = x(x^2 - x - 1)$

☞ 解答 p.230

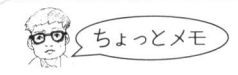

ちょっとメモ　問 5.19 は，展開すれば簡単な多項式になるので，検算もできる．

例題 5.12 ▸ 次の関数を，商の微分公式を使って微分しなさい．

$$f(x) = \frac{x^2}{x+2}$$

解答

$$f'(x) = \frac{(x^2)'(x+2) - (x^2)(x+2)'}{(x+2)^2} \quad \cdots \quad 商の微分公式その 2 適用$$

$$= \frac{2x^2 + 4x - x^2}{(x+2)^2} = \frac{x^2 + 4x}{(x+2)^2} \quad \cdots \quad 分子整理$$

$$= \frac{x(x+4)}{(x+2)^2}. \quad \cdots \quad 分子因数分解$$

終

ちょっとメモ　分数関数の微分では，次の 2 点を計算の方針にしてほしい．
- 分母の (　)^2 は展開しない．
- 分子は整理してできるだけ因数分解する．

第5章 1 変数関数の微分と利潤最大化

問5.20 次の関数を，商の微分公式を使って微分しなさい．

(1) $f(x) = \dfrac{x^2}{3-x}$

(2) $f(x) = 4x + \dfrac{100}{x}$

(3) $f(x) = \dfrac{x}{x+4}$

(4) $f(x) = \dfrac{\sqrt{x}}{x+1}$

☞ 解答 p.230

POINT：指数関数・対数関数の微分

(1) $\left(e^x\right)' = e^x$

(2) $\left(\log x\right)' = \dfrac{1}{x}$

標準問題

例題5.13 次の関数を微分しなさい．

(1) $f(x) = 2x - e^{2x}$

(2) $f(x) = \log x - 2x$

解答

(1) $e^{2x} = e^x e^x$ とみて，積の微分公式を使う．なお，後述の合成関数の微分公式を使ってもよい．
$$f'(x) = 2 - (e^x)' e^x - e^x (e^x)' = 2 - 2e^x e^x = 2(1 - e^{2x}).$$

(2) $f'(x) = \dfrac{1}{x} - 2 = \dfrac{1-2x}{x}.$

終

問5.21 次の関数を微分しなさい．

(1) $f(x) = xe^x$

(2) $f(x) = \dfrac{e^x}{x}$

(3) $f(x) = 3e^3 x - e^{3x}$

(4) $f(x) = \log x^3 - 3x$

(5) $f(x) = \dfrac{x^2}{e^x}$

(6) $f(x) = x^2 \log x$

☞ 解答 p.230

POINT：合成関数と逆関数の微分

(1) $\bigl(f(g(x))\bigr)'(x) = f'(g(x))g'(x)$　合成関数の微分公式

(2) $(f^{-1})'(x) = \dfrac{1}{f'(f^{-1}(x))}$　逆関数の微分公式

標準問題

例題5.14 関数 $f(x) = 2x^3, h(x) = e^x, g(x) = 1+x^2$ に対し，指定された合成関数を作りなさい．また合成関数の微分公式を使って微分をしなさい．

(1) $f(g(x))$

(2) $h(g(x))$

解答

$f(u) = 2u^3,\ h(u) = e^u$ ← かわ（入れ物）に $u = g(x) = 1+x^2$ ← あん（中身）をつめる

(1) $f(g(x)) = 2 \times u^3 = 2 \times \bigl(1+x^2\bigr)^3 = 2\bigl(1+x^2\bigr)^3.$

$\bigl(f(g(x))\bigr)'(x) = 6 \times \bigl(1+x^2\bigr)^2 \cdot 2x = 12x\bigl(1+x^2\bigr)^2.$

(2) $h(g(x)) = e^u = e^{(1+x^2)} = e^{1+x^2}.$

$\bigl(h(g(x))\bigr)'(x) = e^{(1+x^2)} \cdot 2x = 2xe^{1+x^2}.$

終

> **問 5.22** 次の関数を，合成関数の微分公式を使って微分しなさい．

(1) $f(x) = \sqrt{(x^2+1)}$ (2) $f(x) = \left(x + \dfrac{1}{x}\right)^2$

(3) $f(x) = e^{2x}$ (4) $f(x) = e^{3x^2}$

☞ 解答 p.230

応用問題

> **問 5.23（『経出る』公式 5.4）** $f(x) = x^n$ とおくと，$f^{-1}(x) = x^{\frac{1}{n}}$ となることから，逆関数の微分公式を使って，$x^{\frac{1}{n}}$ の微分を求めなさい．

☞ 解答 p.230

5.3.1　1 変数関数の最適化 3 周目：指数関数・対数関数等

POINT

① 関数　　　$f(x) = x^\alpha - 10x$

② 微分　　　$f'(x) = \alpha x^{\alpha-1} - 10$

③ 1 階条件　$0 = f'(x) = \alpha x^{\alpha-1} - 10 \iff x = \left(\dfrac{10}{\alpha}\right)^{\frac{1}{\alpha-1}}$　← 複雑

④ 増減表　　作れば関数の値の変化が一目でわかる

⑤ 利潤最大化　$R(x) - C(x) = \sqrt{x} - 10x$

一例として，$R(x)$ と $C(x)$ を上記のように定式化した．

標準問題

> **例題 5.15** 次の関数の増減を調べなさい．
>
> $f(x) = xe^x$

解答

① 関数　　　$f(x) = xe^x$

② 微分　　　$f'(x) = (x)'e^x + x(e^x)' = e^x + xe^x = e^x(1+x)$

③ 1階条件　$0 = f'(x) = e^x(1+x) \Longrightarrow x = -1.$

④ 増減表

x		-1	
$f'(x)$	$-$	0	$+$
$f(x)$	↘	極小	↗
$(1+x)$	$-$	0	$+$
e^x	$+$	$+$	$+$
$(1+x)e^x$	$-$	0	$+$

$x = -1$ のとき，極小値 $f(-1) = -\dfrac{1}{e}$ となる．

終

問 5.24　次の関数の増減を調べ，極値を求めなさい．

(1)　$f(x) = x^2 e^x$
(2)　$f(x) = \dfrac{e^x}{x}$
(3)　$f(x) = \sqrt{(x^2+1)}$
(4)　$f(x) = 4x + \dfrac{100}{x}$
(5)　$f(x) = \dfrac{x^2}{e^x}$
(6)　$f(x) = \log x - ex$
(7)　$f(x) = x \log x - 2x$
(8)　$f(x) = 40 \log(x+10) - 2x$

☞ 解答 p.230

5.3.2　最適化の例：利潤最大化

POINT

- 収入と費用

　　収入 (revenue)　：$R(x)$　　　限界収入：$R'(x) = MR(x)$

　　費用 (cost)　　：$C(x)$　　　限界費用：$C'(x) = MC(x)$

- 利潤最大化問題
$$\max_{x\geq 0} \pi(x) = R(x) - C(x)$$
- 1 階条件 (以下の 3 つは同内容の記号を変えての言い換え)
  - $\pi'(x) = 0$
  - $R'(x) = C'(x)$
  - $MR(x) = MC(x)$：限界収入 ＝ 限界費用

標準問題

例題5.16 ある財を生産する独占企業の逆需要関数が $P(x) = \dfrac{4}{\sqrt{x}}$ で与えられている．1 階の条件を使って次の問題を解きなさい．

(1) 生産財の限界費用が c のとき，利潤を最大化する生産量を求めなさい．

(2) $c = 10$ のとき，利潤を最大化する生産量を求めなさい．

解答

(1) 利潤最大化条件の 1 階条件 $R'(x) = C'(x)$ を使う．
収入 $R(x) = P(x)x = \dfrac{4}{\sqrt{x}}x = 4\sqrt{x}$ より，$R'(x) = \dfrac{2}{\sqrt{x}}$．また $C'(x) = c$ であるので，
$$\frac{2}{\sqrt{x}} = c \implies x = \frac{4}{c^2},$$

(2) $c = 10$ のときは $x = \dfrac{1}{25}$ である．

終

問5.25 ある財を生産する独占企業の逆需要関数が $P(x) = \dfrac{40\sqrt{x+1}}{x}$ で与えられている．1 階の条件を使って次の問題を解きなさい．

(1) 生産財の限界費用が 10 のとき，利潤を最大化する生産量を求めなさい．

(2) 生産財の限界費用が c のとき，利潤を最大化する生産量を求めなさい．

☞解答 p.230

5.3.3 弾力性

> **POINT**
>
> - 需要関数 $D(p)$ に対する需要の価格弾力性：$e_\mathrm{d}(p) = D'(p)\dfrac{p}{D(p)}$
>
> - 供給関数 $S(p)$ に対する供給の価格弾力性：$e_\mathrm{s}(p) = S'(p)\dfrac{p}{S(p)}$
>
> - 関数 $f(x)$ に対する弾力性：$e_f(x) = f'(x)\dfrac{x}{f(x)}$

ちょっとメモ $D(p)$ はふつう，$D'(p) < 0$ なので，全体にマイナスをかけて値をプラスにした $-D'(p)\dfrac{p}{D(p)}$ を需要の価格弾力性に採用している教科書が多く見られる．本書では『経出る』に従って，「常にマイナスはつけない」定義とした．

標準問題

例題5.17（『経出る』練習問題5.11） 次の需要関数に対する価格 p における需要の価格弾力性を求めなさい．

$$D(p) = a - bp$$

解答 $D'(p) = -b$ なので，

$$e_\mathrm{d}(p) = D'(p)\frac{p}{D(p)} = \frac{-bp}{a - bp}.$$

終

例題5.18（『経出る』練習問題5.11） 次の供給関数に対する価格 p における供給の価格弾力性を求めなさい．

$$S(p) = 2p$$

解答 $S'(p) = 2$ なので，

$$e_s(p) = S'(p)\frac{p}{S(p)} = \frac{2p}{2p} = 1.$$

終

例題5.19 次の関数に対する x における弾力性を求めなさい．

$$f(x) = \frac{a}{x}$$

解答 $f'(x) = -\dfrac{a}{x^2}$ なので，

$$e_f(x) = f'(x)\frac{x}{f(x)} = -\frac{a}{x^2}\frac{x^2}{a} = -1.$$

終

問5.26（『経出る』練習問題5.11） 次の需要関数に対する需要の価格弾力性（絶対値）が1となる価格を求めなさい．

$$D(p) = 200 - 10p$$

☞ 解答 p.231

問5.27（需要の価格弾力性：国家II種平成24年度） 第1財の需要関数が

$$x_1 = \frac{0.4I}{p_1}$$

であるとする．ここで，x_1 は第1財の数量，p_1 は第1財の価格，I は所得（一定）を表す．第1財の数量が2であるとき，第1財の需要の価格弾力性（絶対値）はいくらか．

(1) 0.2 (2) 0.4 (3) 0.8 (4) 1 (5) 2

☞ 解答 p.231

問5.28 次の関数に対する x における弾力性を求めなさい．

$$f(x) = ax^{-0.5}$$

☞ 解答 p.231

5.4 もう少し練習

標準問題

5.4.1 労働と余暇

問5.29 バイク便のバイトをしている祐一は，L 時間働き，手にしたバイト代のすべてをバイクの腕前を磨くため，ガソリンの購入に充てる．1 時間のバイトの時給は 1,000 円，ガソリンの価格は 120 円／リットルである．祐一の満足度は，ガソリンの購入量 y リットルとバイクの練習につぎ込む時間 $18-L$ 時間 (祐一は 6 時間睡眠だ) の積で測ることができるとする．このとき祐一は何時間をバイトにあてるだろうか．以下の指示に従い，求めなさい．

(1) L 時間のバイト代で y リットルのガソリンを買うことから，L と y の関係式を求めなさい．

(2) 祐一の満足度を L の式で表しなさい．

(3) 祐一の満足度が最大になる L を求めなさい．

☞解答 p.231

5.4.2 消費と貯蓄

問5.30 Y♡RIK♡ は，夏休みにバイトで 18 万円をかせいだ (よくやった)．このうち今年は x 円を使い，s 円を貯金する．来年は利息でふくらませた残高 y 円を使おうと考えている．Y♡RIK♡ の満足度 u は積 $u=xy$ でわかるものとする．Y♡RIK♡ は今年何円使うのだろうか．以下の指示に従い，求めなさい．ただし貯金には年 5% の利子がつくものとする．

(1) x 円を使った残りが貯蓄にまわることから，貯金額 s を x の式で表しなさい．

(2) 上で求めた貯金額が利息を得て，1.05 倍になることから，来年の残高 y 円を x の式で表しなさい．

(3) Y♡RIK♡ の満足度 u を x の式で表しなさい．

(4) Y♡RIK♡ の満足度が最大になる x を求めなさい．

☞解答 p.231

問5.31 ▸ 昴(すばる)は，毎年冬休みには，貸しスキー店のバイトで21万円をかせげる(昴すごいぞ！)．このうち今年は x 円を使い，s 円を貯金する．で来年は利息でふくらませた残高と来年のかせぎ21万円を合わせた金額 y 円を使おうと考えている．昴の満足度 u は積 $u = xy$ でわかるものとする．昴は今年何円使うのだろうか．ただし貯金には年5％の利子がつくものとする．

(1) x 円を使った残りが貯蓄にまわることから，貯金額 s を x の式で表しなさい．

(2) 上で求めた貯金額が利息を得て，1.05倍になり，来年もかせげることから，来年の消費可能額 y 円を x の式で表しなさい．

(3) 昴の満足度 u を x の式で表しなさい．

(4) 昴の満足度が最大になる x を求めなさい．

☞ 解答 p.231

第 6 章
ベクトルと予算制約

第6章のOUTLOOK

(1) 予算制約と直線

(2) ベクトルのいろいろ
   - 数ベクトル
   - 幾何ベクトル
   - 位置ベクトル

(3) 内積と直交

(4) 1 次関数と直線・平面の法線

6.1 予算制約

POINT：予算制約式の 3 種の表現

(1) $px + qy = I$：横軸切片 $\left(x = \dfrac{I}{p}\right)$，縦軸切片 $\left(y = \dfrac{I}{q}\right)$ で描く

(2) $y = -\dfrac{p}{q}x + \dfrac{I}{q}$：傾き $\left(-\dfrac{p}{q}\right)$，縦軸切片 $\left(y = \dfrac{I}{q}\right)$ で描く

(3) ベクトルの内積 $\begin{pmatrix} p \\ q \end{pmatrix} \cdot \begin{pmatrix} x \\ y \end{pmatrix} = I$ で理解する

> **例題6.1(『経出る』例題6.1)** ● 下記の等式が表すグラフを $x_1 x_2$ 平面上に描き，上記 (1), (2) の二種類の方法で説明しなさい．
>
> $$200x_1 + 300x_2 = 12{,}000 \tag{6.1}$$
>
> **解答**
>
>
> (1) (6.1) 式で，$x_2 = 0$ とおくと横軸切片が，$x_1 = 0$ とおくと縦軸切片が得られる．
>
> $$\begin{cases} 200x_1 + 300 \times 0 = 12{,}000 & \iff \quad x_1 = \dfrac{12{,}000}{200} = 60 \,(横軸切片) \\ 200 \times 0 + 300x_2 = 12{,}000 & \iff \quad x_2 = \dfrac{12{,}000}{300} = 40 \,(縦軸切片) \end{cases}$$
>
> (2) (6.1) 式は
>
> $$x_2 = -\frac{2}{3}x_1 + 40$$
>
> と変形でき，傾き $-\dfrac{2}{3}$ で縦軸切片が 40 の直線であることがわかる．
>
> 終

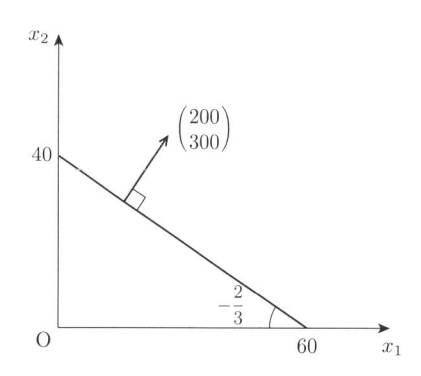

基礎問題

> **問6.1** ● 次の 1 次式について答えなさい．
>
> $$2x + 3y = 6 \tag{6.2}$$
>
> (1) (6.2) 式で $y = 0$ とおくことにより，x 切片 (横軸切片) を求めなさい．
>
> (2) (6.2) 式で $x = 0$ とおくことにより，y 切片 (縦軸切片) を求めなさい．

(3) 直線の傾きを求めなさい．

(4) 上で求めた x 切片，y 切片を用いることで，♡ 勇気を持って (6.2) 式が表すグラフを描きなさい．

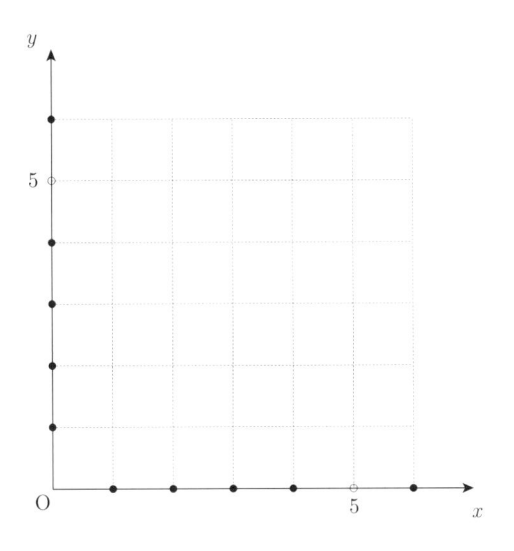

☞ 解答 p.231

例題6.2 B 社で製造販売している缶コーヒー Café Noir (CN) と Café Crème (CC) は 1 箱売る毎に，それぞれ \$50(CN), \$60(CC) の収入をもたらす．

(1) CN を 24 箱，CC を 20 箱売ったときの総収入を求めなさい．

(2) CN を x 箱，CC を y 箱販売して (1) と同じ収入を上げるための x, y に関する条件式を記述しなさい．

(3) CN だけを販売して，(1) と同じ収入を上げるためには何箱売らなければならないか求めなさい．同様に，CC だけなら何箱売らなければならないか求めなさい．

解答

(1) $\quad 50 \times 24 + 60 \times 20 = \$2,400.$ (6.3)

(2) (6.3) 式の 24 を x に，20 を y に変えることで次の式を得る：

$$50x + 60y = 2,400.$$ (6.4)

(3) CC を販売しないので，(6.4) 式に $y = 0$ を代入して，次の計算式を得る：

$$50x = 2{,}400.$$

よって，$x = 48$ 箱.

同様に，CN を販売しなければ，(6.4) 式に $x = 0$ を代入して，$y = 40$ 箱を得る．

□終

問 6.2 外資系 IT 企業のばりばりビジネス・パーソンのあけみは，ニューヨーク本社で活躍中である．今日のあけみはアッパー・ウエストにちょっとでたついでに，パンと肉を買って帰ろうと思っている．パンの値段は \$4/斤，肉の値段は \$10/ポンドである．あけみはちょうど \$60 で買い物をしようとしている (予算)．あけみが買えるパンの量を x 斤，肉の量を y ポンドとしたとき，x と y との関係を式で表し，図示しなさい．あけみの財布の中身が \$80 になったら (予算増)，この線はどのように変化するか．図示しなさい (必要なら目盛をヒントに)．

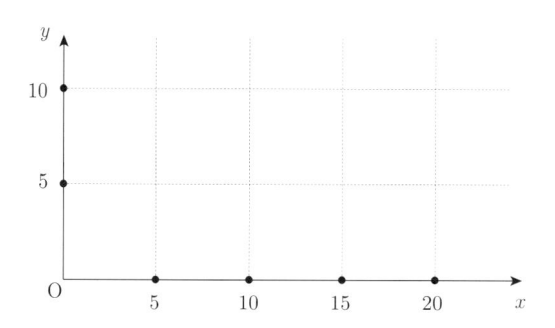

☞ 解答 p.231

問 6.3 ポー市のスーパーでは牛肉 1 kg を 10 ユーロ，ワイン 1 リットルを 5 ユーロで売っている．ジョン・ポールは 100 ユーロ持って買い物に出かけた．

(1) ジョン・ポールは，ちょうど 100 ユーロを使い切って，牛肉 x kg，ワインを y リットル買うとする．x, y の関係を表す式を求めなさい．

(2) 上で求めた式の表す直線のグラフの x 切片と y 切片を求めなさい．

(3) 上で求めた式の表す直線の傾きを求めなさい．

(4) この直線のグラフを次図に描きなさい．

[図]

☞ 解答 p.231

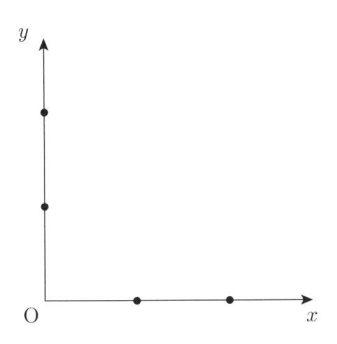

6.2 ベクトルのいろいろ

6.2.1 数ベクトル

POINT

n 次元ベクトル $\boldsymbol{a} = \begin{pmatrix} a_1 \\ a_2 \\ \vdots \\ a_n \end{pmatrix}$, $\boldsymbol{b} = \begin{pmatrix} b_1 \\ b_2 \\ \vdots \\ b_n \end{pmatrix}$ と，定数 λ に対して

- 和 $\boldsymbol{a} + \boldsymbol{b}$

$$\boldsymbol{a} + \boldsymbol{b} = \begin{pmatrix} a_1 \\ a_2 \\ \vdots \\ a_n \end{pmatrix} + \begin{pmatrix} b_1 \\ b_2 \\ \vdots \\ b_n \end{pmatrix} = \begin{pmatrix} a_1 + b_1 \\ a_2 + b_2 \\ \vdots \\ a_n + b_n \end{pmatrix}$$

- 差 $\boldsymbol{a} - \boldsymbol{b}$

$$\boldsymbol{a} - \boldsymbol{b} = \begin{pmatrix} a_1 \\ a_2 \\ \vdots \\ a_n \end{pmatrix} - \begin{pmatrix} b_1 \\ b_2 \\ \vdots \\ b_n \end{pmatrix} = \begin{pmatrix} a_1 - b_1 \\ a_2 - b_2 \\ \vdots \\ a_n - b_n \end{pmatrix}$$

第 6 章 ベクトルと予算制約

- 定数倍 $\lambda \bm{a}$

$$\lambda \bm{a} = \lambda \begin{pmatrix} a_1 \\ a_2 \\ \vdots \\ a_n \end{pmatrix} = \begin{pmatrix} \lambda a_1 \\ \lambda a_2 \\ \vdots \\ \lambda a_n \end{pmatrix}$$

> **ちょっとメモ**
> - これらのベクトルの計算は，ベクトルの次数 (要素の数) が一致していないといけない．
> - 『経出る』p.177 に説明があるように，差 $\bm{a} - \bm{b}$ は $\bm{a} + (-\bm{b})$ で定義するが，上記の計算は自然なものなので，初学者はあまり立ち入らなくてもよい．
> - ベクトルに対してふつうの数のことをスカラーと呼ぶことがある．したがって定数倍のことを「スカラー倍」としている教科書もある．『経出る』p.176 参照．

基礎問題

例題6.3 2次元ベクトル $\bm{a} = \begin{pmatrix} 1 \\ 2 \end{pmatrix}$, $\bm{b} = \begin{pmatrix} 2 \\ -1 \end{pmatrix}$, $\bm{c} = \begin{pmatrix} 3 \\ 2 \end{pmatrix}$ に対して次の計算をしなさい．

(1) $\bm{a} + \bm{b}$
(2) $\bm{b} + \bm{c}$
(3) $(\bm{a} + \bm{b}) + \bm{c}$
(4) $\bm{a} + (\bm{b} + \bm{c})$
(5) $2\bm{a} + 2\bm{b}$
(6) $2(\bm{a} + \bm{b})$
(7) $2\bm{a} + 3\bm{a}$
(8) $2(3\bm{a})$
(9) $6\bm{a}$
(10) $\bm{a} + (-1)\bm{a}$

解答

(1) $\bm{a} + \bm{b} = \begin{pmatrix} 1 \\ 2 \end{pmatrix} + \begin{pmatrix} 2 \\ -1 \end{pmatrix} = \begin{pmatrix} 1+2 \\ 2+(-1) \end{pmatrix} = \begin{pmatrix} 3 \\ 1 \end{pmatrix}$

(2) $\bm{b} + \bm{c} = \begin{pmatrix} 2 \\ -1 \end{pmatrix} + \begin{pmatrix} 3 \\ 2 \end{pmatrix} = \begin{pmatrix} 2+3 \\ -1+2 \end{pmatrix} = \begin{pmatrix} 5 \\ 1 \end{pmatrix}$

(3) $(a+b)+c = \begin{pmatrix} 3 \\ 1 \end{pmatrix} + \begin{pmatrix} 3 \\ 2 \end{pmatrix} = \begin{pmatrix} 6 \\ 3 \end{pmatrix}$

(4) $a+(b+c) = \begin{pmatrix} 1 \\ 2 \end{pmatrix} + \begin{pmatrix} 5 \\ 1 \end{pmatrix} = \begin{pmatrix} 6 \\ 3 \end{pmatrix}$

(5) $2a+2b = \begin{pmatrix} 2 \\ 4 \end{pmatrix} + \begin{pmatrix} 4 \\ -2 \end{pmatrix} = \begin{pmatrix} 6 \\ 2 \end{pmatrix}$

(6) $2(a+b) = 2\begin{pmatrix} 3 \\ 1 \end{pmatrix} = \begin{pmatrix} 6 \\ 2 \end{pmatrix}$

(7) $2a+3a = \begin{pmatrix} 2 \\ 4 \end{pmatrix} + \begin{pmatrix} 3 \\ 6 \end{pmatrix} = \begin{pmatrix} 5 \\ 10 \end{pmatrix}$

(8) $2(3a) = 2\begin{pmatrix} 3 \\ 6 \end{pmatrix} = \begin{pmatrix} 6 \\ 12 \end{pmatrix}$

(9) $6a = 6\begin{pmatrix} 1 \\ 2 \end{pmatrix} = \begin{pmatrix} 6 \\ 12 \end{pmatrix}$

(10) $a+(-1)a = \begin{pmatrix} 1 \\ 2 \end{pmatrix} + \left(-1\begin{pmatrix} 1 \\ 2 \end{pmatrix}\right) = \begin{pmatrix} 1 \\ 2 \end{pmatrix} + \begin{pmatrix} -1 \\ -2 \end{pmatrix} = \begin{pmatrix} 0 \\ 0 \end{pmatrix}$

終

上記の解答例中，(3) と (4) を比較することで $(a+b)+c = a+(b+c)$ がわかるように，一般に和 (加法) と定数倍は次の性質を満たす．

POINT

(1) $(a+b)+c = a+(b+c)$ （結合法則）

(2) $a+b = b+a$ （交換法則）

(3) $\lambda(a+b) = \lambda a + \lambda b$ （分配法則）

(4) $(\lambda+\mu)a = \lambda a + \mu a$ （分配法則）

(5) $(\lambda\mu)a = \lambda(\mu a)$ （結合法則）

(6) $1a = a$

標準問題

問 6.4 n 次元ベクトル $\boldsymbol{a} = \begin{pmatrix} a_1 \\ a_2 \\ \vdots \\ a_n \end{pmatrix}$, $\boldsymbol{b} = \begin{pmatrix} b_1 \\ b_2 \\ \vdots \\ b_n \end{pmatrix}$ に対して,

$$\boldsymbol{0} = \begin{pmatrix} 0 \\ 0 \\ \vdots \\ 0 \end{pmatrix} (零ベクトル), \quad -\boldsymbol{a} = \begin{pmatrix} -a_1 \\ -a_2 \\ \vdots \\ -a_n \end{pmatrix}, \quad -\boldsymbol{b} = \begin{pmatrix} -b_1 \\ -b_2 \\ \vdots \\ -b_n \end{pmatrix}$$

とする.このとき,以下を示しなさい.

(1) 任意の $\boldsymbol{a}$ に対して,$\boldsymbol{a} + \boldsymbol{0} = \boldsymbol{a}$

(2) 任意の $\boldsymbol{a}$ に対して,$\boldsymbol{a} + (-\boldsymbol{a}) = \boldsymbol{0}$

(3) 任意の $\boldsymbol{a}$ に対して,$-1(\boldsymbol{a}) = -\boldsymbol{a}$

(4) $\boldsymbol{a} - \boldsymbol{b} = \boldsymbol{a} + (-\boldsymbol{b})$

☞ 解答 p.232

POINT

n 次元ベクトル $\boldsymbol{a} = \begin{pmatrix} a_1 \\ a_2 \\ \vdots \\ a_n \end{pmatrix}$, $\boldsymbol{b} = \begin{pmatrix} b_1 \\ b_2 \\ \vdots \\ b_n \end{pmatrix}$ と,定数 λ, μ に対して

$$\lambda \boldsymbol{a} + \mu \boldsymbol{b} = \lambda \begin{pmatrix} a_1 \\ a_2 \\ \vdots \\ a_n \end{pmatrix} + \mu \begin{pmatrix} b_1 \\ b_2 \\ \vdots \\ b_n \end{pmatrix} = \begin{pmatrix} \lambda a_1 + \mu b_1 \\ \lambda a_2 + \mu b_2 \\ \vdots \\ \lambda a_n + \mu b_n \end{pmatrix}$$

をベクトル $\boldsymbol{a}$ と $\boldsymbol{b}$ の線形結合という.なお,3 個以上のベクトルの線形結合も同様に計算できる.

> 🤓 **ちょっとメモ** 線形結合するベクトルは次数 (要素の数) が一致していないといけない．

標準問題

問 6.5 次のベクトルの線形結合を計算しなさい．ただし，計算ができないものもひっかけでいれてあるので，それには×をつけなさい．

(1) $3\begin{pmatrix} 2 \\ 1 \end{pmatrix} + 2\begin{pmatrix} 1 \\ 1 \end{pmatrix}$ (2) $3\begin{pmatrix} 2 \\ 1 \end{pmatrix} - 2\begin{pmatrix} 1 \\ 1 \end{pmatrix}$

(3) $2\begin{pmatrix} x \\ 3y \end{pmatrix} + \lambda\begin{pmatrix} 2 \\ 3 \end{pmatrix}$ (4) $\dfrac{1}{3}\begin{pmatrix} 2 \\ 1 \end{pmatrix} + \dfrac{2}{3}\begin{pmatrix} 1 \\ 1 \end{pmatrix}$

(5) $3\begin{pmatrix} 2 \\ 1 \\ 3 \end{pmatrix} + 2\begin{pmatrix} 1 \\ 1 \\ -1 \end{pmatrix} - \begin{pmatrix} 8 \\ 5 \\ 7 \end{pmatrix}$ (6) $3\begin{pmatrix} 2 \\ 1 \\ 3 \end{pmatrix} + 2\begin{pmatrix} 1 \\ 1 \end{pmatrix}$

☞ 解答 p.232

6.2.2 幾何ベクトル

POINT

- 平面上，空間内の矢印を幾何ベクトルという．構成要素は向きと長さ．

- 記法

    (1) a, x, p 等数ベクトルと同様．

    (2) 始点 A で終点が B の幾何ベクトル：$\overrightarrow{AB}$

- 特殊なベクトル

    − 零ベクトル：長さが 0 のベクトル．$\mathbf{0}$ と表記．

    − 逆ベクトル：所与の a に対し，長さは同じで逆向きのもの．$-a$ と表記．

基礎問題

例題6.4 指定されたベクトルを描きなさい．

(1) 原点を始点，終点 $(3,4)$ のベクトル：a

(2) $(1,3)$ を始点，終点 $(2,6)$ のベクトル：b

(3) $(10,1)$ を始点，終点 $(16,3)$ のベクトル：c

(4) $(10,1)$ を始点，終点 $(8,7)$ のベクトル：d

(5) $(10,10)$ を始点，終点 $(14,13)$ のベクトル：e

解答

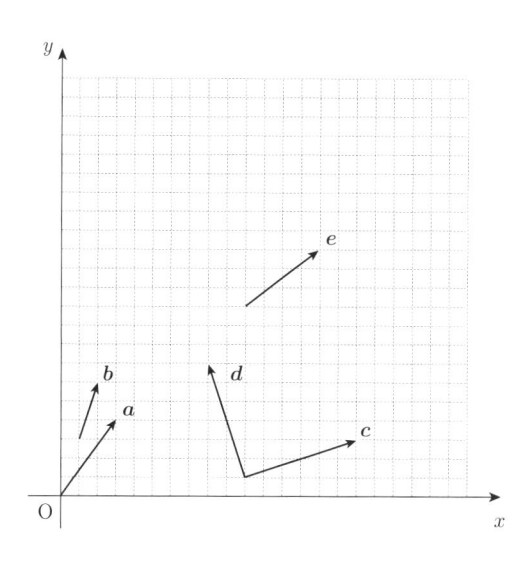

終

問6.6 次の図に，指定されたベクトルを描きなさい．同一のベクトル (矢印の向きと長さが一致するもの) があれば答えなさい．例題 6.4 の逆ベクトル (矢印の向きが逆で長さが一致するもの) があれば，どのベクトルがそうか答えなさい．

(1) 原点を始点，終点 $(4,3)$ のベクトル：p

(2) $(3,9)$ を始点，終点 $(1,3)$ のベクトル：q

(3) $(22,10)$ を始点，終点 $(16,8)$ のベクトル：r

(4) $(7,6)$ を始点，終点 $(9,2)$ のベクトル：s

(5) $(10,10)$ を始点，終点 $(14,13)$ のベクトル：t

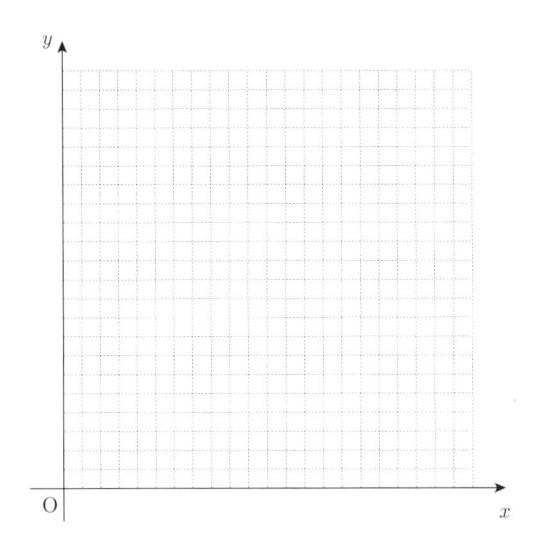

POINT

ベクトルの加法

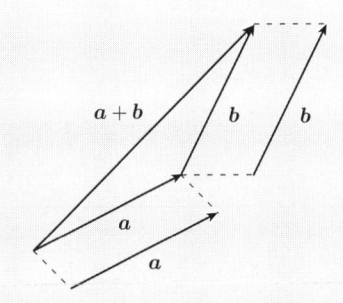

ベクトルの減法

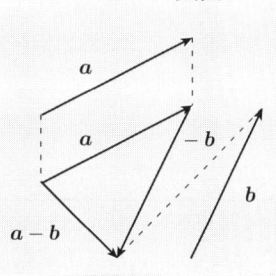

- 加法はふたつのベクトル a の終点と b の始点が重なるように平行移動し，a の始点と b の終点を結んでできるベクトルとする．

- 減法 $a - b$ は，a と b の逆ベクトル $-b$ との加法でできるベクトル $a + (-b)$ とする．

基礎問題

問 6.7 問 6.6 のベクトル p, q, r, s に対し，次のベクトルを書きなさい．

(1) $q + p$ (2) $r - s$

☞ 解答 p.233

POINT

(1) $(\boldsymbol{a}+\boldsymbol{b})+\boldsymbol{c} = \boldsymbol{a}+(\boldsymbol{b}+\boldsymbol{c})$　（結合法則）

(2) $\boldsymbol{a}+\boldsymbol{b} = \boldsymbol{b}+\boldsymbol{a}$　（交換法則）

(3) $\boldsymbol{a}+\boldsymbol{0} = \boldsymbol{a}$　（ゼロベクトル）

(4) $\boldsymbol{a}+(-\boldsymbol{a}) = \boldsymbol{0}$　（逆ベクトル）

(5) $\lambda(\boldsymbol{a}+\boldsymbol{b}) = \lambda\boldsymbol{a}+\lambda\boldsymbol{b}$　（分配法則）

(6) $(\lambda+\mu)\boldsymbol{a} = \lambda\boldsymbol{a}+\mu\boldsymbol{a}$　（分配法則）

(7) $(\lambda\mu)\boldsymbol{a} = \lambda(\mu\boldsymbol{a})$　（結合法則）

(8) $1\boldsymbol{a} = \boldsymbol{a}$

> **ちょっとメモ**　上記の性質は数ベクトルでも幾何ベクトルでも同じ．数ベクトルに出会ったとき，平面・空間での図形的なイメージができるようにしておこう．

標準問題

例題6.5 図形を使って，交換法則 (2) を確かめなさい．

解答

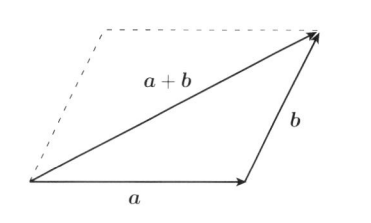

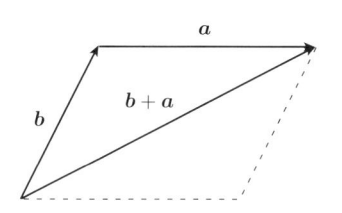

図 6.1 交換法則

問6.8 図形を使って結合法則 (1) を確かめなさい．

解答 p.233

POINT

- ベクトルの平行：$a \mathbin{/\mkern-2mu/} b$

$\lambda > 0$ のとき

$\lambda < 0$ のとき

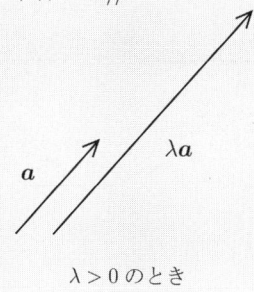

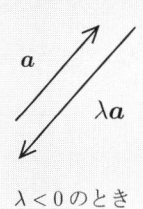

- a, b が 0 でないとき，

$$a \mathbin{/\mkern-2mu/} b \iff b = \lambda a \text{ となる実数} \lambda \neq 0 \text{ が存在する．} \tag{6.5}$$

- $\lambda > 0$ のとき同じ向き
- $\lambda < 0$ のとき逆の向き

基礎問題

問 6.9 例題 6.4 と問 6.6 のうち，平行なベクトルがあれば挙げなさい．それらのうち，向きが逆のものはあるだろうか．

☞ 解答 p.233

POINT

- 基本ベクトルと成分表示

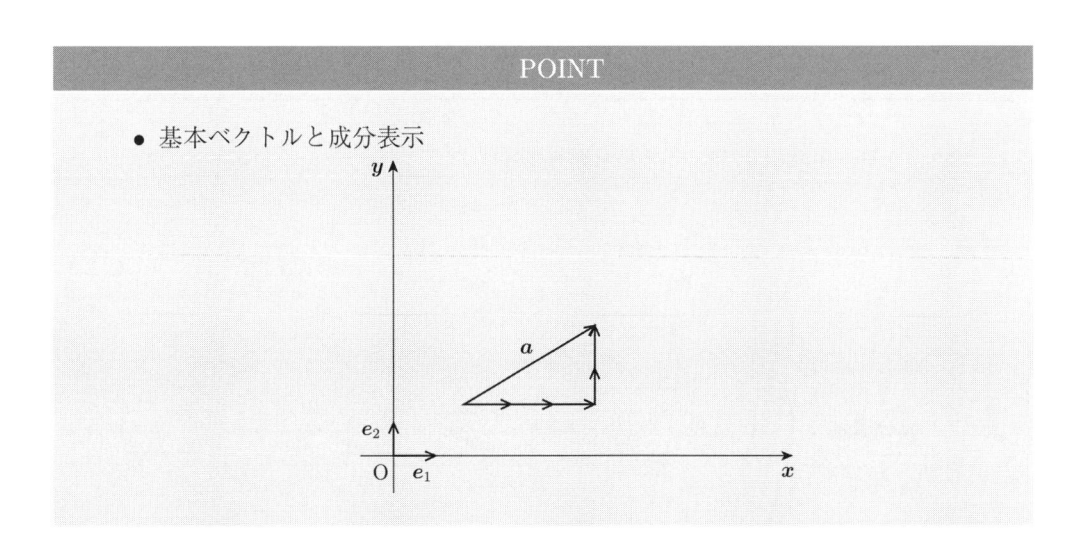

- 軸の平行移動と成分表示：終点の座標 − 始点の座標
    - 下図で a の始点の座標は $x=3, y=3$, 終点の座標は $x=6, y=5$.

    - 成分表示

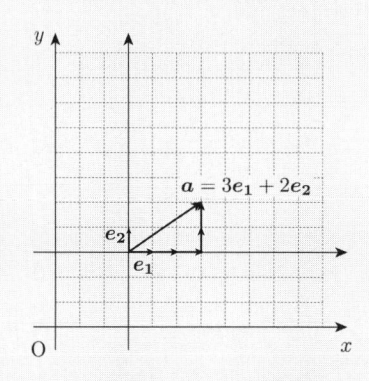

$$\text{成分表示} = \text{終点の座標} - \text{始点の座標} \tag{6.6}$$

- ベクトルの長さ：ベクトルの成分表示 $a = \begin{pmatrix} a_1 \\ a_2 \\ \vdots \\ a_n \end{pmatrix}$ に対し，その長さを

$$|a| = \sqrt{(a_1)^2 + (a_2)^2 + \cdots + (a_n)^2} \tag{6.7}$$

で定める (三平方の定理の一般化).

基礎問題

例題6.6 例題 6.4 のベクトルを成分表示し，さらにその長さを求めなさい．

解答 成分表示は 終点の座標 − 始点の座標 で得られる．

(1) 成分表示：$\begin{pmatrix} 3 \\ 4 \end{pmatrix}$　　長さ：$\sqrt{3^2 + 4^2} = \sqrt{25} = 5$.

(2) 成分表示：$\begin{pmatrix} 1 \\ 3 \end{pmatrix}$　　長さ：$\sqrt{1^2 + 3^2} = \sqrt{10}$.

(3) 　成分表示：$\begin{pmatrix} 6 \\ 2 \end{pmatrix}$　　長さ：$\sqrt{6^2 + 2^2} = \sqrt{40} = 2\sqrt{10}.$

(4) 　成分表示：$\begin{pmatrix} -2 \\ 6 \end{pmatrix}$　　長さ：$\sqrt{(-2)^2 + 6^2} = \sqrt{40} = 2\sqrt{10}.$

(5) 　成分表示：$\begin{pmatrix} 4 \\ 3 \end{pmatrix}$　　長さ：$\sqrt{4^2 + 3^2} = \sqrt{25} = 5.$

終

問6.10 問 6.6 のベクトルを成分表示し，さらにその長さを求めなさい．

☞ 解答 p.233

標準問題

問6.11 (6.7) 式をシグマ記号を使って書き表しなさい．

☞ 解答 p.233

6.2.3 位置ベクトル

POINT

- 原点を O とする．点 X に対して，O を始点，X を終点とする幾何ベクトル x を点 X の**位置ベクトル**という．
- 位置ベクトルを通して，幾何ベクトルと点を同一視できる．

基礎問題

問6.12 例題 6.4 の幾何ベクトルを位置ベクトルとして成分表示しなさい．

☞ 解答 p.234

POINT

ベクトル x, y に対して

- 線形結合

$$\alpha x + \beta y$$

- 凸結合：$0 \leq \alpha \leq 1$ に対し

$$(1-\alpha)x + \alpha y$$

- 凸結合の内分点

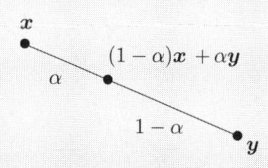

```
        x
         •
          α   (1-α)x + αy
               •
              1-α
                   •
                    y
```

- アフィン結合：実数 α に対し

$$(1-\alpha)x + \alpha y$$

応用問題

問6.13 ベクトル x, y に対し，図を用いて以下のことを確かめなさい．

(1) 凸結合は x, y を通る線分上の点 (内分点) を表す．

(2) アフィン結合は x, y を通る直線上の点を表す．

☞ 解答 p.234

POINT

集合 A が凸集合であるとは，任意の $x, y \in A$ と $0 \leq \alpha \leq 1$ なる任意の α に対して

$$(1-\alpha)x + \alpha y \in A$$

となることをいう．

ここで「$x \in A$」は「x は A に含まれる」ということを意味する．

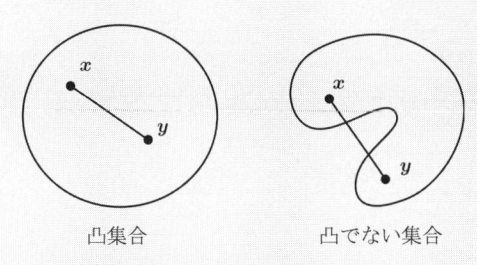

凸集合　　　　凸でない集合

応用問題

問6.14 A を凸集合とし，x_i が A に含まれるとする．また $0 \leq \alpha_i \leq 1$, $i = 1, 2, \ldots, N$ で $\alpha_1 + \alpha_2 + \cdots + \alpha_N = 1$ とする．このとき，

$$\alpha_1 x_1 + \alpha_2 x_2 + \cdots + \alpha_N x_N$$

が A に含まれることを示せ．

☞ 解答 p.234

6.3　ベクトルの内積

6.3.1　内積の定義

POINT

n 次元ベクトル $\bm{a} = \begin{pmatrix} a_1 \\ a_2 \\ \vdots \\ a_n \end{pmatrix}$, $\bm{b} = \begin{pmatrix} b_1 \\ b_2 \\ \vdots \\ b_n \end{pmatrix}$ の内積 (ないせき) を

$$\bm{a} \cdot \bm{b} = a_1 b_1 + a_2 b_2 + \cdots + a_n b_n \tag{6.8}$$

で定める．

基礎問題

問 6.15　内積の値を計算しなさい．なお，意図的に内積の値が計算できないものも入れてあるので，それには×をつけなさい．

例

(1) $\begin{pmatrix} 2 \\ 3 \end{pmatrix} \cdot \begin{pmatrix} 9 \\ 1 \end{pmatrix} = 2 \times 9 + 3 \times 1 = 18 + 3 = 21.$

(2) $\begin{pmatrix} 2 \\ -3 \\ 1 \end{pmatrix} \cdot \begin{pmatrix} 1 \\ 4 \\ 5 \end{pmatrix} = 2 \times 1 + (-3) \times 4 + 1 \times 5 = 2 - 12 + 5 = -5.$

(3) $\begin{pmatrix} -3 \\ 1 \end{pmatrix} \cdot \begin{pmatrix} 1 \\ 4 \\ 5 \end{pmatrix}$　×　… ベクトルの次数が異なるのでだめ

問題

(1) $\begin{pmatrix} 2 \\ -1 \end{pmatrix} \cdot \begin{pmatrix} -2 \\ 1 \end{pmatrix}$
(2) $\begin{pmatrix} 2 \\ -3 \end{pmatrix} \cdot \begin{pmatrix} 3 \\ 2 \end{pmatrix}$

(3) $\begin{pmatrix} -2 \\ 3 \\ -1 \end{pmatrix} \cdot \begin{pmatrix} -2 \\ 3 \\ -1 \end{pmatrix}$
(4) $\begin{pmatrix} 2 \\ 3 \\ -1 \end{pmatrix} \cdot \begin{pmatrix} -2 \\ 2 \\ 2 \end{pmatrix}$

(5) $\begin{pmatrix} 2 \\ -1 \end{pmatrix} \cdot \begin{pmatrix} -2 \\ 1 \\ 2 \end{pmatrix}$
(6) $\begin{pmatrix} 2 \\ 5 \\ -1 \end{pmatrix} \cdot \begin{pmatrix} -2 \\ 1 \\ 7 \end{pmatrix}$

☞ 解答 p.234

標準問題

問 6.16　次の問に答えなさい．

(1)　内積の定義式 (6.8) 式を，シグマ記号を使って書き表しなさい．

(2) $\boldsymbol{a}\cdot\boldsymbol{a}$ を，シグマ記号を使って書き表しなさい．ただし $\boldsymbol{a} = \begin{pmatrix} a_1 \\ a_2 \\ \vdots \\ a_n \end{pmatrix}$ とする．

☞ 解答 p.234

POINT：内積の性質

(1) $(\boldsymbol{a} + \boldsymbol{a}') \cdot \boldsymbol{b} = \boldsymbol{a} \cdot \boldsymbol{b} + \boldsymbol{a}' \cdot \boldsymbol{b}, \quad \boldsymbol{a} \cdot (\boldsymbol{b} + \boldsymbol{b}') = \boldsymbol{a} \cdot \boldsymbol{b} + \boldsymbol{a} \cdot \boldsymbol{b}'$ （分配法則）

(2) $(\lambda \boldsymbol{a}) \cdot \boldsymbol{b} = \boldsymbol{a} \cdot (\lambda \boldsymbol{b}) = \lambda(\boldsymbol{a} \cdot \boldsymbol{b})$ （結合法則）

(3) $\boldsymbol{a} \cdot \boldsymbol{b} = \boldsymbol{b} \cdot \boldsymbol{a}$ （交換法則）

(4) $\boldsymbol{a} \cdot \boldsymbol{a} \geq 0, \quad \boldsymbol{a} \cdot \boldsymbol{a} = 0 \iff \boldsymbol{a} = \boldsymbol{0}$

(5) $\boldsymbol{a} \cdot \boldsymbol{0} = \boldsymbol{0} \cdot \boldsymbol{a} = 0$

標準問題

例題6.7 内積の性質のうち，(1) を 3 次元のベクトルで確認しなさい．

解答 3 次元ベクトルを
$$\boldsymbol{a} = \begin{pmatrix} a_1 \\ a_2 \\ a_3 \end{pmatrix}, \ \boldsymbol{a}' = \begin{pmatrix} a'_1 \\ a'_2 \\ a'_3 \end{pmatrix}, \ \boldsymbol{b} = \begin{pmatrix} b_1 \\ b_2 \\ b_3 \end{pmatrix}$$ とすると，

$$\begin{aligned}
(\boldsymbol{a} + \boldsymbol{a}') \cdot \boldsymbol{b} &= \begin{pmatrix} a_1 + a'_1 \\ a_2 + a'_2 \\ a_3 + a'_3 \end{pmatrix} \cdot \begin{pmatrix} b_1 \\ b_2 \\ b_3 \end{pmatrix} \\
&= (a_1 + a'_1)b_1 + (a_2 + a'_2)b_2 + (a_3 + a'_3)b_3 \\
&= (a_1 b_1 + a_2 b_2 + a_3 b_3) + (a'_1 b_1 + a'_2 b_2 + a'_3 b_3)
\end{aligned}$$

$$= \begin{pmatrix} a_1 \\ a_2 \\ a_3 \end{pmatrix} \cdot \begin{pmatrix} b_1 \\ b_2 \\ b_3 \end{pmatrix} + \begin{pmatrix} a_1' \\ a_2' \\ a_3' \end{pmatrix} \cdot \begin{pmatrix} b_1 \\ b_2 \\ b_3 \end{pmatrix}$$

$$= \boldsymbol{a} \cdot \boldsymbol{b} + \boldsymbol{a}' \cdot \boldsymbol{b}.$$

終

応用問題

問 6.17 内積の性質の，(2)～(5) を確認しなさい．

☞ 解答 p.234

6.3.2 内積の図形的意味

POINT

- 内積と平行 (へいこう)

$$\boldsymbol{a} \mathbin{/\!/} \boldsymbol{b} \Longrightarrow \boldsymbol{a} \cdot \boldsymbol{b} = (\boldsymbol{a} \text{の長さ}) \times (\boldsymbol{b} \text{の符号付き長さ}) \tag{6.9}$$

- 内積と直交 (ちょっこう)

$$\boldsymbol{a} \perp \boldsymbol{b} \Longleftrightarrow \boldsymbol{a} \cdot \boldsymbol{b} = 0 \tag{6.10}$$

- 内積と正射影 (せいしゃえい)

$$\boldsymbol{a} \cdot \boldsymbol{b} = (\boldsymbol{a} \text{の長さ}) \times (\boldsymbol{b} \text{の} \boldsymbol{a} \text{方向への正射影ベクトルの符号付き長さ}) \tag{6.11}$$

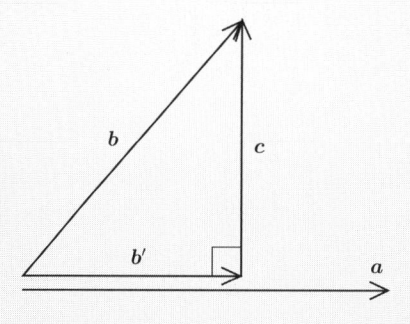

- 内積と交角 (こうかく)：$\boldsymbol{a}$ と $\boldsymbol{b}$ の交角を θ とすると，

$$\cos \theta = \frac{\boldsymbol{a} \cdot \boldsymbol{b}}{|\boldsymbol{a}||\boldsymbol{b}|} \tag{6.12}$$

基礎問題

問6.18 問 6.15 の内積の計算結果から，直交しているベクトルの組を見つけなさい．

☞ 解答 p.234

標準問題

問6.19 問 6.15 のベクトルの交角を θ としたときに $\cos\theta$ を求めなさい．

☞ 解答 p.234

応用問題

問6.20 内積と直交について答えなさい．ただし，$\boldsymbol{a} = \begin{pmatrix} a_1 \\ a_2 \end{pmatrix}$, $\boldsymbol{b} = \begin{pmatrix} b_1 \\ b_2 \end{pmatrix}$ とする．

(1) 式 (6.10) 式を，次の関係式 (三平方の定理) を使って示しなさい．

$$|\boldsymbol{a}|^2 + |\boldsymbol{b}|^2 = |\boldsymbol{a}+\boldsymbol{b}|^2 \tag{6.13}$$

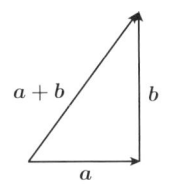

(2) $\boldsymbol{a} \perp \boldsymbol{b} \iff \boldsymbol{a} \perp -\boldsymbol{b}$ を内積を用いて示しなさい．

(解答省略)

6.3.3 直線・平面の式と法線ベクトル

POINT

ベクトル $\boldsymbol{p} = \begin{pmatrix} p_1 \\ p_2 \end{pmatrix}$ と定数 l が与えられたとき

$$\boldsymbol{p} \cdot \boldsymbol{x} = I \tag{6.14}$$

を満たす $\boldsymbol{x} = \begin{pmatrix} x_1 \\ x_2 \end{pmatrix}$ は，$\boldsymbol{p}$ 方向への正射影が一定であるような点．したがって，そのような点の集合は $\boldsymbol{p}$ に垂直な直線をなす．$\boldsymbol{p}$ をこの直線の法線ベクトルという．

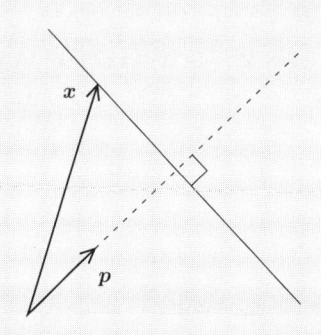

標準問題

問6.21 ベクトル $\boldsymbol{p} = \begin{pmatrix} p_1 \\ p_2 \end{pmatrix}$ と定数 I が与えられたとき，下図を見て問に答えなさい．

(1) 点 $\left(\dfrac{I}{p_1}, 0 \right)$ は (6.14) を満たすことを確認しなさい．

(2) 点 $\left(0, \dfrac{I}{p_2} \right)$ は (6.14) を満たすことを確認しなさい．

(3) 点 $\left(\dfrac{I}{p_1}, 0 \right)$ を位置ベクトルとするベクトル $\boldsymbol{a}$ と，点 $\left(0, \dfrac{I}{p_2} \right)$ を位置ベクトルとするベクトル $\boldsymbol{b}$ について，

$$\boldsymbol{p} \perp (\boldsymbol{a} - \boldsymbol{b})$$

となることを，成分の計算で示しなさい．

(4) $\boldsymbol{p} \cdot \boldsymbol{x} = 0$ は 2 次元平面でどのような図形になるか答えなさい．

☞ 解答 p.235

問6.22 ベクトル $\bm{p} = \begin{pmatrix} p_1 \\ p_2 \\ p_3 \end{pmatrix}$ と定数 I が与えられたとき，ベクトル $\bm{x} = \begin{pmatrix} x_1 \\ x_2 \\ x_3 \end{pmatrix}$ が

$$\bm{p} \cdot \bm{x} = I \tag{6.15}$$

を満たすとする．このとき問に答えなさい．

(1) 点 $\left(\dfrac{I}{p_1}, 0, 0\right)$ は (6.15) を満たすことを確認しなさい．

(2) 点 $\left(0, \dfrac{I}{p_2}, 0\right)$ は (6.15) を満たすことを確認しなさい．

(3) 点 $\left(0, 0, \dfrac{I}{p_3}\right)$ は (6.15) を満たすことを確認しなさい．

(4) 点 $\left(\dfrac{I}{p_1}, 0, 0\right)$ を位置ベクトルとするベクトル $\bm{a}$ と，点 $\left(0, \dfrac{I}{p_2}, 0\right)$ を位置ベクトルとするベクトル $\bm{b}$ と，点 $\left(0, 0, \dfrac{I}{p_3}\right)$ を位置ベクトルとするベクトル $\bm{c}$ について，

$$\bm{p} \perp (\bm{a} - \bm{b})$$
$$\bm{p} \perp (\bm{b} - \bm{c})$$
$$\bm{p} \perp (\bm{c} - \bm{a})$$

となることを，成分の計算で示しなさい．

(5) $\bm{p} \cdot \bm{x} = 0$ は 3 次元空間でどのような図形になるか答えなさい．

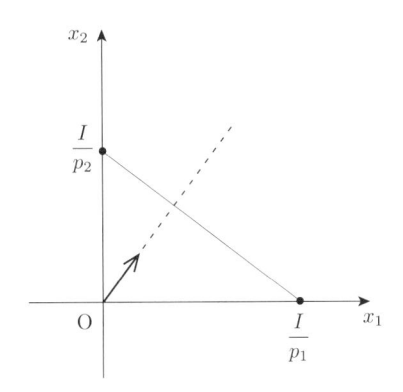

☞ 解答 p.235

6.4 1次関数と直線・平面

POINT

直線の内積表示

$$ax + by = c \iff \begin{pmatrix} a \\ b \end{pmatrix} \cdot \begin{pmatrix} x \\ y \end{pmatrix} = c \tag{6.16}$$

基礎問題

問 6.23（『経出る』練習問題 6.1） 次の式で表される，平面上の直線の法線ベクトルを 1 つ求めなさい．

(1) $50x + 60y = 2400$

(2) $y = -\dfrac{3}{2}x + 2$

(3) $x = 2$

(4) $y = 2$

☞ 解答 p.235

標準問題

問 6.24 直線 $y = ax + b$ の内積表示が $\begin{pmatrix} a \\ -1 \end{pmatrix} \cdot \begin{pmatrix} x \\ y \end{pmatrix} = -b$ となることを確認しなさい．

☞ 解答 p.235

POINT

平面の内積表示

$$ax + by + cz = d \iff \begin{pmatrix} a \\ b \\ c \end{pmatrix} \cdot \begin{pmatrix} x \\ y \\ z \end{pmatrix} = d \tag{6.17}$$

問6.25（『経出る』練習問題6.2） 次の式で表される，空間内の平面の法線ベクトルを1つ求めなさい．

(1) $3x + 6y + 8z = 24$

(2) $z = 2x + 3y - 5$

(3) $z = 2$

☞ 解答 p.235

標準問題

問6.26 平面 $z = ax + by + c$ の内積表示が $\begin{pmatrix} a \\ b \\ -1 \end{pmatrix} \cdot \begin{pmatrix} x \\ y \\ z \end{pmatrix} = -c$ となることを確認しなさい．

☞ 解答 p.235

6.5 もう少し練習

標準問題

6.5.1 労働と余暇

例題6.8（国家II種平成23年度改題） ある人が，働いて得た収入と非労働所得（その他の所得）のすべてを使って X 財を消費している．x を X 財の消費量，L を労働供給量とする．また，X 財の価格は2，賃金率は10，非労働所得は100であるとする．このとき，予算制約式を示しなさい．また1日が24時間であることから，X 財の消費量の範囲を求めなさい．

解答 X 財の購入費用は $2x$ である．この人の労働所得 $10L$ と非労働所得 100 の和が総所得である．総所得を X 財の購入にあてるのだから，

$2x = 10L + 100$

となる．$0 \leq L \leq 24$ を考慮すると X 財の消費量の範囲は

$$10 \times 0 + 100 = 100 \leq 2x \leq 10 \times 24 + 100 = 340$$

なので，$50 \leq x \leq 170$ である． 終

6.5.2 消費と貯蓄

例題6.9（『経出る』練習問題6.5） ライフサイクル仮説に従って消費と貯蓄の計画を立てる家計がある．稼得期間の総所得は y_1 万円であり，引退期間の総所得は y_2 万円とする．稼得期間の消費を c_1 万円，引退期間の消費を c_2 万円として，利子率が r のとき生涯の予算制約式を求め，予算線を $c_1 c_2$ 平面に図示しなさい．

解答 貯蓄を s で表すと，稼得期間の予算制約は

$$c_1 + s = y_1 \Longrightarrow s = y_1 - c_1$$

貯蓄 s は引退期間には利子がついて $(1+r)s$ になっているので，引退期間の予算制約は

$$c_2 = y_2 + (1+r)s \Longrightarrow s = \frac{c_2 - y_2}{1+r}$$

したがって，次の制約式を得る．

$$c_1 + \frac{c_2}{1+r} = y_1 + \frac{y_2}{1+r} \tag{6.18}$$

(6.18) 式で $c_2 = 0$ とすることで，横軸切片 $c_1 = y_1 + \frac{y_2}{1+r}$ が，$c_1 = 0$ とすることで，縦軸切片 $c_2 = (1+r)y_1 + y_2$ が得られる．

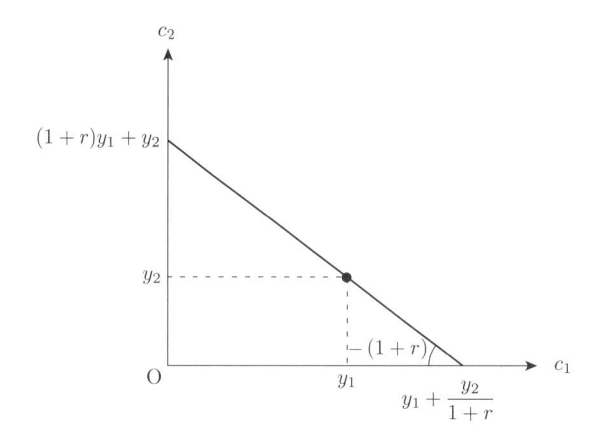

終

第 7 章
多変数関数の微分と効用最大化

第7章のOUTLOOK

(1) 偏微分：多変数関数を微分する．

(2) 1階条件：多変数関数の制約なしの最適化問題を解く．

(3) ラグランジュの未定乗数法：制約付きの最適化問題を解く．

- 効用最大化
- 費用最小化

(4) ラグランジュの未定乗数法の図解．

7.1 多変数関数の微分

7.1.1 いろいろな変数についての微分：1変数関数 (復習)

基礎問題

問7.1 次の関数を微分しなさい．どの文字が変数であるか明示するために，微分記号は $\frac{df}{dx}(x)$, etc. を用いてある．

(1) $f(x) = -x^3 + x^2 + 2$

$\frac{df}{dx}(x) =$

(2)　　$g(x) = -x^3 + x^2 + 2$

　　$\dfrac{dg}{dx}(x) =$

(3)　　$f(y) = -y^3 + y^2 + 2$

　　$\dfrac{df}{dy}(y) =$

(4) *　$f(x) = -x^3 \overbrace{y^3}^{係} + x^2 \overbrace{y^2}^{係} + \overbrace{y^4}^{定}$

　　$\dfrac{df}{dx}(x) =$　　　　　　　　　　　ヒント：x が 変　　y は 定・係

(5) *　$f(y) = \overbrace{-x^3}^{係} y^3 + \overbrace{x^2}^{係} y^2 + y^4$

　　$\dfrac{df}{dy}(y) =$　　　　　　　　　　　ヒント：y が 変　　x は 係

 *　のついた小問のヒントで 変 は「変数」，定 は「定数」，係 は「係数」と考えよということ．次の POINT 参照．

☞ 解答 p.235

7.1.2　定 と 係 とを見立てる

問 7.1 で，* のついた小問が，つぎにやる**偏微分**の考え方につながる．かんたんでしょ♡ ポイントは，式の成り立ちを 定 と 係 とで**見立てる**こと．

定 の微分：定数だと見抜けば簡単♡

「文字」でも 定 と見抜かないといけないケースがある．

$$\left(\text{定数} \right)' = 0$$

㊝ の微分：係数＝定数倍だと見抜けば簡単 ♡

> **POINT**
>
> 後ろが ㊝ のケースや前後を ㊝ ではさまれるケースも大事.
>
> - $\left(\overbrace{c}^{㊝} f(x) \right)' = \overbrace{c}^{㊝} f'(x),$
>
> - $\left(f(x) \overbrace{c}^{㊝} \right)' = f'(x) \overbrace{c}^{㊝},$
>
> - $\left(\overbrace{a}^{㊝} f(x) \overbrace{b}^{㊝} \right)' = \overbrace{a}^{㊝} f'(x) \overbrace{b}^{㊝}$

♡ 前後からかかっている定数倍＝㊝ を，最終的に変数の前におくか，後ろにおいたままにするかは，ケースバイケース．数をこなして，慣れてください．

7.2 偏微分 (へんびぶん)

7.2.1 ひるまず前にすすもう ♡

「…普通にまっすぐに書いてある「d」とまるっこい「∂」ってなんか違うの．」

「おまえ，なんだかすっごくマズいことになってるぞ」[1]

7.2.2 偏微分の記号とその意味

> **POINT**
>
> $z = f(x, y) \overset{\text{偏微分せよ}}{\Longrightarrow}$
>
> ① x で偏微分　　z_x　　$f_x(x, y)$　　$\dfrac{\partial z}{\partial x}$　　$\dfrac{\partial f}{\partial x}$
>
> $\underbrace{}_{x \text{ だけが変数と見てふつうに微分}}$
>
> ② y で偏微分　　z_y　　$f_y(x, y)$　　$\dfrac{\partial z}{\partial y}$　　$\dfrac{\partial f}{\partial y}$
>
> $\underbrace{}_{y \text{ だけが変数と見てふつうに微分}}$

---

[1] レヴィット＆ダブナー『ヤバい経済学』東洋経済新報社 (2006) 訳者あとがきから．

> **ちょっとメモ** 記法上・解答上の注意点：
>
> (1) 4種類の記号があるが，『経出る』で主に使うのは $\dfrac{\partial f}{\partial x}, \dfrac{\partial f}{\partial y}$ な書き方．
>
> (2) この他にも変数に添字がついている場合などには，第1変数，第2変数の偏微分という意味で，$f_1(x_1, x_2), f_2(x_1, x_2)$ を用いることもある．
>
> (3) z_x や f_x にいわゆるダッシュ(英語ではプライムという)はつけない．
>
> ○ z_x f_x z_y f_y
> × z'_x f'_x z'_y f'_y
>
> (4) 1変数の微分の記号の df や dx の d を，くるっとまるめて ∂ にすることで，「偏微分」であることを明示する．パソコンのかな漢で変換するときは「でる」で出る ♡ 実際にデルエフデルエックスと読む人もいる．ふつうはラウンド・ディー・エフ・ラウンド・ディー・エックスと読むひとが多い．英語では 'the partial derivative of f with respect to x' って読む．また↑に書いた通り，『経出る』では z_x や f_x はあまり使われていない．ふつうに使う先生もいるので，その時マズいことにならなければ大丈夫 ♡
>
> (5) 偏微分せよと言われたら，$\dfrac{\partial f}{\partial x}$ と，$\dfrac{\partial f}{\partial y}$ をペアで計算する．$\dfrac{\partial f}{\partial x}$ と $\dfrac{\partial f}{\partial y}$ は一般に違う式になる．また変数が増えたら，その分計算する偏微分の数も増える．たとえば，関数 $f(x, y, z)$ の偏微分なら，$\dfrac{\partial f}{\partial x}, \dfrac{\partial f}{\partial y}, \dfrac{\partial f}{\partial z}$ の3種類を計算することになる．

7.2.3 偏微分：練習

基礎問題

問7.2 次の関数を偏微分しなさい．

例

(1) $f(x, y) = x^4 y^3$

$\dfrac{\partial f}{\partial x}(x, y) = 4x^3 \overbrace{y^3}^{\text{係}}$ $\cdots x$ が ㋫ y は ㋕

$\dfrac{\partial f}{\partial y}(x, y) = \overbrace{x^4}^{\text{係}} \times 3y^2 = 3x^4 y^2$ $\cdots y$ が ㋫ x は ㋕

(2)　　$f(x,y) = 3x^2 + 2xy + y^2 + 4x$

$\dfrac{\partial f}{\partial x}(x,y) = 3 \times 2x + 2 \times 1 \times y + 0 + 4 = 6x + 2y + 4$ 　　$\cdots x$ が ㊥ y は ㊟・㊝

$\dfrac{\partial f}{\partial y}(x,y) = 0 + 2x \times 1 + 2y + 0 = 2x + 2y$ 　　　　　　$\cdots y$ が ㊥ x は ㊟・㊝

問題

(1)　　$f(x,y) = 3x^2 y^4$

$\dfrac{\partial f}{\partial x}(x,y) =$ 　　　　　　　　　　　　　　　　　　　$\cdots x$ が ㊥　　y は ㊝

$\dfrac{\partial f}{\partial y}(x,y) =$ 　　　　　　　　　　　　　　　　　　　$\cdots y$ が ㊥　　x は ㊝

(2)　　$f(x,y) = 4x^3 y$

$\dfrac{\partial f}{\partial x}(x,y) =$ 　　　　　　　　　　　　　　　　　　　$\cdots x$ が ㊥　　y は ㊝

$\dfrac{\partial f}{\partial y}(x,y) =$ 　　　　　　　　　　　　　　　　　　　$\cdots y$ が ㊥　　x は ㊝

これ以下の小問では ㊥, ㊟, ㊝ にあたるものは，自分で見立てること ♡

(3)　　$f(x,y) = xy + x + y$

$\dfrac{\partial f}{\partial x}(x,y) =$

$\dfrac{\partial f}{\partial y}(x,y) =$

(4)　　$f(x,y) = 2x^2 + 2xy + y^2 - 6x - 4y$

$\dfrac{\partial f}{\partial x}(x,y) =$

$\dfrac{\partial f}{\partial y}(x,y) =$

(5)　　$f(x,y) = x^2 + 4xy + 9y^2 - 2x + 6y + 2$

$\dfrac{\partial f}{\partial x}(x,y) =$

$\dfrac{\partial f}{\partial y}(x,y) =$

(6)　　$f(x,y) = x^3 - y^3 - 3x + 12y$

$\dfrac{\partial f}{\partial x}(x,y) =$

$\dfrac{\partial f}{\partial y}(x,y) =$

(7)　　$f(x,y) = x^\alpha y^\beta$　　$\cdots$　ヒント：　$\left(x^\alpha\right)' = \alpha x^{\alpha-1}$

$\dfrac{\partial f}{\partial x}(x,y) =$

$\dfrac{\partial f}{\partial y}(x,y) =$

(8) $f(x,y) = x^{\frac{1}{2}} y^{\frac{1}{2}}$

$\dfrac{\partial f}{\partial x}(x,y) =$

$\dfrac{\partial f}{\partial y}(x,y) =$

(9) $f(x,y) = x^{\frac{1}{3}} y^{\frac{2}{3}}$

$\dfrac{\partial f}{\partial x}(x,y) =$

$\dfrac{\partial f}{\partial y}(x,y) =$

(10)　　$f(x,y) = e^x + x \log y$

$\dfrac{\partial f}{\partial x}(x,y) =$

$\dfrac{\partial f}{\partial y}(x,y) =$

(11) $f(x,y) = \alpha \log x + (1-\alpha) \log y$

$\dfrac{\partial f}{\partial x}(x,y) =$

$\dfrac{\partial f}{\partial y}(x,y) =$

(12)　　$f(x,y) = e^y \log x$

$\dfrac{\partial f}{\partial x}(x,y) =$

$\dfrac{\partial f}{\partial y}(x,y) =$

(13)　　$f(x, y) = \dfrac{xy}{x+y}$

$\dfrac{\partial f}{\partial x}(x, y) =$

$\dfrac{\partial f}{\partial y}(x, y) =$

(14)　　$f(x, y) = \dfrac{2xy}{x+y}$

$\dfrac{\partial f}{\partial x}(x, y) =$

$\dfrac{\partial f}{\partial y}(x, y) =$

☞ 解答 p.235

7.3　制約なしの最適化

POINT

(1) 最適化の 1 階条件 (2 変数)

- 関数 $f(x, y)$ が (x^*, y^*) で最大または最小となるならば,

$$\begin{aligned}\dfrac{\partial f}{\partial x}(x^*, y^*) &= 0 \\ \dfrac{\partial f}{\partial y}(x^*, y^*) &= 0\end{aligned} \tag{7.1}$$

が成り立つ.

(2) 2 変数関数 $f(x, y)$ の最適化

- 偏微分する. 2 元 (変数 2 個) の式が 2 個求まる.

- 2 元の連立方程式を勇気を出して作り, 解 (x^*, y^*) を求める.

(3) 最適化の 1 階条件 (n 変数)

- 関数 $f(x_1, \ldots, x_n)$ が $(x_1^*, \ldots, x_n^*)$ で最大または最小となるならば,

$$\dfrac{\partial f}{\partial x_1}(x_1^*, \ldots, x_n^*) = 0$$

$$\vdots$$

第 7 章 多変数関数の微分と効用最大化

$$\frac{\partial f}{\partial x_n}(x_1^*,\ldots,x_n^*) = 0$$

が成り立つ.

(4) n 変数関数 $f(x_1,\ldots,x_n)$ の最適化

- 偏微分する. n 元 (変数 n 個) の式が n 個求まる.

- n 元の連立方程式を勇気を出して作り, 解 $(x_1^*,\ldots,x_n^*)$ を求める.

- 高校数学では扱わない多変数関数だが, その最適化にはじめてとり組む場合でも, n 個の未知数に対して, n 個の方程式があるのだから, 尻込みせずに「解けるかもしれない. うふふ ♡」と思うこと.

- 1 階条件では, 最大なのか最小なのかの判定はできない. そもそも最適でない点が求まってしまうおそれもある. この後の問題では, 1 階条件からそのまま解が求まるようなものを主に扱う. とくに【基礎問題】は方程式が連立 2 元 1 次方程式となるもので練習する. なので解ける.

基礎問題

例題7.1 ▶ 1 階条件を使って次の最小化問題を解きなさい.

$$\min_{x,y} f(x,y) = 2x^2 + 2xy + y^2 - 8x - 6y$$

解答

Step1 偏微分する.

$$\frac{\partial f}{\partial x}(x,y) = 4x + 2y - 8$$

$$\frac{\partial f}{\partial y}(x,y) = 2x + 2y - 6$$

Step2 1 階条件から導かれる連立方程式は

$$\begin{cases} 4x + 2y - 8 = 0 & \text{①} \\ 2x + 2y - 6 = 0 & \text{②} \end{cases} \quad (*)$$

となる. 勇気を出してこの連立方程式を作ってさえしまえば, あとは解くだけ.

① − ② より，$2x - 2 = 0$. ゆえに $x = 1$.

これを ① に代入して $4 \times 1 + 2y - 8 = 0$ から $2y = 4$. ゆえに $y = 2$.

以上より，最適解は $(x, y) = (1, 2)$.

大事な蛇足　検算と解題. $(*)$ 式に $(x, y) = (1, 2)$ を代入すると，

$$\begin{aligned}\frac{\partial f}{\partial x}(1,2) &= 4 \times 1 + 2 \times 2 - 8 = 4 + 4 - 8 = 0 \\ \frac{\partial f}{\partial y}(1,2) &= 2 \times 1 + 2 \times 2 - 6 = 2 + 4 - 6 = 0\end{aligned} \quad (\sharp)$$

となって確かめられる．(7.1) 式が意味しているのは，この例題では $(\sharp)$ だが，(7.1) 式があまりに抽象的なので，簡単な数式の $(*)$ 式を使って解いてしまえばいいと思えるようになるには，時間がかかるかもしれない．

終

問 7.3　1 階条件を使って次の最小化問題を解きなさい．

(1) $\displaystyle\min_{x,y} f(x,y) = 2x^2 + 2xy + y^2 - 6x - 4y$

(2) $\displaystyle\min_{x,y} f(x,y) = x^2 + 4xy + 9y^2 - 2x + 6y + 2$

☞ 解答 p.236

標準問題

問 7.4　1 階条件を使って次の最適化問題を解きなさい．

(1) $\displaystyle\max_{x \geq 0, y \geq 0} f(x,y) = x^{\frac{1}{2}} y^{\frac{2}{3}} - x - 2y$

(2) $\displaystyle\min_{x,y} f(x,y) = (y - x^2)^2 + (1 - x)^2$

(3) $\displaystyle\max_{x,y} f(x,y) = e^{-(x^2 + y^2)}$

(4) $\displaystyle\min_{x,y} f(x,y) = e^{x^2 - xy + 2y^2 - x - 3y}$

☞ 解答 p.236

応用問題

問7.5 次の関数について1階条件を満たす解を求めなさい．

(1) $f(x,y) = x^3 - y^3 - 3x + 12y$　ヒント：1階条件を満たす解が複数ある

(2) $f(x,y) = (y - x^2)(y - 2x^2)$

(3) $f(x_1, x_2, x_3) = x_1 x_2 x_3 - (x_1 + x_2 + x_3)$　ヒント：1階条件を満たす解が複数ある

☞ 解答 p.236

> **ちょっとメモ**　(2) は1階条件を満たす (x,y) は，極大でも極小でもない組がひとつだけ求まる．「ペアノの例」として知られている．

7.4　制約付きの最適化

POINT

ラグランジュの未定乗数法 (実践編)

2変数の制約付き最大化問題　　　　　または2変数の制約付き最小化問題

$$\max_{x,y} f(x,y)$$
$$\text{s.t.} \quad g(x,y) = k$$

$$\min_{x,y} f(x,y)$$
$$\text{s.t.} \quad g(x,y) = k$$

を次のように解く．

Step1　偏微分して，ならべて，おまじないの $\times \lambda$ を ∂g の上に書く．

$$\begin{array}{cc} & \times \lambda \\ \dfrac{\partial f}{\partial x}(x,y) & \dfrac{\partial g}{\partial x}(x,y) \\ \dfrac{\partial f}{\partial y}(x,y) & \dfrac{\partial g}{\partial y}(x,y) \end{array}$$

Step2-1 おまじないの λ を ∂g にかけ込んで $0, =, -$ で式の間をつなぐ．3 元 (3 変数) x, y, λ の連立方程式が 2 個できる．

$$0 = \frac{\partial f}{\partial x}(x, y) - \lambda \frac{\partial g}{\partial x}(x, y)$$

$$0 = \frac{\partial f}{\partial y}(x, y) - \lambda \frac{\partial g}{\partial y}(x, y)$$

Step2-2 上の 2 式に制約式を忘れずに加える．これで連立方程式が計 $2 + 1 = 3$ 個できる．

$$0 = \frac{\partial f}{\partial x}(x, y) - \lambda \frac{\partial g}{\partial x}(x, y) \tag{7.2}$$

$$0 = \frac{\partial f}{\partial y}(x, y) - \lambda \frac{\partial g}{\partial y}(x, y) \tag{7.3}$$

$$0 = g(x, y) - k \tag{7.4}$$

Step3 上の (7.2), (7.3), (7.4) 式を 3 変数 x, y, λ の連立方程式として解く．

- 未知数 x, y と λ (ラグランジュ乗数と呼ぶ) の 3 変数に対して，$2 + 1 = 3$ 個の方程式を勇気を出して作ったのだから，尻込みせずに「解けるかもしれない．うふふ♡」と思うことがラグランジュ乗数法のポイント．

- ラグランジュ乗数法だけでは，最大なのか最小なのかの判定はできない．この後の問題は計算練習なので，ラグランジュ乗数法からそのまま解が求まるようなものを扱う．とくに【基礎問題】は方程式が連立 3 元 1 次方程式となるもので練習する．なので解ける．うふふ♡

- 【基礎問題】の多くは，制約式を変形して代入することによっても解けるが，ルーティンを会得するために，以下ではラグランジュ乗数法を用いて解く．

基礎問題

例題7.2 ラグランジュの未定乗数法を使って次の最小化問題を解きなさい．

$$\min_{x,y} \quad f(x,y) = x^2 + 3y^2$$

s.t. $2x + 3y = 7$

解答

(1) 制約式を移項して，左辺が関数の形になるよう書き換える．
$$g(x,y) = 2x + 3y - 7 = 0$$

(2) 偏微分して，ならべて，おまじないの $\times\lambda$ を ∂g の上に書く．

$$\times\lambda$$
$$\frac{\partial f}{\partial x}(x,y) = 2x \qquad \frac{\partial g}{\partial x}(x,y) = 2$$
$$\frac{\partial f}{\partial y}(x,y) = 6y \qquad \frac{\partial g}{\partial y}(x,y) = 3$$

(3) おまじないの λ を ∂g にかけ込んで $0, =, -$ で式の間をつなぐ．制約式も忘れずに加える．これで3変数の連立方程式が計 $2+1=3$ 個できる．

$$\begin{cases} 0 = 2x - 2\lambda & \text{①} \\ 0 = 6y - 3\lambda & \text{②} \\ 0 = 2x + 3y - 7 & \text{③} \end{cases}$$

(4) 勇気を出してこの連立方程式を作ってさえしまえば，あとは解くだけ．
① から $2x = 2\lambda$．ゆえに $x = \lambda$．② から $6y = 3\lambda$．ゆえに $y = \dfrac{\lambda}{2}$．これを ③ に代入して $2\lambda + \dfrac{3\lambda}{2} - 7 = 0$ から $\dfrac{7}{2}\lambda = 7$．ゆえに $\lambda = 2, x = 2, y = 1$ と求まる．　以上より，最適解は $(x,y) = (2,1)$．

　　　　　　　　　　　　　　　　　　　　　　　　　　　　　　　　　　　終

- 解答例の (3) の手順で，$0, =, -$ でつなぐところを $0, =, +$ でつないでも解くだけなら実害はない．実際，できあがる方程式は，

$$\begin{cases} 0 = 2x + 2\lambda & \text{①}' \\ 0 = 6y + 3\lambda & \text{②}' \\ 0 = 2x + 3y - 7 & \text{③}' \end{cases}$$

であって，これを解けば $\lambda = -2, x = 2, y = 1$ となり，λ の符号がマイナスとプラスで逆になるだけ．実際に方程式を解いて確認してほしいが，解くのが面倒なら，せめて ①′〜③′ に代入して確認してほしい．

問7.6（『経出る』例題7.5） ラグランジュの未定乗数法を使って次の最大化問題を解きなさい．

$$\max_{x,y} \quad u(x,y) = xy$$

$$\text{s.t.} \quad 2x + y = 4$$

☞ 解答 p.236

標準問題

例題7.3（『経出る』練習問題7.3(1)） ラグランジュの未定乗数法を使って次の最大化問題を解きなさい．

$$\max_{x,y} \quad u(x,y) = x^{\frac{1}{3}} y^{\frac{2}{3}}$$

$$\text{s.t.} \quad 2x + 3y = 18$$

解答

(1) 制約式を移項して，左辺が関数の形になるよう書き換える．

$$g(x,y) = 2x + 3y - 18 = 0$$

(2) 偏微分して，ならべて，おまじないの $\times \lambda$ を ∂g の上に書く．

$$\begin{array}{ll} & \quad \times \lambda \\ \dfrac{\partial f}{\partial x}(x,y) = \dfrac{1}{3} x^{-\frac{2}{3}} y^{\frac{2}{3}} & \dfrac{\partial g}{\partial x}(x,y) = 2 \\ \dfrac{\partial f}{\partial y}(x,y) = \dfrac{2}{3} x^{\frac{1}{3}} y^{-\frac{1}{3}} & \dfrac{\partial g}{\partial y}(x,y) = 3 \end{array}$$

(3) おまじないの λ を ∂g にかけ込んで $0, =, -$ で式の間をつなぐ．制約式も忘れずに加える．これで3変数の連立方程式が計 $2+1=3$ 個できる．

$$\begin{cases} 0 = \dfrac{1}{3}x^{-\frac{2}{3}}y^{\frac{2}{3}} - 2\lambda & \to 2\lambda = \dfrac{1}{3}x^{-\frac{2}{3}}y^{\frac{2}{3}} \quad ① \\ 0 = \dfrac{2}{3}x^{\frac{1}{3}}y^{-\frac{1}{3}} - 3\lambda & \to 3\lambda = \dfrac{2}{3}x^{\frac{1}{3}}y^{-\frac{1}{3}} \quad ② \\ 0 = 2x + 3y - 18 & \quad ③ \end{cases}$$

(4) 勇気を出してこの連立方程式を作ってさえしまえば，あとは解くだけ．ただし工夫が必要．工夫はひとそれぞれ．

① ÷ ② を辺々で行う．右辺の変形に指数法則 $\div a = \times a^{-1}$ などをうまく使う．

$$\dfrac{2}{3} = \dfrac{1}{3} \times \dfrac{3}{2}\bigl(x^{-\frac{2}{3}}y^{\frac{2}{3}}\bigr)\bigl(x^{\frac{1}{3}}y^{-\frac{1}{3}}\bigr)^{-1}$$
$$= \dfrac{1}{2}\bigl(x^{-\frac{2}{3}}y^{\frac{2}{3}}\bigr)\bigl(x^{-\frac{1}{3}}y^{\frac{1}{3}}\bigr)$$
$$= \dfrac{1}{2}\bigl(x^{-\frac{2}{3}}x^{-\frac{1}{3}}\bigr)\bigl(y^{\frac{2}{3}}y^{\frac{1}{3}}\bigr) = \dfrac{1}{2}x^{-1}y$$

ゆえに $y = \dfrac{4}{3}x$ となる．これを ③ 式に代入すると，$2x + 3 \times \dfrac{4}{3}x - 18 = 0$ から，最適解 $x = 3, y = 4$ が求まる．

ちなみに ① 式から，$\lambda = \dfrac{1}{2} \times \dfrac{1}{3}\bigl(3^{-\frac{2}{3}}4^{\frac{2}{3}}\bigr) = 2^{-1}3^{-1}3^{-\frac{2}{3}}2^{\frac{4}{3}} = 2^{\frac{1}{3}}3^{-\frac{5}{3}} = \sqrt[3]{\dfrac{2}{3^5}}$．うへぇ．(>﹏<;)

終

問7.7（『経出る』練習問題7.3（1）） ラグランジュの未定乗数法を使って次の最大化問題を解きなさい．

$$\max_{x,y} \quad u(x,y) = x^{\frac{1}{2}}y^{\frac{1}{2}}$$
$$\text{s.t.} \quad 4x + y = 24$$

☞ 解答 p.236

問7.8（『経出る』練習問題7.3（2）） ラグランジュの未定乗数法を使って次の最大化問題を解きなさい．

$$\max_{x,y} \quad f(x,y) = \dfrac{1}{3}\log x + \dfrac{2}{3}\log y$$
$$\text{s.t.} \quad 2x + 3y = 18$$

☞ 解答 p.236

7.4 制約付きの最適化

問 7.9（『経出る』例題 7.6） ラグランジュの未定乗数法を使って次の最小化問題を解きなさい．

$$\min_{L,K} \quad c(L,K) = 4L + K$$

s.t. $\quad L^{\frac{1}{2}}K^{\frac{1}{2}} = 6$

☞ 解答 p.236

問 7.10 ラグランジュの未定乗数法を使って次の最大化問題を解きなさい．

$$\max_{x,y} \quad f(x,y) = x + 2x^{\frac{1}{2}}y^{\frac{1}{2}} + y$$

s.t. $\quad 2x + 3y = 30$

☞ 解答 p.236

問 7.11（国家 I 種平成 24 年度） ある企業が資本と労働を用いて生産を行っており，その生産関数が

$$Y = K^{\frac{1}{3}}L^{\frac{1}{3}} \quad (Y：産出量, K：資本量, L：労働量)$$

で示されている．また，資本と労働の単価はそれぞれ 2, 54 である．この企業が 12 の産出量を達成しようとする場合の費用を最小化したい．このとき，最適資本量はいくらか．

(1) 0　　(2) 64　　(3) 96　　(4) 144　　(5) 216

☞ 解答 p.236

問 7.12（国家 II 種平成 22 年度） ある企業の生産関数が

$$Y = K^{\frac{3}{4}}L^{\frac{1}{4}} \quad (Y：産出量, K：資本量, L：労働量)$$

で表されている．また，資本及び労働の要素価格はそれぞれ 3, 16 である．この企業が産出量を 40 に固定したままで費用最小化を図った．この場合の最適資本量はいくらか．

(1) 60　　(2) 65　　(3) 70　　(4) 75　　(5) 80

☞ 解答 p.236

第7章 多変数関数の微分と効用最大化

問 7.13（国家II種平成21年度） ある消費者の効用関数が次のように与えられている．

$$u = xy$$

ここで u は効用水準，x は X 財の消費量，y は Y 財の消費量を表す．X 財の価格は 4，Y 財の価格は 20 とする．このとき，消費者が 500 の効用水準を実現するために必要な所得の最小値はいくらか．

(1)　200　(2)　300　(3)　400　(4)　500　(5)　600

☞ 解答 p.237

問 7.14（国家II種平成19年度） ある個人の効用関数が次のように与えられている．

$$u = x(12 - L)$$

ここで u は効用水準，x は X 財の消費量，L は労働供給量を表す．X 財の価格は 10 であり，労働1単位あたりの賃金率は 20 とする．この個人が効用を最大化するときの労働供給量はいくらになるか．なお，この個人は労働によって得た所得のすべてを X 財の消費に使うものとする．

(1)　4　(2)　6　(3)　8　(4)　10　(5)　12

☞ 解答 p.237

POINT

ラグランジュの未定乗数法（ラグランジュ関数で）

2変数の制約付き最大化問題　　　　または2変数の制約付き最小化問題

$$\max_{x,y} \quad f(x,y)$$
$$\text{s.t.} \quad g(x,y) = k$$

$$\min_{x,y} \quad f(x,y)$$
$$\text{s.t.} \quad g(x,y) = k$$

を次のように解く．

Step1　ラグランジュ関数を作る：

$$\mathcal{L}(x, y, \lambda) = f(x,y) + \lambda\bigl(k - g(x,y)\bigr).$$

Step2　ラグランジュ関数 $\mathcal{L}$ を各変数 x, y, λ で偏微分して「イコールゼロ」とおく：

$$0 = \frac{\partial \mathcal{L}}{\partial x}(x, y, \lambda) = \frac{\partial f}{\partial x}(x, y) - \lambda \frac{\partial g}{\partial x}(x, y) \tag{7.5}$$

$$0 = \frac{\partial \mathcal{L}}{\partial y}(x, y, \lambda) = \frac{\partial f}{\partial y}(x, y) - \lambda \frac{\partial g}{\partial y}(x, y) \tag{7.6}$$

$$0 = \frac{\partial \mathcal{L}}{\partial \lambda}(x, y, \lambda) = k - g(x, y) \tag{7.7}$$

Step3　上の (7.5), (7.6), (7.7) 式を 3 変数 x, y, λ の連立方程式として解く．

ラグランジュ関数を用いると，制約付きの問題を解くプロセスがあたかもラグランジュ関数 $\mathcal{L}$ の制約なしの最適化問題に 1 階条件を当てはめているかのように見えるところが，おもしろい．

応用問題

例題7.4(『経出る』練習問題7.3(1))　次の最大化問題について答えなさい．

$$\max_{x,y} \quad f(x, y) = x^\alpha y^\beta$$
$$\text{s.t.} \quad px + qy = I$$

(1)　ラグランジュの未定乗数法を使って解きなさい．

(2)　最適値を p, q, I の関数 $F(p, q, I)$ として表しなさい．

解答

(1)　Step1　ラグランジュ関数を作ると，

$$\mathcal{L}(x, y, \lambda) = x^\alpha y^\beta + \lambda(I - px - qy).$$

Step2　各変数で偏微分してイコールゼロとおくと，

$$\begin{cases} 0 = \dfrac{\partial \mathcal{L}}{\partial x} = \alpha x^{\alpha-1} y^\beta - \lambda p \quad \to \quad \lambda p = \alpha x^{\alpha-1} y^\beta & \text{①} \\[2mm] 0 = \dfrac{\partial \mathcal{L}}{\partial y} = \beta x^\alpha y^{\beta-1} - \lambda q \quad \to \quad \lambda q = \beta x^\alpha y^{\beta-1} & \text{②} \\[2mm] 0 = \dfrac{\partial \mathcal{L}}{\partial \lambda} = I - px - qy & \text{③} \end{cases}$$

$\boxed{\text{Step3}}$ あとは工夫して解く.

①÷② を辺々で行う. 右辺の変形に指数法則をうまく使う.

$$\begin{aligned}\frac{p}{q} &= \frac{\alpha}{\beta}\left(x^{\alpha-1}y^{\beta}\right)\left(x^{\alpha}y^{\beta-1}\right)^{-1} \\ &= \frac{\alpha}{\beta}\left(x^{\alpha-1}y^{\beta}\right)\left(x^{-\alpha}y^{-\beta+1}\right) \\ &= \frac{\alpha}{\beta}\left(x^{\alpha-1}x^{-\alpha}\right)\left(y^{\beta}y^{-\beta+1}\right) \\ &= \frac{\alpha}{\beta}x^{-1}y = \frac{\alpha}{\beta}\frac{y}{x}\end{aligned}$$

ゆえに $y = \dfrac{p\beta}{q\alpha}x$ となる. これを ③ 式に代入すると, $I - px - q\dfrac{p\beta}{q\alpha}x = 0$ から, $\left(\dfrac{\alpha+\beta}{\alpha}\right)px = I$ を得る.

最適解は $(x, y) = \left(\dfrac{\alpha}{\alpha+\beta}\dfrac{I}{p}, \dfrac{\beta}{\alpha+\beta}\dfrac{I}{q}\right)$ となる.

(2) 最適解を $f(x,y)$ に代入したあらたな関数 $F(p,q,I)$ が最適値関数である. したがって,

$$F(p,q,I) = f\left(\frac{\alpha}{\alpha+\beta}\frac{I}{p}, \frac{\beta}{\alpha+\beta}\frac{I}{q}\right) = \left(\frac{I}{\alpha+\beta}\right)^{\alpha+\beta}\left(\frac{\alpha}{p}\right)^{\alpha}\left(\frac{\beta}{q}\right)^{\beta}.$$

終

$\boxed{\text{例題7.5}(『経出る』例題7.6)}$ ラグランジュの未定乗数法を使って次の最小化問題を解きなさい.

$$\begin{aligned}\min_{L,K}\ & wL + rK \\ \text{s.t.}\ & L^{\alpha}K^{\beta} = x\end{aligned}$$

解答

$\boxed{\text{Step1}}$ ラグランジュ関数を作ると,

$$\mathcal{L}(L,K,\lambda) = wL + rK + \lambda\bigl(x - L^{\alpha}K^{\beta}\bigr).$$

$\boxed{\text{Step2}}$ 各変数で偏微分してイコールゼロとおくと,

$$\begin{cases} 0 = \dfrac{\partial \mathcal{L}}{\partial L} = w - \lambda\alpha L^{\alpha-1}K^{\beta} \quad \to w = \lambda\alpha L^{\alpha-1}K^{\beta} & \text{①} \\[1em] 0 = \dfrac{\partial \mathcal{L}}{\partial K} = r - \lambda\beta L^{\alpha}K^{\beta-1} \quad \to r = \lambda\beta L^{\alpha}K^{\beta-1} & \text{②} \\[1em] 0 = \dfrac{\partial \mathcal{L}}{\partial \lambda} = x - L^{\alpha}K^{\beta} & \text{③} \end{cases}$$

Step3 あとは工夫して解く．

①÷② を辺々で行う．右辺の変形に指数法則をうまく使う．

$$\frac{w}{r} = \frac{\alpha}{\beta}\left(L^{\alpha-1}K^{\beta}\right)\left(L^{\alpha}K^{\beta-1}\right)^{-1}$$
$$= \frac{\alpha}{\beta}\left(L^{\alpha-1}K^{\beta}\right)\left(L^{-\alpha}K^{-\beta+1}\right)$$
$$= \frac{\alpha}{\beta}\left(L^{\alpha-1}L^{-\alpha}\right)\left(K^{\beta}K^{-\beta+1}\right)$$
$$= \frac{\alpha}{\beta}L^{-1}K = \frac{\alpha}{\beta}\frac{K}{L}$$
$$\frac{w}{r} = \frac{\alpha}{\beta}\frac{K}{L} \tag{7.8}$$

ゆえに $K = \dfrac{w\beta}{r\alpha}L$ となる．これを③式に代入すると，$x = L^{\alpha}\left(\dfrac{w\beta}{r\alpha}L\right)^{\beta}$ から，$L = \left(\dfrac{r\alpha}{w\beta}\right)^{\frac{\beta}{\alpha+\beta}} x^{\frac{1}{\alpha+\beta}}$ を得る．

最適解は $(L, K) = \left(\left(\dfrac{r\alpha}{w\beta}\right)^{\frac{\beta}{\alpha+\beta}} x^{\frac{1}{\alpha+\beta}}, \left(\dfrac{w\beta}{r\alpha}\right)^{\frac{\alpha}{\alpha+\beta}} x^{\frac{1}{\alpha+\beta}}\right)$ となる．

終

- 『経出る』でも説明がある通り，本問を費用最小化問題ととらえた時，経済分析で重要なのは技術的限界代替率と要素価格比の関係を示した (7.8) 式である．

問7.15 次の最小化問題について答えなさい．

$$\min_{L,K} \quad c(L,K) = wL + rK$$
$$\text{s.t.} \quad L^{\frac{1}{2}}K^{\frac{1}{2}} = x$$

(1) ラグランジュの未定乗数法を使って解き，最適解 L, K を w, r, x の関数として表しなさい．

(2) 最適値を w, r, x の関数 $C(w, r, x)$ として表しなさい．

☞ 解答 p.237

POINT

ラグランジュの未定乗数法 (ラグランジュ関数で)

n 変数の制約付き最大化問題   または n 変数の制約付き最小化問題

$$\max_{x_1,\ldots,x_n} f(x_1,\ldots,x_n) \qquad\qquad \min_{x_1,\ldots,x_n} f(x_1,\ldots,x_n)$$
$$\text{s.t.} \quad g(x_1,\ldots,x_n) = k \qquad\qquad \text{s.t.} \quad g(x_1,\ldots,x_n) = k$$

を次のように解く.

Step1 ラグランジュ関数を作る：

$$\mathcal{L}(x_1,\ldots,x_n,\lambda) = f(x_1,\ldots,x_n) + \lambda(k - g(x_1,\ldots,x_n)).$$

Step2 ラグランジュ関数 $\mathcal{L}$ を各変数 $x_1,\ldots,x_n,\lambda$ で偏微分して「イコールゼロ」とおく：

$$0 = \frac{\partial \mathcal{L}}{\partial x_1}(x_1,\ldots,x_n,\lambda) = \frac{\partial f}{\partial x_1}(x_1,\ldots,x_n) - \lambda \frac{\partial g}{\partial x_1}(x_1,\ldots,x_n)$$

$$\vdots$$

$$0 = \frac{\partial \mathcal{L}}{\partial x_n}(x_1,\ldots,x_n,\lambda) = \frac{\partial f}{\partial x_n}(x_1,\cdots,x_n) - \lambda \frac{\partial g}{\partial x_n}(x_1,\ldots,x_n)$$

$$0 = \frac{\partial \mathcal{L}}{\partial \lambda}(x_1,\ldots,x_n,\lambda) = k - g(x_1,\ldots,x_n)$$

Step3 上の式を $n+1$ 変数 $x_1,\ldots,x_n,\lambda$ の連立方程式として解く.

応用問題

例題7.6 ラグランジュの未定乗数法を使って次の最大化問題を解きなさい.

$$\max_{x,L,K} \quad px - (wL + rK)$$
$$\text{s.t.} \quad L^{\frac{1}{4}} K^{\frac{1}{4}} = x$$

解答

Step1 ラグランジュ関数を作ると,

$$\mathcal{L}(x, L, K, \lambda) = px - wL - rK + \lambda\bigl(x - L^{\frac{1}{4}}K^{\frac{1}{4}}\bigr).$$

$\boxed{\text{Step2}}$ 各変数で偏微分してイコールゼロとおくと,

$$\begin{cases} 0 = \dfrac{\partial \mathcal{L}}{\partial x} = p + \lambda & \to p = -\lambda & \text{①} \\[4pt] 0 = \dfrac{\partial \mathcal{L}}{\partial L} = -w - \dfrac{\lambda}{4}L^{-\frac{3}{4}}K^{\frac{1}{4}} & \to w = -\dfrac{\lambda}{4}L^{-\frac{3}{4}}K^{\frac{1}{4}} & \text{②} \\[4pt] 0 = \dfrac{\partial \mathcal{L}}{\partial K} = -r - \dfrac{\lambda}{4}L^{\frac{1}{4}}K^{-\frac{3}{4}} & \to r = -\dfrac{\lambda}{4}L^{\frac{1}{4}}K^{-\frac{3}{4}} & \text{③} \\[4pt] 0 = \dfrac{\partial \mathcal{L}}{\partial \lambda} = x - L^{\frac{1}{4}}K^{\frac{1}{4}} & & \text{④} \end{cases}$$

$\boxed{\text{Step3}}$ あとは工夫して解く. ① で $p = -\lambda$ がわかったので, ②, ③ に代入することで,

$$w = \frac{p}{4}L^{-\frac{3}{4}}K^{\frac{1}{4}}$$
$$r = \frac{p}{4}L^{\frac{1}{4}}K^{-\frac{3}{4}}$$

となる. $w^3 r$ を指数法則をうまく変形に使い計算する.

$$\begin{aligned} w^3 r &= \frac{p^3}{4^3}L^{-\frac{3}{4}\times 3}K^{\frac{1}{4}\times 3} \times \frac{p}{4}L^{\frac{1}{4}}K^{-\frac{3}{4}} \\ &= \frac{p^4}{4^4}L^{-\frac{9}{4}+\frac{1}{4}}K^{\frac{3}{4}-\frac{3}{4}} \\ &= \frac{p^4}{4^4}L^{-2}. \end{aligned}$$

ゆえに $L = \left(\dfrac{p}{4}\right)^2 \sqrt{\dfrac{1}{w^3 r}}$ となる. 同様に wr^3 を指数法則をうまく変形に使い計算する.

$$\begin{aligned} wr^3 &= \frac{p}{4}L^{-\frac{3}{4}}K^{\frac{1}{4}} \times \frac{p^3}{4^3}L^{\frac{1}{4}\times 3}K^{-\frac{3}{4}\times 3} \\ &= \frac{p^4}{4^4}L^{-\frac{3}{4}+\frac{3}{4}}K^{\frac{1}{4}-\frac{9}{4}} \\ &= \frac{p^4}{4^4}K^{-2}. \end{aligned}$$

ゆえに $K = \left(\dfrac{p}{4}\right)^2 \sqrt{\dfrac{1}{wr^3}}$ となる. これを ④ 式に代入すると, $x = \dfrac{p}{4}\dfrac{1}{\sqrt{wr}}$ を得る.

最適解は $(x, L, K) = \left(\dfrac{p}{4}\dfrac{1}{\sqrt{wr}}, \left(\dfrac{p}{4}\right)^2\sqrt{\dfrac{1}{w^3 r}}, \left(\dfrac{p}{4}\right)^2\sqrt{\dfrac{1}{wr^3}}\right)$ となる.

終

> **例題7.7（『経出る』練習問題7.8）** 次の最大化問題を解きなさい．ただし，目的関数と制約式にはだかで出てきている x を消去して，制約なしの問題として解きなさい．
>
> $$\max_{x,L,K} \quad px - (wL + rK)$$
> $$\text{s.t.} \quad L^{\frac{1}{4}} K^{\frac{1}{4}} = x$$
>
> **解答** 目的関数と制約式にはだかで出てきている x を消去すると，問題は，
>
> $$\max_{L,K} \quad pL^{\frac{1}{4}} K^{\frac{1}{4}} - (wL + rK)$$
>
> となる．1階の条件から
>
> $$\begin{cases} 0 = \dfrac{p}{4} L^{-\frac{3}{4}} K^{\frac{1}{4}} - w & \to w = \dfrac{p}{4} L^{-\frac{3}{4}} K^{\frac{1}{4}} \quad \text{①} \\ 0 = \dfrac{p}{4} L^{\frac{1}{4}} K^{-\frac{3}{4}} - r & \to r = \dfrac{p}{4} L^{\frac{1}{4}} K^{-\frac{3}{4}} \quad \text{②} \end{cases}$$
>
> あとは，例題7.6と同様にして計算すると，最適解は
>
> $$(L, K) = \left(\left(\frac{p}{4}\right)^2 \sqrt{\frac{1}{w^3 r}}, \left(\frac{p}{4}\right)^2 \sqrt{\frac{1}{w r^3}} \right)$$
>
> を得る．
>
> 終

問7.16 ラグランジュの未定乗数法を使って次の最大化問題を解きなさい．

$$\max_{x,L,K} \quad px - (wL + rK)$$
$$\text{s.t.} \quad L^{\frac{1}{3}} K^{\frac{1}{3}} = x$$

☞ 解答 p.237

問7.17 次の最大化問題を解きなさい．ただし，目的関数と制約式にはだかで出てきている x を消去して，制約なしの問題として解きなさい．

$$\max_{x,L,K} \quad px - (wL + rK)$$
$$\text{s.t.} \quad L^{\frac{1}{3}} K^{\frac{1}{3}} = x$$

☞ 解答 p.237

問7.18 ラグランジュの未定乗数法を使って次の最大化問題を解きなさい．

$$\max_{x_1,x_2,x_3} \quad x_1 x_2 x_3$$

s.t. $\quad x_1 + x_2 + x_3 = a$

☞ 解答 p.237

問7.19（『経出る』練習問題7.3(1)） ラグランジュの未定乗数法を使って次の最大化問題を解きなさい．

$$\max_{x_1,x_2,x_3} \quad u(x_1, x_2, x_3) = (x_1)^\alpha (x_2)^\beta (x_3)^\gamma$$

s.t. $\quad p_1 x_1 + p_2 x_2 + p_3 x_3 = I$

☞ 解答 p.237

問7.20（『経出る』練習問題7.3(2)） ラグランジュの未定乗数法を使って次の最大化問題を解きなさい．

$$\max_{x_1,x_2,x_3} \quad v(x_1, x_2, x_3) = \alpha \log x_1 + \beta \log x_2 + \gamma \log x_3$$

s.t. $\quad p_1 x_1 + p_2 x_2 + p_3 x_3 = I$

☞ 解答 p.237

7.5 ラグランジュの未定乗数法の図解

7.5.1 予算制約のある最適化：ラグランジュの未定乗数法と図解

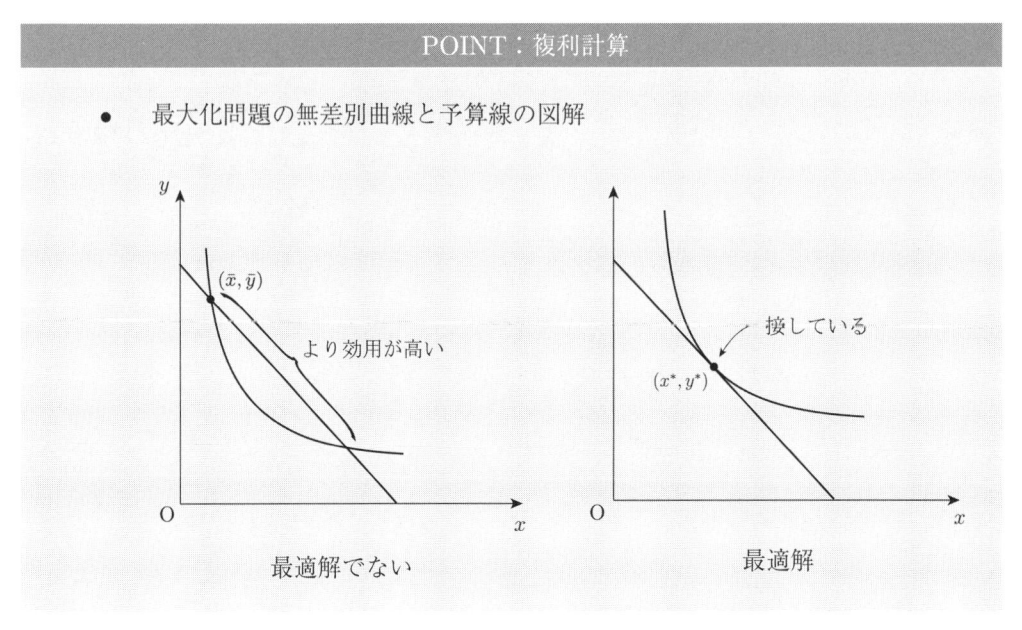

POINT：複利計算

- 最大化問題の無差別曲線と予算線の図解

最適解でない　　　　　　　　最適解

標準問題

例題7.8 以下の最大化問題 (P) について，答えなさい．

$$(P) \begin{cases} \text{最大化} & z = f(x,y) = xy & \cdots \text{効用関数} \\ \text{条件} & x + y = 4 & \cdots \text{予算制約} \end{cases}$$

(1) ラグランジュの未定乗数法を用いて解くことで，$x=2, y=2$ が問題 (P) の解であることを示しなさい．

(2) 予算線および，$z=1, z=4$ のときの効用関数の無差別曲線を描きなさい．

(3) 小問 (2) で描いた 2 本の無差別曲線と予算線の交点において，無差別曲線の法線ベクトルを描きなさい．

解答

(1) 制約式を移項して，左辺が関数の形になるよう書き換える．

$$g(x,y) = x + y - 4 = 0.$$

偏微分して，ならべて，おまじないの $\times \lambda$ を ∂g の上に書く．

$$\frac{\partial f}{\partial x}(x,y) = y \quad \frac{\partial g}{\partial x}(x,y) = 1$$
$$\frac{\partial f}{\partial y}(x,y) = x \quad \frac{\partial g}{\partial y}(x,y) = 1$$

(×λ)

おまじないの λ を ∂g にかけ込んで $0, =, -$ で式の間をつなぐ．制約式も忘れずに加える．これで 3 元の連立方程式が計 $2+1=3$ 個できる．

$$\begin{cases} 0 = y - \lambda & \text{①} \\ 0 = x - \lambda & \text{②} \\ 0 = x + y - 4 & \text{③} \end{cases}$$

勇気を出してこの連立方程式を作ってさえしまえば，あとは解くだけ．

① から $y = \lambda$．② から $x = \lambda$．

これを ③ に代入して $2\lambda - 4 = 0$ から $\lambda = 2$．ゆえに $\lambda = 2, x = 2, y = 2$ と求まる．

以上より，最適解は $(x, y) = (2, 2)$．

(2) 次図の通り．$z = 4$ の時は交点は接点 (最適解) であるが，$z = 1$ の時は交点がふたつで，これらの交点は最適解とはならない．

(3) 最適解では無差別曲線の法線ベクトルが予算線の法線ベクトルと平行，すなわち，予算線と直交しているが，最適解でない場合はそうはなっていない．

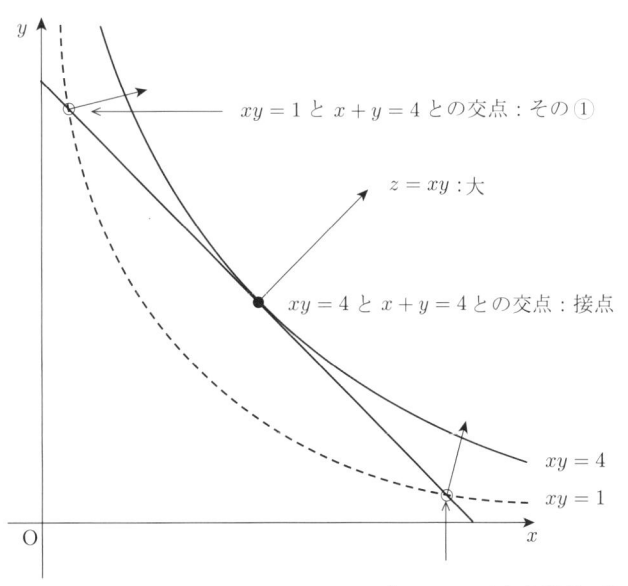

図 7.1　無差別曲線と予算線の交点

第 7 章 多変数関数の微分と効用最大化

問 7.21 連立方程式

$$\begin{cases} x+y=4 & \cdots ① \\ y=\dfrac{3}{x} & \cdots ② \end{cases}$$

の解 $(1,3)$ および $(3,1)$ について，次の問いに答えなさい．

問題

最大化問題

$$\begin{cases} \text{最大化} & z=xy & \cdots & \text{効用関数} \\ \text{条件} & x+y=4 & \cdots & \text{予算制約} \end{cases}$$

に対するラグランジュの未定乗数法の解とはならないことを，ラグランジュの未定乗数法を解くこと，および図で示しなさい．

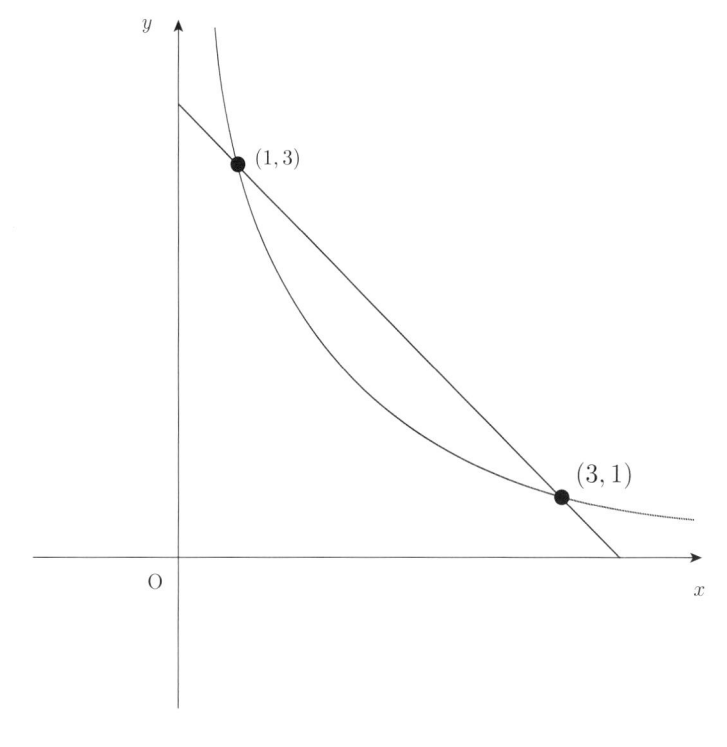

(解答省略)

問 7.22 連立方程式

$$\begin{cases} x+2y=10 & \cdots ① \\ x^2+y^2=20 & \cdots ② \end{cases}$$

について，次の問いに答えなさい．

(1) 連立方程式の解を求めなさい．

(2) この連立方程式の解が，制約付き最小化問題

$$\begin{cases} 最小化 & z = x^2 + y^2 & \cdots \quad 効用関数 \\ 条件 & x + 2y = 10 & \cdots \quad 予算制約 \end{cases}$$

に対するラグランジュの未定乗数法の解であることを，ラグランジュの未定乗数法を解くこと，および図説で示しなさい．

(3) $(x, y) = (6, 2)$ は，この最小化問題の解ではないことを図説で示しなさい．

☞ 解答 p.237

POINT

- 最適解の無差別曲線と予算線の法線ベクトル

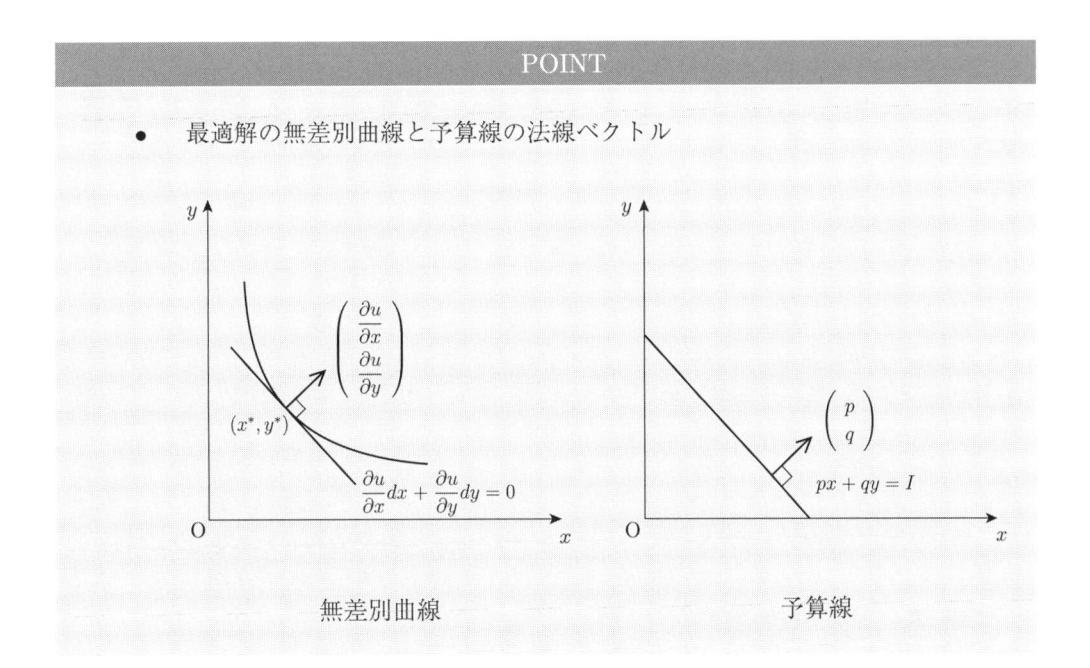

無差別曲線の図：点 (x^*, y^*) における法線ベクトル $\begin{pmatrix} \dfrac{\partial u}{\partial x} \\ \dfrac{\partial u}{\partial y} \end{pmatrix}$，曲線の方程式 $\dfrac{\partial u}{\partial x}dx + \dfrac{\partial u}{\partial y}dy = 0$

予算線の図：法線ベクトル $\begin{pmatrix} p \\ q \end{pmatrix}$，直線 $px + qy = I$

応用問題

例題7.9（『経出る』7.4節）● 効用関数 $z = u(x, y)$ について答えなさい．

(1) 点 (x^*, y^*) における，無差別曲線の接線の方程式を求めなさい．

(2) 点 (x^*, y^*) での無差別曲線の法線ベクトルを求めなさい．

解答

(1) 点 (x^*, y^*) における，効用関数のグラフの接平面の方程式は，次のようになる．
$$z - u(x^*, y^*) = \frac{\partial u}{\partial x}(x^*, y^*)(x - x^*) + \frac{\partial u}{\partial y}(x^*, y^*)(y - y^*) \tag{7.9}$$

(7.9) 式と平面 $z - u(x^*, y^*) = 0$ との交差線が求める接線の方程式になる．したがって，
$$\frac{\partial u}{\partial x}(x^*, y^*)(x - x^*) + \frac{\partial u}{\partial y}(x^*, y^*)(y - y^*) = 0. \tag{7.10}$$

(2) (7.10) 式から，$\begin{pmatrix} \frac{\partial u}{\partial x}(x^*, y^*) \\ \frac{\partial u}{\partial y}(x^*, y^*) \end{pmatrix}$ が求める法線ベクトル．

終

> **ちょっとメモ** $dz = z - u(x^*, y^*)$, $dx = x - x^*$, $dy = y - y^*$ とかくことで，(7.9) 式，(7.10) 式は次のようにかける．
> $$dz = \frac{\partial u}{\partial x}(x^*, y^*)dx + \frac{\partial u}{\partial y}(x^*, y^*)dy$$
> $$0 = \frac{\partial u}{\partial x}(x^*, y^*)dx + \frac{\partial u}{\partial y}(x^*, y^*)dy$$

問 7.23（『経出る』命題10） 制約付き最大化問題

$$\begin{cases} \text{最大化} & z = u(x, y) & \cdots & \text{効用関数} \\ \text{条件} & px + qy = I & \cdots & \text{予算制約} \end{cases}$$

の 1 階条件を例題 7.9 の結果を用いて導出しなさい．

☞ 解答 p.237

7.5.2 同次関数

> **POINT**
>
> n 変数関数 f がどんな $(x_1,\ldots,x_n)$ と $t>0$ についても
>
> $$f(tx_1,\ldots,tx_n) = t^k f(x_1,\ldots,x_n)$$
>
> を満たすとき，f を k 次同次関数という．

標準問題

例題 7.10 $f(L,K) = L^{0.4}K^{0.6}$ とする．指数法則を使って式 $f(tL,tK) = (tL)^{0.4}(tK)^{0.6}$ を簡単にして，f が何次の同次関数か調べなさい．

解答

$$\begin{aligned}
f(tL,tK) &= (tL)^{0.4}(tK)^{0.6} \\
&= t^{0.4}L^{0.4}t^{0.6}K^{0.6} \\
&= t^{0.4+0.6}L^{0.4}K^{0.6} \\
&= tL^{0.4}K^{0.6} \\
&= tf(L,K).
\end{aligned}$$

f は 1 次の同次関数．

問 7.24 (同次関数) 例題 7.10 にならって，次の式を簡単にしなさい．結果からいって，それぞれ何次の同次関数だろうか．

(1) $f(L,K) = L^{\frac{1}{3}}K^{\frac{2}{3}}$ とする．$f(tL,tK) = (tL)^{\frac{1}{3}}(tK)^{\frac{2}{3}}$

(2) $f(L,K) = L^{\frac{3}{4}}K^{\frac{5}{4}}$ とする．$f(tL,tK) = (tL)^{\frac{3}{4}}(tK)^{\frac{5}{4}}$

(3) $f(L,K) = L^{\alpha}K^{\beta}$ とする．$f(tL,tK) = (tL)^{\alpha}(tK)^{\beta}$

(4) $f(x,y) = x^3 + x^2y + 2xy^2$ とする．$f(tx,ty) = (tx)^3 + (tx)^2(ty) + 2(tx)(ty)^2$

解答 p.237

！ 解答 ！

第 1 章

問 1.1

(1) $y = 2x - 1$

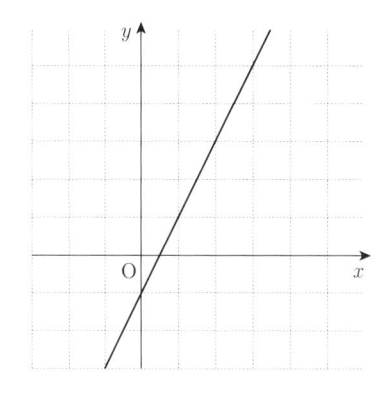

(2) $y = -2x + 3$

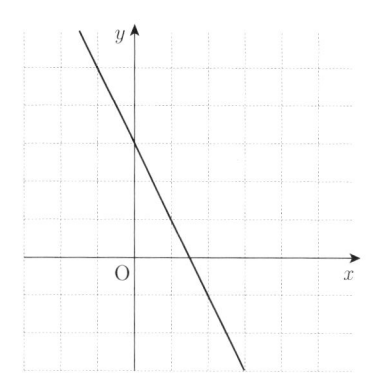

(3) $y = \dfrac{5}{2}$

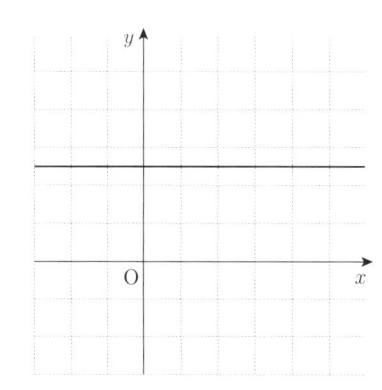

(4) $y = \dfrac{1}{2}x + 1$

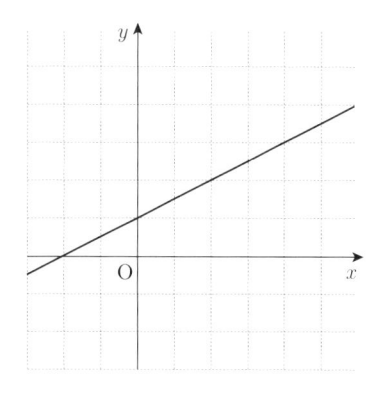

問 1.2

(1) $y = f(x) = -\dfrac{1}{2}x + 1$

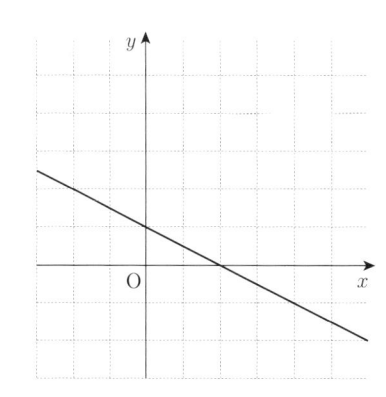

(2) $y = f(x) = -\dfrac{3}{4}x + 3$

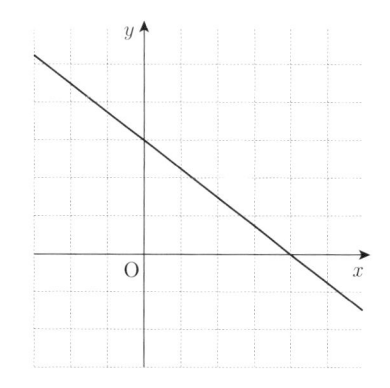

解答

問 1.3

[図: (1) $y=-x$, (2) $y=-x+1$, (3) $y=x-2$, (4) $y=-1$, (5) $y=-2$, (6) 45°度線, $x=1$]

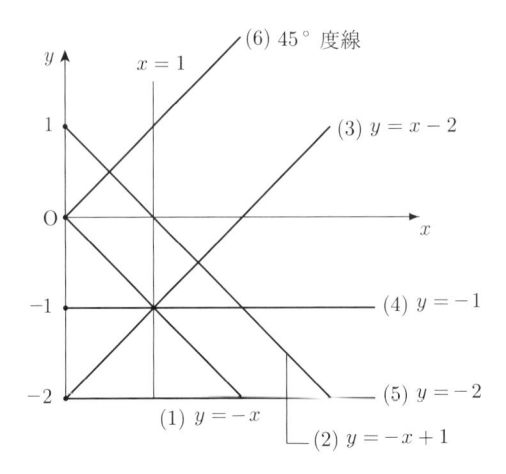

問 1.4

(1) 傾き $-\dfrac{3}{4}$, 切片 30

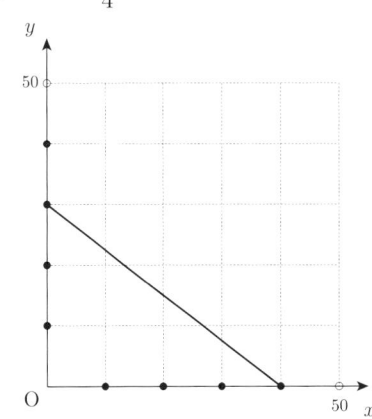

(2) (お)

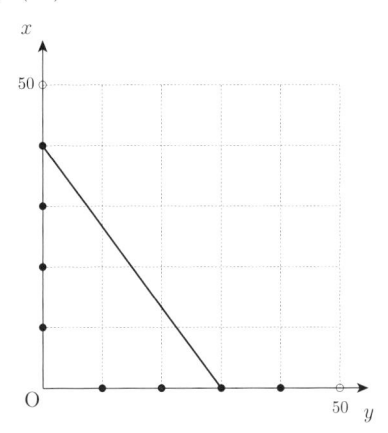

(2) (あ) $\dfrac{3}{4}x + y = 30$

(い) $3x + 4y = 120$

(う) $3x = -4y + 120$

(え) $x = -\dfrac{4}{3}y + 40$

(3) できた図 1.1 と図 1.2 をみくらべて，ひとこと．45 度線 で折り返し．

問 1.5 $f^{-1}(x) = \dfrac{1}{2}x - 1$

問 **1.6**　$P(q) = D^{-1}(q) = 20 - \dfrac{1}{2}q$

問 **1.7**　(1) $300x$　(2) $300x$　(3) $300x + 5$　(4) $300x + 150$

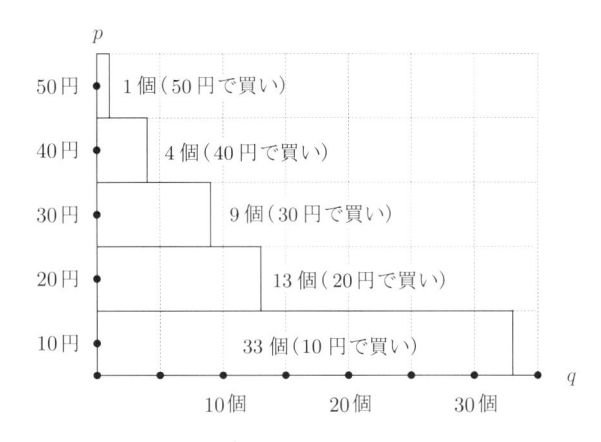

問 **1.8**

問 **1.9**

(1) (a) $q = 30 - \dfrac{3}{4}p, \ p = 40 - \dfrac{4}{3}q$

　　(b) p 切片 $= 40, q$ 切片 $= 30$

　　(c) $q = S(40) = \dfrac{1}{2} \times 40 = 20$

　　(d) $p = 24, q = 12$

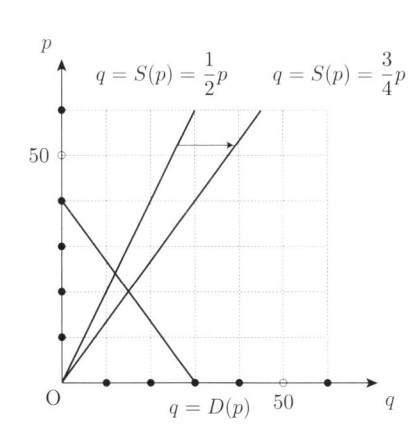

(2) 供給曲線の傾きが変化することで，$p = 20, q = 15$ へと均衡点が移動する (供給量が増えることで均衡価格が下がった).

解答

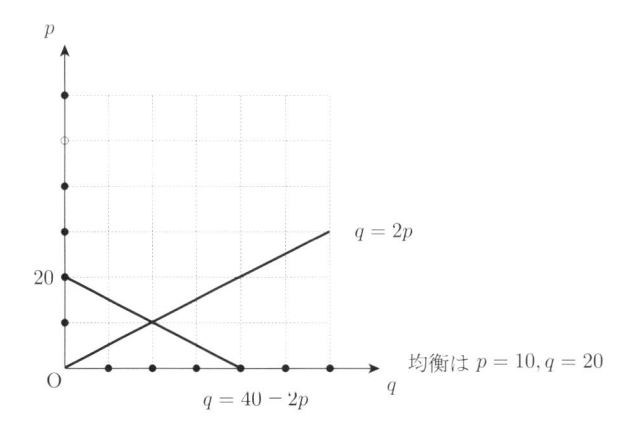

問 1.10

均衡は $p=10, q=20$

図中: $q=2p$, $q=40-2p$

問 1.11

- 消費者余剰：$8,000 - 6,000 = 2,000$ 円
- 生産者余剰：$6,000 - 5,000 = 1,000$ 円
- 総余剰：$2,000 + 1,000 = 8,000 - 5,000 = 3,000$ 円

問 1.12

(1) 問 1.10 の解答図から

- 消費者余剰 $= 20 \times 10 \div 2 = 100$
- 生産者余剰 $= 20 \times 10 \div 2 = 100$
- 総余剰 $= 100 + 100 = 200$

(2) 条例がある場合の余剰

- 消費者余剰 $(CS) = 10 \times (20 - 15) \div 2 = 25$
- 生産者余剰 $(PS) = 10 \times (10 + 15) \div 2 = 125$
- 総余剰 $= 25 + 125 = 150$（死荷重 50 が生じる）

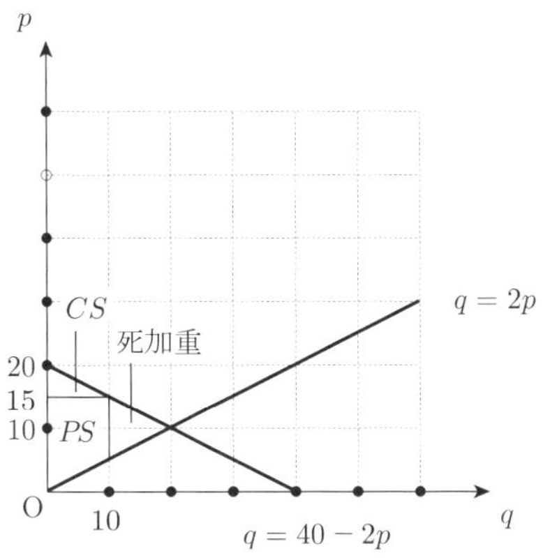
p
CS
死加重
20
15
10
PS
O
10
q = 2p
q
q = 40 − 2p

問 1.13　(答が同じものが並ぶのは意図したから)

(1) $y = 2x + 1$

(2) $y = -2x + 1$

(3) $y = 2x + 2$

(4) $y = -2x + 6$

(5) 傾きが $\dfrac{8-4}{3-1} = 2$ なので，$y = 2x + 2$

(6) $y = -2x + 6$

問 1.14

(1) $y = -\dfrac{3}{2}x + 3$

(2) $y = -2x + 50$

(3) $y = -2x + 120$

問 1.15　$p = 800 - 2(x - 100) = -2x + 1000$ 円

問 1.16

(1) $b = 100$

(2) $200 = 200a + 100$ を解いて，$a = 0.5$

(3) 50%

解答

問 1.17

(1) 座席が 50 席売れた場合

- 収入 $= 5,000 \times 50 = 250,000$ 円
- コスト $= 150,000$ 円
- 利益 $= 250,000 - 150,000 = 100,000$ 円

(2) 座席が x 席売れた場合

- 収入 $= 5,000 \times x = 5,000x$ 円
- コスト $= 150,000$ 円

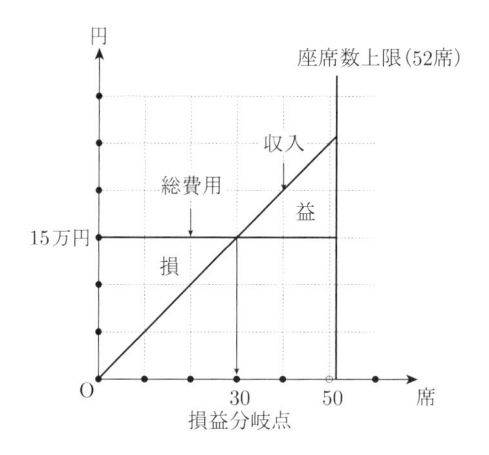

(3) $5,000x = 150,000$ を解いて，$x = 30$ 席

(4) 損益分岐点比率 $= \dfrac{30}{52} \approx 0.58$

(5) $2,900 \div 5,000 = 0.58$

問 1.18

下図をもとに計算する．

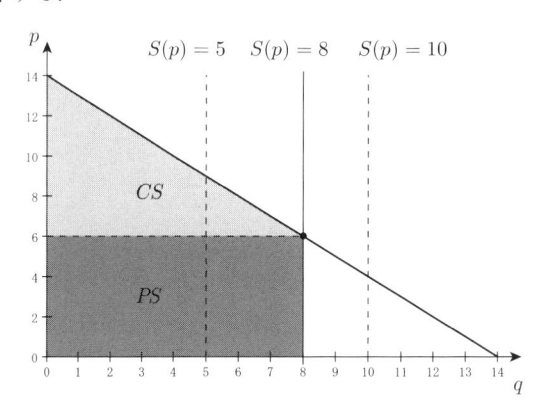

218

(1) $p = 6, q = 8$

(2) 生産量が 8 のとき，均衡価格は 6，消費者余剰 32 万円，生産者余剰 48 万円，総余剰 80 万円

(3) 生産量が 10 のとき，均衡価格は 4，消費者余剰 50 万円，生産者余剰 40 万円，総余剰 90 万円

(4) 生産量が 5 のとき，均衡価格は 9，消費者余剰 12.5 万円，生産者余剰 45 万円，総余剰 57.5 万円

第 2 章

問 **2.1** (1) $-x^2 + 4x$ (2) $x^2 + 4x + 3$ (3) $x^2 + 2x - 3$ (4) $-2x^2 + 8x - 8$
(5) $x^2 - 5x + 4$ (6) $x^2 - 10x + 16$ (7) $x^2 - 16$ (8) $-\dfrac{1}{3}x^2 + \dfrac{4}{3}x - \dfrac{4}{3}$

問 **2.2** (1) $(x-1)(x-2)$ (2) $(x+5)(x-9)$ (3) $-(x+3)(x-7)$
(4) $-(x-3)(x-1)$ (5) $(x+2)(x-2)$ (6) $(x+2)(x-1)$

問 **2.3** (1) $5x^2 - 8x - 4$ (2) $5x^2 - 6x - 1$ (3) $px^2 - cFx - (1+c)F$

問 **2.4**

x	-3	-2	-1	0	1	2	3
(1)	18	8	2	0	2	8	18
(2)	50	32	18	8	2	0	2
(3)	53	35	21	11	5	3	5

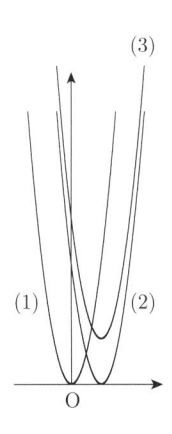

問 **2.5** (1) $f(x) = -\dfrac{4}{3}x^2 + 40x$ 上に凸 (2) $y = 0$ (3) $x = 0, 30$ (4) $x = 15$
(5) $y = f(15) = 300$ (6) 以下のグラフ

解答

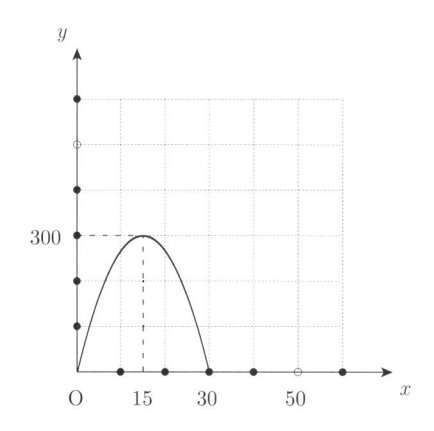

問 2.6 (1) $x = 0, 2$ (2) $(1, 4)$

問 2.7 価格 400 円で収入は最大になる．

	価格 (p)	数量 (q)	収入 (R)
①	1,000 円	4 枚	4,000 円
②	800 円	11 枚	8,800 円
③	600 円	19 枚	11,400 円
④	400 円	40 枚	16,000 円
⑤	200 円	54 枚	10,800 円
⑥	0 円	73 枚	0 円

問 2.8

(1) $R(x) = (10 - 2x)x$

(2) $R(x)$ の横軸切片は $x = 0, 5$，したがって頂点の座標 $x = \dfrac{5}{2}$ で収入は最大．

(3) $C(x) = 4x$

(4) $\pi(x) = (10 - 2x)x - 4x = (6 - 2x)x$

(5) $\pi(x)$ の横軸切片は $x = 0, 3$，したがって頂点の座標 $x = \dfrac{3}{2}$ で利潤は最大．

問 2.9 市場 1, 2 それぞれで，利潤の最大化を図ればよい．

市場 1 の逆需要関数 $p_1 = 300 - q_1$ より，利潤は

$$\pi_1(q_1) = (300 - q_1)q_1 - (q_1)^2 = (300 - 2q_1)q_1$$

となるから，横軸切片は $q_1 = 0, 150$ であり，頂点の $q_1 = 75$ で市場 1 の利潤が最大となる．価格は $p_1 = 300 - 75 = 225$．

市場 2 の逆需要関数 $p_2 = 30 - \frac{1}{4}q_2$ より,利潤は

$$\pi_2(q_2) = \left(30 - \frac{1}{4}q_2\right)q_2 - (q_2)^2 = \left(30 - \frac{5}{4}q_2\right)q_2$$

となるから,横軸切片は $q_2 = 0, 24$ であり,頂点の $q_2 = 12$ で市場 2 の利潤が最大となる.価格は $p_2 = 30 - \frac{1}{4} \times 12 = 27$.

問 2.10 企業 1 の利潤 $\pi_1(x_1, x_2)$ は

$$\pi_1(x_1, x_2) = px_1 - c_1$$
$$= (100 - 2(x_1 + x_2))x_1 - 4x_1$$
$$= x_1(96 - 2x_1 - 2x_2).$$

横軸切片は $x_1 = 0, 48 - x_2$ なので最適反応関数は

$$R_1(x_2) = \frac{48 - x_2}{2}$$

企業 2 の利潤 $\pi_2(x_1, x_2)$ は

$$\pi_2(x_1, x_2) = px_2 - c_2$$
$$= (100 - 2(x_1 + x_2))x_2 - 4x_2$$
$$= x_2(96 - 2x_1 - 2x_2).$$

横軸切片は $x_2 = 0, 48 - x_1$ なので最適反応関数は

$$R_2(x_1) = \frac{48 - x_1}{2}$$

連立方程式

$$\begin{cases} x_1 = R_1(x_2) = \dfrac{48 - x_2}{2} \\ x_2 = R_2(x_1) = \dfrac{48 - x_1}{2} \end{cases}$$

から,$x_1 = 16, x_2 = 16$ となる.よって答は (3).

問 2.11 製品 1 の利潤 $\pi_1(p_1, p_2)$ は

解答

$$\pi_1(p_1, p_2) = p_1 q_1 - c_1$$
$$= p_1(26 - 4p_1 + p_2) - (26 - 4p_1 + p_2)$$
$$= (p_1 - 1)(26 - 4p_1 + p_2).$$

横軸切片は $p_1 = 1, \dfrac{26 + p_2}{4}$ なので最適反応関数は

$$R_1(p_2) = \left(1 + \frac{26 + p_2}{4}\right) \div 2 = \frac{30 + p_2}{8}$$

製品 2 の利潤 $\pi_2(p_1, p_2)$ は

$$\pi_2(p_1, p_2) = p_2 q_2 - c_2$$
$$= p_2(80 - 5p_2 + 2p_1) - 2(80 - 5p_2 + 2p_1)$$
$$= (p_2 - 2)(80 - 5p_2 + 2p_1).$$

横軸切片は $p_2 = 2, \dfrac{80 + 2p_1}{5}$ なので最適反応関数は

$$R_2(p_1) = \left(2 + \frac{80 + 2p_1}{5}\right) \div 2 = \frac{90 + 2p_1}{10}$$

連立方程式

$$\begin{cases} p_1 = R_1(p_2) = \dfrac{30 + p_2}{8} \\ p_2 = R_2(p_1) = \dfrac{90 + 2p_1}{10} \end{cases}$$

から,$p_1 = 5, p_2 = 10$ となる.

第 3 章

問 3.1 単利:$1,150,000$ 円　複利:$1,157,625$ 円

問 3.2 単利:$35,000$ 円　複利:$114,673$ 円

問 3.3 $a^2 = a \times a$　底は a で指数は 2　　$a^1 = a$　底は a で指数は 1　　$b^2 = b \times b$　底は b で指数は 2　　$b^4 = b \times b \times b \times b$　底は b で指数は 4　　$c^8 = c \times c \times c \times c \times c \times c \times c \times c$　底は c で指数は 8

問 **3.4** $3^2 = 9$ 底は 3 で指数は 2　　$2^1 = 2$ 底は 2 で指数は 1　　$\left(\dfrac{1}{2}\right)^2 = 0.25$ 底は $\dfrac{1}{2}$ で指数は 2　　$(0.5)^3 = 0.125$ 底は 0.5 で指数は 3　　$(1.05)^2 = 1.1025$ 底は 1.05 で指数は 2　　$\left(\dfrac{1}{3}\right)^2 = \dfrac{1}{9}$ 底は $\dfrac{1}{3}$ で指数は 2

問 **3.5**　12 桁表示の電卓で計算した結果

(1) $(2.23606)^2 = 4.9999643236 \approx 5$　　(2) $(1.44224)^3 = 2.99994027927 \approx 3$

(3) $(1.49535)^4 = 5.00001630094 \approx 5$　　(4) $(1.41421)^4 = 3.99995969649 \approx 4$

問 **3.6**　省略

問 **3.7**　(1) 32　(2) 64　(3) 729　(4) 36　(5) 36　(6) -216

問 **3.8**　(1) a^5　(2) $-a^5$　(3) b^6　(4) b^6　(5) $-a^3 b^3$　(6) $a^2 b^2$

問 **3.9**　$3^{-2} = \dfrac{1}{9}$　　$2^{-3} = \dfrac{1}{8}$　　$(6.27)^0 = 1$　　$\left(\dfrac{1}{2}\right)^{-3} = 8$　　$\left(\dfrac{1}{3}\right)^{-2} = 9$

問 **3.10**　(1) $3a^{-4}$　(2) $\dfrac{4}{b^4}$　(3) $\dfrac{2}{x}$　(4) $\dfrac{3}{4x^5}$　(5) $\dfrac{-3}{2}x^{-4}$　(6) $3a^2 b^{-3}$

問 **3.11**

(3.4)　$a^{-3} a^{-2} = \dfrac{1}{a^3} \times \dfrac{1}{a^2} = \dfrac{1}{a^3 a^2} = \dfrac{1}{a^5} = a^{-5} = a^{-3-2}$.

(3.5)　$\left(a^{-3}\right)^{-2} = \left(\dfrac{1}{a^3}\right)^{-2} = \dfrac{1}{(\frac{1}{a^3})^2} = \dfrac{1}{\frac{1}{a^6}} = 1 \div \dfrac{1}{a^6} = a^6 = a^{(-3)\times(-2)}$.

(3.6)　$(ab)^{-2} = \dfrac{1}{(ab)^2} = \dfrac{1}{a^2}\dfrac{1}{b^2} = a^{-2} b^{-2}$.

問 **3.12**　$a^{-n} = \dfrac{1}{a^n}$　　$a^{\frac{1}{n}} = \sqrt[n]{a}$　　$a^{\frac{1}{2}} = \sqrt{a}$　　$a^0 = 1$　　$a^1 = a$　　$a^m \div a^n = a^{m-n}$

問 **3.13**　(1) 4　(2) 64　(3) $\dfrac{1}{4}$　(4) 5　(5) 25　(6) $\dfrac{1}{25}$

問 **3.14**　(1) $\dfrac{1}{b}$　(2) x^2　(3) $\dfrac{1}{ab^2}$　(4) $\dfrac{b^2}{a}$　(5) a^5　(6) $x^2 + 2 + x^{-2}$

問 **3.15**　(1) $x = 3$　(2) $x = -1$　(3) $x = 6$　(4) $x = -2$　(5) $x = 8$　(6) $x = 512$　(7) $x = 0, 1$　(8) $x = -2$

解答

問 3.16

(1) $x > 6$

(2) $x \leq -2$

(3) $y \geq -2$

(4) $1 < 2^x < 2$ なので $0 < x < 1$

問 3.17

(1) $\begin{cases} x = 18 \\ y = 12 \end{cases}$

(2) $\begin{cases} L = 2^{\frac{2}{3}} 3^{\frac{2}{3}} \\ K = 2^{\frac{8}{3}} 3^{-\frac{1}{3}} \\ \lambda = 2^{-\frac{1}{3}} 3^{\frac{5}{3}} \end{cases}$

(3) $\begin{cases} x = \left(p^{1-\beta} q^{\beta}\right)^{\frac{1}{\alpha+\beta-1}} \\ y = \left(p^{\alpha} q^{1-\alpha}\right)^{\frac{1}{\alpha+\beta-1}} \end{cases}$

(4) $\begin{cases} L = \left(\dfrac{\alpha}{\alpha+\beta} \dfrac{I}{p}\right) \\ K = \left(\dfrac{\beta}{\alpha+\beta} \dfrac{I}{q}\right) \\ \lambda = \dfrac{\alpha+\beta}{I} \left(\dfrac{\alpha}{\alpha+\beta} \dfrac{I}{p}\right)^{\alpha} \left(\dfrac{\beta}{\alpha+\beta} \dfrac{I}{q}\right)^{\beta} \end{cases}$

問 3.18 747,258 円 (利子率が上がると現在価値は下がる)

問 3.19 5%：872,037,269 円, 4%：1,407,126,153 円

問 3.20 (1) 2.60% (2) 4.15% (3) 5.53%

問 3.21 $r = \sqrt{\sqrt{\sqrt{\dfrac{a}{p}}} - 1}$

問 3.22 10 年で 20,042 円になる.

問 3.23 $c(1+r)^y = 3c \iff (1+r)^y = 3$.

問 3.24 (1) 4 (2) $\dfrac{1}{2}$ (3) $\dfrac{3}{2}$ (4) 3 (5) 2 (6) 2 (7) 4 (8) 1 (9) 0 (10) $-\dfrac{3}{2}$ (11) $-\dfrac{1}{2}$ (12) $\dfrac{2}{3}$

問 3.25 $\log_a 1$ は「1 は a の何乗ですか」の答. 1 は a の 0 乗なので, 定義より $\log_a 1 = 0$.

問 3.26 「x は a の何乗ですか」の答が $\log_a x$. よって, 定義より直ちに $a^{\log_a x} = x$ となる.

問 3.27, 問 3.28, 問 3.29, 問 3.30 省略

問 3.31 (1) 4 (2) $\dfrac{1}{2}$ (3) $\dfrac{2}{3}$ (4) 2 (5) 1 (6) -1 (7) 3 (8) 0

問 3.32 (1) $\alpha x + \beta y$ (2) $\log_e \alpha + \beta$ (3) $(\alpha + \beta)\log_a x$ (4) $e^{\alpha x + \beta y}$

問 3.33 (1) $\log_5 2 \times \log_2 \sqrt{5} = \log_5 5^{\frac{1}{2}} = \dfrac{1}{2}$ (2) $\log_2 5 \times \log_5 8 = \log_2 8 = 3$

問 3.34 (1) 1.59 (2) 0.68 (3) 0.70 (4) 2.32 (5) 22.52 (6) 47.19

問 3.35

(1) 例題と同様にすると $\log_{10} 2^{39} = 39 \times 0.3010 = 11.739$, $\log_{10} 2^{40} = 40 \times 0.3010 = 12.04$ となるので，13 桁の整数になる前の 39 回で 38 万 km を越えそう．実際：$2^{39} = 549{,}755{,}813{,}888 > 380{,}000{,}000{,}000$ で $2^{38} = 274{,}877{,}906{,}944 < 380{,}000{,}000{,}000$.

(2) $10^8 < 2^x \iff 8 < x \log_{10} 2 \iff \dfrac{8}{\log_{10} 2} \approx 26.5 < x$. したがって，$x = 27$ のときに 1 億を越える．

問 3.36 省略

問 3.37 3 倍：$t = \dfrac{1}{r} \log 3$(年), 4 倍：$t = \dfrac{1}{r} \log 4 = \dfrac{2}{r} \log 2$(年)

問 3.38 $72 = 2 \times 2 \times 2 \times 3 \times 3$ なので，69 より約数が多く，暗算に都合がよい．

問 3.39 $\dfrac{72}{10} = 7.2\%$

問 3.40 4 倍

問 3.41 72 ルールを使えば，70 日 (たぶん)

問 3.42 c 万円を連続利率で運用したとして，$ce^{rt} = a$ を解けばよい．$c = \dfrac{a}{e^{rt}} = ae^{-rt}$.

問 3.43

(1) x (2) $\begin{cases} w^2 r = \left(\dfrac{p}{3}\right)^3 L^{-1} \\ wr^2 = \left(\dfrac{p}{3}\right)^3 K^{-1} \end{cases}$ (3) $\begin{cases} w^3 r = \left(\dfrac{p}{4}\right)^4 L^{-2} \\ wr^3 = \left(\dfrac{p}{4}\right)^4 K^{-2} \end{cases}$

解答

第 4 章

問 4.1

項番号	0	1	2	$\cdots$	n	$\cdots$	N
項	a_0	a_1	a_2	$\cdots$	a_n	$\cdots$	a_N

項番号	1	2	3	4	5	6	7
項	x_1	x_2	x_3	x_4	x_5	x_6	x_7

項番号	1	2	$\cdots$	t	$t+1$	$\cdots$	T
項	a_1	a_2	$\cdots$	a_t	a_{t+1}	$\cdots$	a_T

項番号	1	2	$\cdots$	n	$\cdots$	$N-1$	N
項	c_1	c_2	$\cdots$	c_n	$\cdots$	c_{N-1}	c_N

問 4.2 $a_1 = 4$ 駅, $a_2 = 6$ 駅, $a_3 = 1$ 駅, $a_4 = 0$ 駅
$b_1 = 3+3+3+4 = 13$ 分, $b_2 = 2+2+3+2+2+3 = 14$ 分, $b_3 = 3$ 分, $b_4 = 0$ 分

問 4.3 (1) $\sqrt{3}$ (2) $\dfrac{1}{\sqrt{3}}$ (3) $-\dfrac{1}{2}$ (4) $-\sqrt{2}$ (5) 1

問 4.4 (1) 第 3 項 (2) 第 5 項

問 4.5 (1) $8\left(\dfrac{1}{2}\right)^{t-1}$ (2) $\dfrac{2}{81}(-3)^{t-1}$

問 4.6 (1) $10,000$ (2) $10,500$ (3) $11,025$ (4) $11,576$ (5) $12,155$ (6) $12,762$ (7) $13,400$ (8) $14,071$ (9) $14,774$ (10) $15,513$
一般項は $x_t = 10,000(1.05)^{t-1}$

問 4.7 $\dfrac{FV_{t+1}}{FV_t} = \dfrac{c(1+r)^{t+1}}{c(1+r)^t} = (1+r)$ なので,公比 $(1+r)$ の等比数列.

問 4.8 (1) $y_t = \dfrac{w}{(1+r)^{t-1}}$ (2) $PV_t = \dfrac{CF_t}{(1+r)^{t-1}}$

問 4.9 (1) $\sqrt{3}$ (2) $\dfrac{-3}{10}$

問 4.10 (1) 第 4 項 (2) 第 5 項

問 4.11

項数	等比数列	等差数列
第 1 項	$a_1 = a$	$b_1 = b$
第 2 項	$a_2 = a\delta$	$b_2 = b + d$
第 3 項	$a_3 = a\delta^2$	$b_3 = b + 2d$
第 4 項	$a_4 = a\delta^3$	$b_4 = b + 3d$
⋮	⋮	⋮
一般項	$a_t = a\delta^{t-1}$	$b_t = b + (t-1)d$

問 4.12 $a_{t+1} - a_t = ct + b^2 - \bigl(c(t-1) + b^2\bigr) = c$ なので，公差 c の等差数列である．

問 4.13 (1) 発散 (2) 0 に収束 (3) 0 に収束 (4) 発散 (5) 5 に収束

問 4.14 (1) 1 (2) -3 (3) $\dfrac{1+r}{r-g}$ (4) 3

問 4.15

(1) $\displaystyle\sum_{k=1}^{T} ca_k$ (2) $a_1 + b_1 + a_2 + b_2 + \cdots + a_n + b_n$

(3) $\displaystyle\sum_{k=1}^{T} a_k b_k$ (4) $a_1 - b_1 + a_2 - b_2 + \cdots + a_n - b_n$

(5) $\displaystyle\sum_{k=0}^{T-1} a_k b_k$ (6) $ca_0 + ca_1 + ca_2 + \cdots + ca_N$

(7) $\displaystyle\sum_{t=1}^{\infty} ca_t$ (8) $a_1 + b_1 + a_2 + b_2 + \cdots$

(9) $\displaystyle\sum_{k=1}^{n} kr^{k-1}$ (10) $2^3 - 1^3 + 3^3 - 2^3 + \cdots + (n+1)^3 - n^3$

問 4.16 (1) $t^2 + 2t$ (2) $-t^2 + 4t$

問 4.17 (1) $\dfrac{1}{3}(t-1)t(t+1)$ (2) $\dfrac{t}{t+1}$

問 4.18 24 百万円

問 4.19 12,006,107 円

解答

問 **4.20** 13,206,786 円 (小数点以下切り捨て)

問 **4.21** (1)

第 1 年	10 万円
第 2 年	110 万円

(2)

第 1 年	0 円
第 2 年	100 万円

問 **4.22** (1) $PV = -100 + \dfrac{10}{1.1} + \dfrac{110}{(1.1)^2} = -100 + 9.09 + 90.90 = -0.01$ 円 (理論値は 0 円)

(2) $PV = -100 + \dfrac{5}{1.1} + \dfrac{105}{(1.1)^2} = -100 + 4.54 + 86.77 = -8.69$ 円

(3) $PV = -80 + \dfrac{0}{1.1} + \dfrac{100}{(1.1)^2} = -80 + 0 + 82.64 = 2.64$ 円

問 **4.23** (1) $p = \dfrac{0}{1.02} + \dfrac{100}{(1.02)^2} = 0 + 96.11 = 96.11$ 円

(2) $p = \dfrac{0}{1.02} + \dfrac{0}{(1.02)^2} + \dfrac{0}{(1.02)^3} + \dfrac{100}{(1.02)^4} = 0 + 0 + 0 + 92.38 = 92.38$ 円

問 **4.24** (1) $p = \dfrac{10}{1.06} + \dfrac{110}{(1.06)^2} = 9.43 + 97.89 = 107.32$ 円

(2) $p = \dfrac{6}{1.06} + \dfrac{6}{(1.06)^2} + \dfrac{6}{(1.06)^3} + \dfrac{106}{(1.06)^4} = 5.66 + 5.33 + 5.03 + 83.96 = 99.98$ 円
(理論値は 100 円)

問 **4.25** $\left(500{,}000 - \dfrac{500{,}000}{(1.05)^{10}}\right)/0.05 = 3{,}860{,}867$ 円

問 **4.26** (1) $a_5 = \dfrac{82}{27}$ (2) $b_5 = 161$

問 **4.27** (1) $a_t = 3\left(\dfrac{1}{3}\right)^{t-1} + 3$ (2) $b_t = 2(3^{t-1}) - 1$

問 **4.28** (1) $r = 10\%$ (2) $r = 7.79\%$ (3) $r = 11.80\%$

問 **4.29** 等比数列の和の公式から, $\dfrac{rF}{1+r} + \dfrac{rF}{(1+r)^2} + \cdots + \dfrac{rF}{(1+r)^T} = F - \dfrac{F}{(1+r)^T}$ が成立することを示せば, 後は明らか.

問 **4.30** 1,000 円

問 **4.31** 107,100 円

問 **4.32** コンソル債の現在価値と同様.

第 5 章

問 5.1　省略

問 5.2　(1) $2x-4$　(2) $10-2x$　(3) $3x-6$　(4) $p-2x$　(5) -3　(6) 0

問 5.3　(1) $-b$　(2) 0　(3) $10-4x$　(4) $4x-10$　(5) $a-2bx$
(6) $4x-2(a+b)$

問 5.4　(1) $-2q_1-q_2+80$　(2) $-2q_2-q_1+80$　(3) $-2q_i-Q_{-i}+80$

問 5.5　(1) $x=2$　(2) $x=5$　(3) $x=2$　(4) $x=150$

問 5.6　(1) $TC(X)=X^2+2X$
(2) $P(Q)=-2Q+32$
(3) $R(X)=-2X^2+32X$，$X=8$ のとき売上最大値は 128．
(4) $\pi(X)=-3X^2+30X$，$X=5$ のとき利潤最大値は 75．
(5) $X=8$ のとき売上高最大で，そのときの利潤は 48 なので，利潤最大の方が 27 だけ大きくなる．

問 5.7　(1) $x=\dfrac{a+b+c}{3}$　(2) $x=\dfrac{\sum_{i=1}^{N}x_i}{N}$

問 5.8　(1) $P(q)=-\dfrac{1}{b}q+\dfrac{a}{b}$　(2) $e_d(p)=\dfrac{-bp}{a-bp}$　(3) $q=\dfrac{a}{2}$　(4) $q=\dfrac{a}{2(b+1)}$

問 5.9　$N=\dfrac{1}{400}$

問 5.10，問 5.11　省略

問 5.12　(1) $5x^4-4$　(2) $3x^2-2x$　(3) $12x^2$　(4) $-2x+9$　(5) $3x^2-6x-9$
(6) $-x^2+4x+45$　(7) $-x^2+4x+12$　(8) $-3x^2+4x+4$
(9) $4x^3+2x$　(10) $4x^3+8x$

問 5.13　生産量は $x=5$．よって (1)．

問 5.14　(1) $x=6$ のとき利潤の最大値は 0 となる．
(2) $x=3$ のとき利潤の最大値は負の値 -72 となる．

問 5.15　操業停止価格は 4．よって (4)．

解答

問 5.16　損益分岐価格は 9，操業停止価格は 4．よって (4)．

問 5.17　(1) $-8x^{-9} = \dfrac{-8}{x^9}$　(2) $-3x^{-4} = \dfrac{-3}{x^4}$　(3) $-12x^{-5} = \dfrac{-12}{x^5}$
(4) $3x^{-3} = \dfrac{3}{x^3}$　(5) $\dfrac{1}{3}x^{-\frac{2}{3}} = \dfrac{1}{3\sqrt[3]{x^2}}$　(6) $\dfrac{2}{5}x^{-\frac{3}{5}} = \dfrac{2}{5\sqrt[5]{x^3}}$　(7) $\dfrac{1}{2}x^{-\frac{3}{4}} = \dfrac{1}{2\sqrt[4]{x^3}}$
(8) $-2x^{-\frac{5}{3}} = \dfrac{-2}{\sqrt[3]{x^5}}$

問 5.18　省略

問 5.19　(1) $5x^4 + 2x = x(5x^3 + 2)$
(2) $4x^3 - 2x = 2x(2x^2 - 1) = 2x(\sqrt{2}x - 1)(\sqrt{2}x + 1)$
(3) $3x^2 + 6x = 3x(x + 2)$　(4) $3x^2 - 2x - 1 = (3x + 1)(x - 1)$

問 5.20　(1) $\dfrac{x(6-x)}{(3-x)^2}$　(2) $\dfrac{4(x+5)(x-5)}{x^2}$　(3) $\dfrac{4}{(x+4)^2}$　(4) $\dfrac{1-x}{2\sqrt{x}(x+1)^2}$

問 5.21　(1) $(1+x)e^x$　(2) $\dfrac{e^x(x-1)}{x^2}$　(3) $3e^3 - 3e^{3x}$　(4) $\dfrac{3(1-x)}{x}$
(5) $\dfrac{x(2-x)}{e^x}$　(6) $x(2\log x + 1)$

問 5.22　(1) $\dfrac{x}{\sqrt{(x^2+1)}}$　(2) $\dfrac{2(x^2+1)(x^2-1)}{x^3}$　(3) $2e^{2x}$　(4) $6xe^{3x^2}$

問 5.23　$\left(x^{\frac{1}{n}}\right)' = \dfrac{1}{f'(x^{\frac{1}{n}})} = \dfrac{1}{n(x^{\frac{1}{n}})^{n-1}} = \dfrac{1}{n(x^{1-\frac{1}{n}})} = \dfrac{1}{n}x^{\frac{1}{n}-1}$

問 5.24　増減表は省略．
(1) $x = -2$ のとき極大値 $4e^{-2}$，$x = 0$ のとき極小値 0．
(2) $x = 1$ のとき極小値 e
(3) $x = 0$ のとき極小値 1
(4) $x = -5$ のとき極大値 -40，$x = 5$ のとき極小値 40
(5) $x = 0$ のとき極小値 0，$x = 2$ のとき極大値 $\dfrac{4}{e^2}$
(6) $x = \dfrac{1}{e}$ のとき極大値 -2
(7) $x = e$ のとき極小値 $-e$
(8) $x = 10$ のとき極大値 $40\log 20 - 20$

問 5.25　(1) $x = 3$　(2) $\dfrac{400 - c^2}{c^2}$

問 **5.26** 価格は $p = 10$

問 **5.27** 需要の価格弾力性 (絶対値) は 1．よって (4).

問 **5.28** 弾力性は -0.5

問 **5.29** (1) $1000L = 120y$　(2) $\dfrac{25L(18-L)}{3}$　(3) $L = 9$

問 **5.30** (1) $s = 18 - x$　(2) $y = 1.05(18 - x)$　(3) $u = -1.05x^2 + 18.9x$
(4) $x = 9$

問 **5.31** (1) $s = 21 - x$　(2) $y = 1.05(21 - x) + 21$　(3) $u = -1.05x^2 + 43.05x$
(4) $x = 20.5$

第 6 章

問 **6.1** (1) $x = 3$,　(2) $y = 2$　(3) $\dfrac{-2}{3}$
(4)

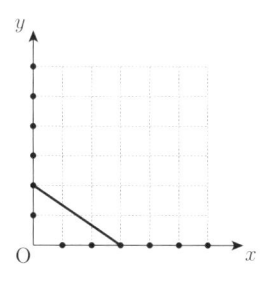

問 **6.2** $60 のとき，$4x + 10y = 60$, $80 のとき，$4x + 10y = 80$

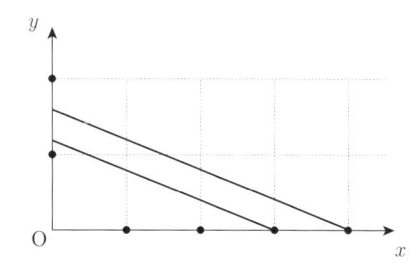

問 **6.3** (1) $10x + 5y = 100$　(2) $x = 10, y = 20$　(3) -2
(4)

解答

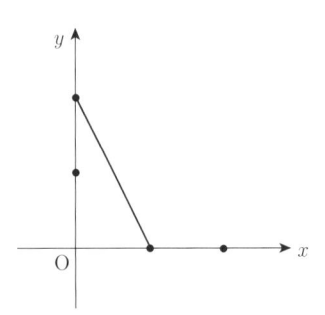

問 **6.4** (1) $\boldsymbol{a}+\boldsymbol{0}=\begin{pmatrix}a_1+0\\a_2+0\\\vdots\\a_n+0\end{pmatrix}=\begin{pmatrix}a_1\\a_2\\\vdots\\a_n\end{pmatrix}=\boldsymbol{a}$

(2) $\boldsymbol{a}+(-\boldsymbol{a})=\begin{pmatrix}a_1-a_1\\a_2-a_2\\\vdots\\a_n-a_n\end{pmatrix}=\begin{pmatrix}0\\0\\\vdots\\0\end{pmatrix}=\boldsymbol{0}$

(3) $-1(\boldsymbol{a})=\begin{pmatrix}-a_1\\-a_2\\\vdots\\-a_n\end{pmatrix}=-\boldsymbol{a}$

(4) $\boldsymbol{a}-\boldsymbol{b}=\begin{pmatrix}a_1-b_1\\a_2-b_2\\\vdots\\a_n-b_n\end{pmatrix}=\begin{pmatrix}a_1\\a_2\\\vdots\\a_n\end{pmatrix}+\begin{pmatrix}-b_1\\-b_2\\\vdots\\-b_n\end{pmatrix}=\boldsymbol{a}+(-\boldsymbol{b})$

問 **6.5** (1) $\begin{pmatrix}8\\5\end{pmatrix}$ (2) $\begin{pmatrix}4\\1\end{pmatrix}$ (3) $\begin{pmatrix}2x+2\lambda\\6y+3\lambda\end{pmatrix}$ (4) $\begin{pmatrix}\frac{4}{3}\\1\end{pmatrix}$ (5) $\begin{pmatrix}0\\0\\0\end{pmatrix}$ (6) ×

問 6.6　$p = t$,　$r = -c$

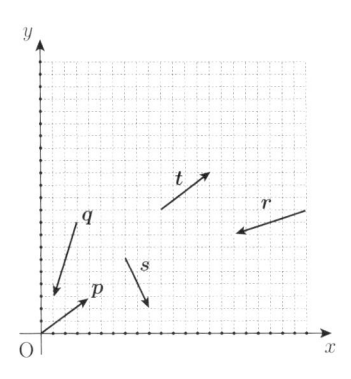

問 6.7

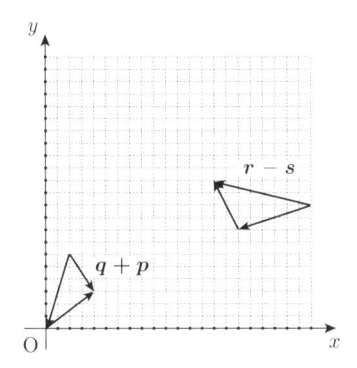

問 6.8　次図は一例.

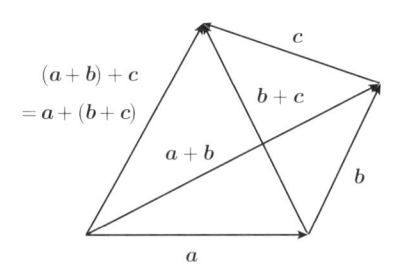

問 6.9　$e // p // t$,　$b // q$(逆向き),　$c // r$(逆向き)

問 6.10　$p = \begin{pmatrix} 4 \\ 3 \end{pmatrix}, |p| = 5$,　$q = \begin{pmatrix} -2 \\ -6 \end{pmatrix}, |q| = 2\sqrt{10}$,

$r = \begin{pmatrix} -6 \\ -2 \end{pmatrix}, |r| = 2\sqrt{10}$,　$s = \begin{pmatrix} 2 \\ -4 \end{pmatrix}, |s| = 2\sqrt{5}$,　$t = \begin{pmatrix} 4 \\ 3 \end{pmatrix}, |t| = 5$

問 6.11　$|a| = \sqrt{\sum_{i=1}^{n} (a_i)^2}$

解答

問 6.12 $a = \begin{pmatrix} 3 \\ 4 \end{pmatrix}$, $b = \begin{pmatrix} 1 \\ 3 \end{pmatrix}$, $c = \begin{pmatrix} 6 \\ 2 \end{pmatrix}$, $d = \begin{pmatrix} -2 \\ 6 \end{pmatrix}$, $e = \begin{pmatrix} 4 \\ 3 \end{pmatrix}$

問 6.13 次図は一例.

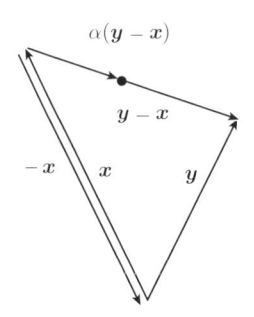

問 6.14 数学的帰納法による.
$\alpha_1 \boldsymbol{x_1} + \cdots + \alpha_n \boldsymbol{x_n} = (1 - \alpha_n) \dfrac{\alpha_1 \boldsymbol{x_1} + \cdots + \alpha_{n-1} \boldsymbol{x_{n-1}}}{1 - \alpha_n} + \alpha_n \boldsymbol{x_n}$ の変形ができればよい.

問 6.15 (1) -5 (2) 0 (3) 14 (4) 0 (5) × (6) -6

問 6.16 (1) $\boldsymbol{a} \cdot \boldsymbol{b} = \displaystyle\sum_{i=1}^{n} a_i b_i$ (2) $\boldsymbol{a} \cdot \boldsymbol{a} = \displaystyle\sum_{i=1}^{n} (a_i)^2$

問 6.17 (2) $(\lambda \boldsymbol{a}) \cdot \boldsymbol{b} = \displaystyle\sum_{i=1}^{n} (\lambda a_i) b_i = \lambda \displaystyle\sum_{i=1}^{n} a_i b_i = \lambda \boldsymbol{a} \cdot \boldsymbol{b}$

(3) $\boldsymbol{a} \cdot \boldsymbol{b} = \displaystyle\sum_{i=1}^{n} a_i b_i = \displaystyle\sum_{i=1}^{n} b_i a_i = \boldsymbol{b} \cdot \boldsymbol{a}$

(4) $\boldsymbol{a} \cdot \boldsymbol{a} = \displaystyle\sum_{i=1}^{n} (a_i)^2 \geq 0$, $\boldsymbol{a} \cdot \boldsymbol{a} = 0 \iff (a_1)^2 = (a_2)^2 = \cdots = (a_n)^2 = 0 \iff \boldsymbol{a} = \boldsymbol{0}$

(5) $\boldsymbol{a} \cdot \boldsymbol{0} = \displaystyle\sum_{i=1}^{n} (a_i \times 0) = 0$

問 6.18 $\begin{pmatrix} 2 \\ -3 \end{pmatrix} \perp \begin{pmatrix} 3 \\ 2 \end{pmatrix}$, $\begin{pmatrix} 2 \\ 3 \\ -1 \end{pmatrix} \perp \begin{pmatrix} -2 \\ 2 \\ 2 \end{pmatrix}$

問 6.19 (1) -1 (2) 0 (3) 1 (4) 0 (5) × (6) $\dfrac{-1}{3\sqrt{5}}$

問 6.20 省略

問 **6.21** (1), (2) は代入すればよい.

(3) $\boldsymbol{a}-\boldsymbol{b}=\left(\dfrac{I}{p_1}, -\dfrac{I}{p_2}\right)$ だから $\boldsymbol{p}\cdot(\boldsymbol{a}-\boldsymbol{b})=p_1\times\dfrac{I}{p_1}-p_2\times\dfrac{I}{p_2}=I-I=0$.

(4) 原点を通り, $\boldsymbol{p}$ と直交する直線.

問 **6.22** (1)〜(4) 省略, (5) 原点を通り, $\boldsymbol{p}$ と直交する平面.

問 **6.23** (1) $\begin{pmatrix}50\\60\end{pmatrix}$ (2) $\begin{pmatrix}\dfrac{3}{2}\\1\end{pmatrix}$ (3) $\begin{pmatrix}1\\0\end{pmatrix}$ (4) $\begin{pmatrix}0\\1\end{pmatrix}$

問 **6.24** $y=ax+b \Longleftrightarrow ax-y=-b$ より明らか.

問 **6.25** (1) $\begin{pmatrix}3\\6\\8\end{pmatrix}$ (2) $\begin{pmatrix}2\\3\\-1\end{pmatrix}$ (3) $\begin{pmatrix}0\\0\\1\end{pmatrix}$

問 **6.26** $z=ax+by+c \Longleftrightarrow ax+by-z=-c$ より明らか.

第 7 章

問 **7.1** (1) $\dfrac{df}{dx}(x)=-3x^2+2x$ (2) $\dfrac{dg}{dx}(x)=-3x^2+2x$ (3) $\dfrac{df}{dy}(y)=-3y^2+2y$

(4) $\dfrac{df}{dx}(x)=-3x^2y^3+2xy^2$ (5) $\dfrac{df}{dy}(y)=-3x^3y^2+2x^2y+4y^3$

問 **7.2** (1) $\dfrac{\partial f}{\partial x}(x,y)=6xy^4$, $\dfrac{\partial f}{\partial y}(x,y)=12x^2y^3$

(2) $\dfrac{\partial f}{\partial x}(x,y)=12x^2y$, $\dfrac{\partial f}{\partial y}(x,y)=4x^3$

(3) $\dfrac{\partial f}{\partial x}(x,y)=y+1$, $\dfrac{\partial f}{\partial y}(x,y)=x+1$

(4) $\dfrac{\partial f}{\partial x}(x,y)=4x+2y-6$, $\dfrac{\partial f}{\partial y}(x,y)=2x+2y-4$

(5) $\dfrac{\partial f}{\partial x}(x,y)=2x+4y-2$, $\dfrac{\partial f}{\partial y}(x,y)=4x+18y+6$

(6) $\dfrac{\partial f}{\partial x}(x,y)=3x^2-3$, $\dfrac{\partial f}{\partial y}(x,y)=-3y^2+12$

解答

(7) $\dfrac{\partial f}{\partial x}(x,y) = \alpha x^{\alpha-1} y^{\beta}$, $\dfrac{\partial f}{\partial y}(x,y) = \beta x^{\alpha} y^{\beta-1}$

(8) $\dfrac{\partial f}{\partial x}(x,y) = \dfrac{1}{2} x^{-\frac{1}{2}} y^{\frac{1}{2}}$, $\dfrac{\partial f}{\partial y}(x,y) = \dfrac{1}{2} x^{\frac{1}{2}} y^{-\frac{1}{2}}$

(9) $\dfrac{\partial f}{\partial x}(x,y) = \dfrac{1}{3} x^{-\frac{2}{3}} y^{\frac{2}{3}}$, $\dfrac{\partial f}{\partial y}(x,y) = \dfrac{2}{3} x^{\frac{1}{3}} y^{-\frac{1}{3}}$

(10) $\dfrac{\partial f}{\partial x}(x,y) = e^{x} + \log y$, $\dfrac{\partial f}{\partial y}(x,y) = \dfrac{x}{y}$

(11) $\dfrac{\partial f}{\partial x}(x,y) = \dfrac{\alpha}{x}$, $\dfrac{\partial f}{\partial y}(x,y) = \dfrac{1-\alpha}{y}$

(12) $\dfrac{\partial f}{\partial x}(x,y) = \dfrac{e^{y}}{x}$, $\dfrac{\partial f}{\partial y}(x,y) = e^{y} \log x$

(13) $\dfrac{\partial f}{\partial x}(x,y) = \dfrac{y^2}{(x+y)^2}$, $\dfrac{\partial f}{\partial y}(x,y) = \dfrac{x^2}{(x+y)^2}$

(14) $\dfrac{\partial f}{\partial x}(x,y) = \dfrac{2y^2}{(x+y)^2}$, $\dfrac{\partial f}{\partial y}(x,y) = \dfrac{2x^2}{(x+y)^2}$

問 7.3 (1) $(x,y) = (1,1)$　(2) $(x,y) = (3,-1)$

問 7.4 (1) 1 階条件の解は $(x,y) = (2^2 \times 3^4, 2^3 \times 3^3)$ であるが，最大解でも最小解でもない．　(2) $(x,y) = (1,1)$　(3) $(x,y) = (0,0)$　(4) $(x,y) = (1,1)$

問 7.5 (1) $(x,y) = (1,2), (1,-2), (-1,2), (-1,-2)$ の 4 個　(2) $(x,y) = (0,0)$
(3) $(x_1, x_2, x_3) = (1,1,1), (-1,-1,-1)$ の 2 個

問 7.6 $(x,y) = (1,2)$

問 7.7 $(x,y) = (3,12)$

問 7.8 $(x,y) = (3,4)$

問 7.9 $(L,K) = (3,12)$

問 7.10 $(x,y) = (9,4)$

問 7.11 $(K,L) = (216,8)$ なので選択肢 (5) が正解．

問 7.12 $(K,L) = (80,5)$ なので選択肢 (5) が正解．

問 7.13 $(x, y) = (50, 10)$ なので，このとき所得は $4 \times 50 + 20 \times 10 = 400$ となり選択肢 (3) が正解．

問 7.14 $(x, L) = (12, 6)$ なので選択肢 (2) が正解．

問 7.15 (1) $(L, K) = \left(\left(\dfrac{r}{w}\right)^{\frac{1}{2}} x, \left(\dfrac{w}{r}\right)^{\frac{1}{2}} x\right)$ (2) $C(w, r, x) = 2(wr)^{\frac{1}{2}} x$

問 7.16 および問 7.17 $(x, L, K) = \left(\dfrac{p^2}{9}\dfrac{1}{wr}, \dfrac{1}{27}\dfrac{p^3}{w^2 r}, \dfrac{1}{27}\dfrac{p^3}{wr^2}\right)$

問 7.18 $(x_1, x_2, x_3) = \left(\dfrac{a}{3}, \dfrac{a}{3}, \dfrac{a}{3}\right)$

問 7.19 および問 7.20 $(x_1, x_2, x_3) = \left(\dfrac{\alpha}{\alpha + \beta + \gamma}\dfrac{I}{p_1}, \dfrac{\beta}{\alpha + \beta + \gamma}\dfrac{I}{p_2}, \dfrac{\gamma}{\alpha + \beta + \gamma}\dfrac{I}{p_3}\right)$

問 7.21 省略

問 7.22 (1) $(x, y) = (2, 4)$

(2) $\begin{pmatrix}\dfrac{\partial f}{\partial x}(2,4) \\ \dfrac{\partial f}{\partial y}(2,4)\end{pmatrix} = \begin{pmatrix}4 \\ 8\end{pmatrix}$ $\begin{pmatrix}\dfrac{\partial g}{\partial x}(2,4) \\ \dfrac{\partial g}{\partial y}(2,4)\end{pmatrix} = \begin{pmatrix}1 \\ 2\end{pmatrix}$ $\therefore$ $\begin{pmatrix}4 \\ 8\end{pmatrix} = 4\begin{pmatrix}1 \\ 2\end{pmatrix}$ 図は省略

(3) $\begin{pmatrix}\dfrac{\partial f}{\partial x}(6,2) \\ \dfrac{\partial f}{\partial y}(6,2)\end{pmatrix} = \begin{pmatrix}12 \\ 4\end{pmatrix}$ $\begin{pmatrix}\dfrac{\partial g}{\partial x}(6,2) \\ \dfrac{\partial g}{\partial y}(6,2)\end{pmatrix} = \begin{pmatrix}1 \\ 2\end{pmatrix}$ $\therefore$ $\begin{pmatrix}12 \\ 4\end{pmatrix} \neq \lambda \begin{pmatrix}1 \\ 2\end{pmatrix}$ 図は省略

問 7.23 $\dfrac{\dfrac{\partial u}{\partial x}(x^*, y^*)}{\dfrac{\partial u}{\partial y}(x^*, y^*)} = \dfrac{p}{q}$, $px^* + qy^* = I$

問 7.24 (1) 1 次同次 (2) 2 次同次 (3) $(\alpha + \beta)$ 次同次 (4) 3 次同次

監修者のあとがき

　幾何学に王道なし——古代ギリシアの数学者エウクレイデス (ユークリッド) が言ったとされる言葉ですが，「幾何学」を「経済数学」におきかえてもこの命題はそのまま成り立ちます．教科書の解説を目で追ってふんふんとわかった気になっても，実際に手を動かして計算してみないと数学は身につきません．地道に練習問題を繰り返し解くことではじめて経済数学の——ひいては経済学の——深い理解が得られます．

　本書は，そのタイトルが示すとおり『改訂版 経済学で出る数学——高校数学からきちんと攻める』(通称『経出る』) を補完するワークブックです．『経出る』の第 1 章 (1 次関数)～第 7 章 (多変数の微分) に完全対応して，『経出る』を読む前の準備段階のものから同レベルのものまで，問題がたくさん載っています．また，『経出る』本体では説明を簡潔にしたところも，このワークブックではステップを追って確認していくようになっています．ぜひ手を動かして問題を解いて，「身についた」という感覚を味わっていただきたいと思います．

　本書出版の経緯ですが，『経出る』の評判や講義での教科書・参考書採用状況を調べようと，"経済学で出る数学" をキーワードにしてウェブを検索していたところ，富山大学経済学部の白石さんが『経出る』を使って経済数学を教えているのを発見しました．彼の講義ページに掲載されていた大量の演習プリントは，とても丁寧で，かゆいところに手が届く，まさにこんなワークブックがあったらいいな，と思い描いていたものでした．この教材を富山大学の学生さんだけでなく，広く世の中の人たちにも活用してもらおうと，編集部を通してワークブックの執筆をお願いした次第です．執筆の過程では，白石さんに何度か東京に来ていただいて私たちと議論する場を持ち，『経出る』の記述の背後にある思想の共有を図り，『経出る』本体とワークブックとの整合性をとりました．『経出る』とこのワークブックとを併せて，経済数学および経済学の学習に役立てていただければと願っております．

　一方で，本書は一冊の独立した問題集として作成されています．問題を解くために必要なポイントは各節の冒頭に掲げてありますので，この本だけで完結して活用することができます．どんどん問題を解き進めてください．

　最後になりますが，東京大学大学院経済学研究科修士課程の壽福朝子さんに，草稿を詳細にチェックしていただきました．著者・監修者一同感謝したいと思います．

2014 年 2 月
尾山大輔・安田洋祐

索引

●数字
1 階条件　127, 187
1 次関数　2
2 次関数　25
2 次関数の微分　123
2 次方程式の解の公式　117
45 度線　6
72 の法則　76
72 ルール　75, 76

●アルファベット
AVC 最小化条件　140
Time Line Technique　102
x 切片　17, 156
y 切片　2, 17, 156

●あ行
アフィン結合　170
位置ベクトル　169
一般項　85, 112
因数分解　25
上に凸　30
永久債　118
オイラー数　73

●か行
価格　8, 21
額面　101
寡占市場　36
傾き　2
可変費用　21, 140
関数　1
幾何ベクトル　163
技術的限界代替率　199
基本ベクトル　167
逆関数　6, 7
逆関数の微分　147
逆需要関数　35

逆ベクトル　163, 166
キャッシュ・フロー　82, 99
級数　92
供給曲線　11
供給の価格弾力性　151
極限　90
極小　138
極小点　138
極大　138
極大点　138
クーポン　101
クーポン・レート　101
クールノー・ゲーム　36
ゲーム理論　36
限界収入　149
限界費用　140, 149
減少関数　2, 54
公差　88
合成関数　10
合成関数の微分　147
公比　84
効用関数　196, 204
固定費用　21, 140
コンソル債　118

●さ行
最小　127
最小値　128
最小点　138
最大　127
最大値　128
最大点　138
最適化　127
最適化問題　127
最適反応関数　36
差分方程式　112
残存期間　101
三平方の定理　168, 175

索引

時間軸　　82, 99
シグマ記号　　92
市場均衡　　13
指数　　46
指数関数　　54
指数法則　　48, 54
自然対数の底　　74
下に凸　　30
収束　　90
収入　　21, 34, 149
需要曲線　　11
需要の価格弾力性　　132, 151
償還　　60
償還年数　　101
定数計算　　45
商の微分　　144
消費者余剰　　15
正味現在価値　　115
常用対数　　71
将来価値　　59
初項　　82
真数　　64
数ベクトル　　159
数量　　8
数列　　81
スカラー　　160
生産関数　　195
生産者余剰　　15
正射影　　174
成分表示　　167
制約付きの最適化　　190
制約なしの最適化　　187
積の微分　　144
ゼロクーポン債　　60, 99, 101
零ベクトル　　162, 163, 166
漸化式　　91, 112
線形結合　　162, 170
増加関数　　2, 54
操業停止価格　　140
増減表　　136
総費用　　21
総余剰　　15
添字　　82
損益分岐価格　　21, 140
損益分岐点　　21

●た行
対称位置　　31
対数　　64
対数関数　　66
対数法則　　69
多項式関数の微分　　132
たすきがけ　　26
縦軸切片　　30
単利　　43
弾力性　　23, 151
中点　　31
超過供給　　105
超過需要　　105
長期金利　　101
頂点　　27
直交　　174
底　　46, 64
定数関数　　54
定数項　　31
底の変換公式　　71
展開　　25
トイチ　　77
等差数列　　88
同次関数　　209
等比級数　　95
等比数列　　84
独占企業　　35
凸結合　　170
凸集合　　170

●な行
内積　　155, 171
ナッシュ均衡　　36
ネイピア数　　73

●は行
配当　　120
発散　　91
微分　　123
費用　　140, 149
費用関数　　131
比例関数　　10
複利　　43
負の所得税　　19
プライステイカー　　139

平均可変費用　140
平均費用　130, 140
平行移動　27
平方完成　33
平面　178
ベーシック・インカム　19
ベクトル　155
偏微分　183
豊作貧乏　23
法線ベクトル　176, 208
保有効果　12

●ま行
マーシャルの罠　6, 67
無限大に発散　91
無限和　92
無差別曲線　204, 207

●や行
有限和　92
要素価格比　199
横軸切片　30
予算制約　131

●ら行
ラグランジュ乗数　191
ラグランジュの未定乗数法　190, 196, 200
利潤　21, 35
利潤最大化　129
利子率　43
利得関数　36
利付債　99, 101
利回り　60
累乗　46
連続時間　73
連立方程式　13

●わ行
割引因子　59
割引現在価値　59, 102
割引債　99

監修者紹介

尾山 大輔 (おやま・だいすけ)

略歴
- 1974年　神奈川県に生まれる．
- 1998年　東京大学教養学部卒業．
- 2003年　東京大学大学院経済学研究科博士号取得．
- 2006年　一橋大学大学院経済学研究科講師．
- 2010年　東京大学大学院経済学研究科講師．
- 2013年　東京大学大学院経済学研究科准教授を経て，
- 2020年〜　東京大学大学院経済学研究科教授．

主要論文

"Sampling Best Response Dynamics and Deterministic Equilibrium Selection" (with W. H. Sandholm and O. Tercieux), *Theoretical Economics* 10 (2015), 243-281; "Generalized Belief Operator and Robustness in Binary-Action Supermodular Games" (with S. Takahashi), *Econometrica* 88 (2020), 693-726.

安田 洋祐 (やすだ・ようすけ)

略歴
- 1980年　東京都に生まれる．
- 2002年　東京大学経済学部卒業．
- 2007年　プリンストン大学経済学部 Ph.D. 取得．
- 2007年　政策研究大学院大学助教授．
- 2014年〜　大阪大学大学院経済学研究科准教授．

主要論文

"Resolving Conflicting Preferences in School Choice: The Boston Mechanism Reconsidered" (with A. Abdulkadiro-glu and Y.-K. Che), *American Economic Review* 101 (2011), 399-410.

主要著書

『学校選択制のデザイン――ゲーム理論アプローチ』(編著，NTT出版，2010年).

著者紹介

白石 俊輔 (しらいし・しゅんすけ)

略歴
1963年　高知県に生まれる．
1990年　九州大学大学院理学研究科博士課程中退．博士(数理学)．
1990年　富山大学経済学部助手．
1991年　同大学講師．
1993年　同大学助教授を経て，
2003年〜富山大学経済学部教授．

主要論文
"Properties of a positive reciprocal matrix and their application to AHP," *Journal of Operations Research Society of Japan*, 41 (3), pp.404-414, 1998（共著）．

経済学で出る数学 ワークブックでじっくり攻める
2014年3月25日　第1版第1刷発行
2021年12月30日　第1版第7刷発行

監修者	尾山　大輔・安田　洋祐
著者	白石　俊輔
発行所	株式会社 日本評論社
	〒170-8474 東京都豊島区南大塚3-12-4
	電話　(03) 3987-8621 [販売]
	(03) 3987-8595 [編集]
印刷	三美印刷
製本	井上製本所
装幀	溝田恵美子
イラスト	JP

ⓒ Shunsuke Shiraishi 2014
Printed in Japan ISBN 978-4-535-55733-8

JCOPY 〈(社)出版者著作権管理機構　委託出版物〉

本書の無断複写は著作権法上での例外を除き禁じられています．複写される場合は，そのつど事前に，(社)出版者著作権管理機構（電話03-5244-5088, FAX 03-5244-5089, e-mail: info@jcopy.or.jp）の許諾を得てください．また，本書を代行業者等の第三者に依頼してスキャニング等の行為によりデジタル化することは，個人の家庭内の利用であっても，一切認められておりません．

経済学の学習に最適な充実のラインナップ

入門｜経済学 [第4版]	伊藤元重／著	(3色刷)3300円
例題で学ぶ 初歩からの経済学	白砂堤津耶・森脇祥太／著	3080円
マクロ経済学 [第2版]	伊藤元重／著	(3色刷)3080円
マクロ経済学パーフェクトマスター [第2版]	伊藤元重・下井直毅／著	(2色刷)2090円
入門マクロ経済学 [第6版] (4色カラー)	中谷巌・下井直毅・塚田裕昭／著	3080円
マクロ経済学入門 [第3版]	二神孝一／著 [新エコノミクス・シリーズ]	(2色刷)2420円
ミクロ経済学 [第3版]	伊藤元重／著	(4色刷)3300円
ミクロ経済学の力	神取道宏／著	(2色刷)3520円
ミクロ経済学の技	神取道宏／著	(2色刷)1870円
ミクロ経済学入門	清野一治／著 [新エコノミクス・シリーズ]	(2色刷)2420円
ミクロ経済学 戦略的アプローチ	梶井厚志・松井彰彦／著	2530円
しっかり基礎からミクロ経済学 LQアプローチ	梶谷真也・鈴木史馬／著	2750円
入門｜ゲーム理論と情報の経済学	神戸伸輔／著	2750円
例題で学ぶ初歩からの計量経済学 [第2版]	白砂堤津耶／著	3080円
[改訂版]経済学で出る数学	尾山大輔・安田洋祐／編著	2310円
経済学で出る数学 ワークブックでじっくり攻める	白石俊輔／著 尾山大輔・安田洋祐／監修	1650円
計量経済学のための数学	田中久稔／著	2860円
例題で学ぶ初歩からの統計学 [第2版]	白砂堤津耶／著	2750円
入門｜公共経済学 [第2版]	土居丈朗／著	3190円
入門｜財政学 [第2版]	土居丈朗／著	3080円
実証分析入門	森田果／著	3300円
最新 日本経済入門 [第6版]	小峰隆夫・村田啓子／著	2750円
経済学を味わう 東大1、2年生に大人気の授業	市村英彦・岡崎哲二・佐藤泰裕・松井彰彦／編	1980円
経済論文の作法 [第3版]	小浜裕久・木村福成／著	1980円
経済学入門	奥野正寛／著 [日評ベーシック・シリーズ]	2200円
ミクロ経済学	上田薫／著 [日評ベーシック・シリーズ]	2090円
ゲーム理論	土橋俊寛／著 [日評ベーシック・シリーズ]	2420円
財政学	小西砂千夫／著 [日評ベーシック・シリーズ]	2200円

※表示価格は税込価格です。

〒170-8474 東京都豊島区南大塚3-12-4　TEL:03-3987-8621　FAX:03-3987-8590　日本評論社
ご注文は日本評論社サービスセンターへ　TEL:049-274-1780　FAX:049-274-1788　https://www.nippyo.co.jp/